Monika Muranyi

Die menschliche Seele

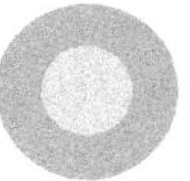

Monika Muranyi

Die menschliche Seele

Gesammelte Kryon-Botschaften: das Höhere Selbst entdecken

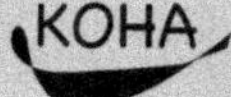

Wichtiger Hinweis

Die im Buch veröffentlichten Empfehlungen wurden von Verfasserin und Verlag sorgfältig erarbeitet und geprüft. Eine Garantie kann dennoch nicht übernommen werden. Ebenso ist die Haftung der Verfasserin bzw. des Verlages und seiner Beauftragten für Personen-, Sach- und Vermögensschäden ausgeschlossen.

Aus dem Englischen von
Maria Müller-de Haën

Titel der Originalausgabe:
The Human Soul Revealed.

Originally published in 2015 by Ariane Éditions. CANADA

Deutsche Ausgabe:

Lektorat: Miriam Pfadt
Covergestaltung: Andrea Barth / Guter Punkt, München,
© thinkstock
Ornament S. 6/7, 15 u.a.: Shutterstock
Satz & Layout: Birgit-Inga Weber
Gesamtherstellung: Karin Schnellbach
Druck: CPI Books GmbH, Leck
ISBN 978-3-86728-300-7

Widmung

Dieses Buch ist allen Müttern gewidmet,
wo immer sie sein mögen:
Gaia, unserer Mutter Erde;
unseren spirituellen Müttern, den Plejadierinnen;
unseren biologischen Müttern,
die uns alle geboren haben;
und den vielen Frauen, die die Mutterrolle für
all die kostbaren Seelen eingenommen haben,
die eine Mutter brauchten.

Inhalt

Vorwort von Lee Carroll

Das Weltall lockt uns mit seinen geheimnisvollen Weiten und spektakulären, noch unentdeckten Wundern. Auch die Ozeane des Planeten wimmeln nur so vor Geheimnissen, denn in ihren Tiefen gibt es noch so vieles zu erkennen und zu enthüllen. Die Geschichte wird neu entdeckt im Zuge der Erkenntnis, dass die Zivilisation viel älter ist, als wir bisher gedacht haben. Das, was wir *nicht wissen,* wächst sich zu etwas viel Größerem aus, als uns je bewusst war.

Doch nirgendwo gibt es mehr zu entdecken als in den esoterischen Anteilen der Menschen in dieser neuen Erdenergie. Diejenigen, die sich diesem Konzept am stärksten öffnen, sind *alte Seelen.* Höchstwahrscheinlich sind auch Sie eine solche alte Seele, denn immerhin lesen Sie diese Worte. Ihr Interesse an der Energie dieser Zeit hat Sie diese Seiten aufschlagen lassen.

Wenn Sie, eine alte Seele, dieses Buch in die Hand genommen und sich gefragt haben, worum es darin wohl gehen mag, dann können wir Ihnen dazu Folgendes sagen: Die menschliche Seele ist wie ein unentdecktes Land. Wir wissen kaum, was sie ist und wo sie ist, und ihre Wirkweise ist für uns ein totales Geheimnis. Laut Kryon können wir sie eigentlich noch nicht einmal »die menschliche Seele« nennen (aber wir tun es trotzdem).

Auf dem Planeten vollzieht sich ein großer Wandel, der nach und nach das Bewusstsein der Menschheit verändert. Wir verlassen den kämpferischen Überlebensmodus und bewegen uns auf einen Punkt zu, wo wir mehr Weisheit besitzen, das Leben mehr respektieren und achten und eine gütigere Gesellschaft aufbauen. Das ist ein langsamer Prozess, doch das Jahr 2015 ist tatsächlich der Anfang einer neuen Zeitspanne; auch die Kalender der Ahnen beruhen darauf; und all dies verändert sich gerade. Das neue Fazit lautet: Die Seele erwacht und zeigt mehr von ihrer ganzen Fülle.

In diesem Buch geht es um alles, was Kryon uns in den letzten drei Jahren über die Seele des Menschen durchgegeben hat. Um es für Sie einfacher zu machen, wurde alles in einem Buch zusammengestellt – auf einzigartige Weise und so, wie es dem aktuellen Stand entspricht. Es werden nicht nur die Attribute der Seele offenbart; vielmehr wird das gesamte menschliche Wesen enthüllt.

Anders als bei den normalen Kryon-Büchern sind die Botschaften von Kryon mit Kommentaren versehen, und oft erklärt die Autorin auch die Bedeutung von allem. Das ist ihre Spezialität: Sie bringt verteilte Informationen zusammen, sodass Botschaften, die überall auf der Welt und manchmal ohne eine bestimmte Reihenfolge durchgegeben wurden, einen Sinn ergeben. Monika Muranyi war zudem oft selbst bei den Channelings anwesend; dadurch wurden ihr Einsichten in Bezug auf nicht ausgesprochene, verborgene Dinge zuteil – erspürte Informationen, wie sie von Kryon oft in Live-Channelings in der sogenannten »Dritten Sprache« übermittelt werden.

Das Lesen dieses Buches muss für Sie einen Sinn ergeben. Wie Ihnen jeder Arzt sagen wird, können Sie nicht nur ein Organ des Körpers studieren, auch wenn das Ihr Spezialfach ist. Sie müssen sich ein Verständnis des gesamten Körpers und der ganzen Körperchemie aneignen. Das Buch deckt deshalb vieles ab, was – wie Kryon sagt – für das bessere Verständnis des Gesamtsystems erforderlich ist. Alles ist miteinander verknüpft in der »Seelensuppe«, wie Kryon das bezeichnet; dies bezieht sich auf die von ihm oft verwendete Metapher der Suppe: In der Suppe kann man nicht eine einzelne Zutat untersuchen und so die ganze Suppe verstehen. Mit der Seele ist es das Gleiche: Nichts steht für sich allein in diesem Puzzle aus multidimensionalen Attributen.

Die Seele ist überall und nirgends, aber die Seelenkonzepte, wie sie von Kryon dargelegt werden, können grafisch dargestellt, gelehrt und studiert werden. Dazu brauchen Sie die neuesten Kryon-Unterweisungen: »Die neun Attribute des Menschen« und viele weitere neuere Durchgaben. Kryon öffnet das Gefäß des Wissens darüber, was die Seele genau ist und warum sie in dieser Zeit der Bewusstseinsentwicklung etwas so ungeheuer Besonderes ist.

Ist die Seele womöglich viel mehr, als Sie meinen? Können Sie mit ihr kommunizieren? Ist sie ein Teil von Ihnen oder ist sie von

Ihnen getrennt? Ist die Seele womöglich irgendwie aufgespalten und Sie haben nicht die ganze Seele bei sich? Und wenn ja, wo ist dann dieser abgespaltene Teil?

Das sind nur einige der Fragen, die Kryon nach und nach beantwortet, und *dieses* Buch bringt alles zusammen.

Einleitung

Sie halten ein weiteres Buch in Ihren Händen, das auf den gechannelten Botschaften von Kryon beruht, wie sie seit 25 Jahren über Lee Carroll, das ursprüngliche Kryon-Medium, durchgegeben werden. Kryon ist eine Art liebevolle Wesenheit, welche Botschaften des Friedens und der Ermächtigung an die Menschheit sendet. Lee Carroll ist Autor der dreizehn Kryon-Bücher und Koautor von »Die Indigo-Kinder«, »Indigo-Kinder erzählen« und »Indigos werden erwachsen«; diese Bücher wurden bisher in über zwanzig Sprachen übersetzt.

Lee Carroll hat weltweit in vielen höchst lebendigen Vorträgen Kryons Lehren erklärt. Sind Sie bereits ein treuer Kryon-Fan? Dann sind die in diesem Buch vorgestellten Informationen für Sie wahrscheinlich nichts Neues. In Teilen handelt es sich um Auszüge aus Kryons gechannelten Botschaften, die sich auf die menschliche Seele beziehen. Mit Lee Carrolls Zustimmung werden sie hier nun abgedruckt; so können auch andere Menschen diese tiefen Wahrheiten entdecken und sie auf ihr Leben anwenden – für mehr innere Ausgeglichenheit und einen friedlichen Umgang miteinander.

Dies ist das dritte Buch der Kryon-Trilogie. Im ersten Buch, *»Der Gaia-Effekt«,* ging es um Kryons Botschaften und Lehren über die Beziehung zwischen der Menschheit und Gaia. Das zweite Buch, *»Die menschliche Akasha«,* handelte von Kryons Unterweisungen über unsere Akasha (die alle unsere vergangenen Leben umfasst) und davon, wie wir unsere eigene Meisterschaft für uns nutzen können. Dieses dritte Buch widmet sich dem, was Kryon über die menschliche Seele durchgegeben hat. Außerdem finden sich darin Antworten auf über zwanzig themenrelevante Fragen. Die hier in Auszügen abgedruckten Kryon-Channelings können als Audio-Dateien von Lee Carrolls Website *www.kryon.com/free-audio* heruntergeladen werden.

Eine der wichtigsten Botschaften Kryons lautet: *»Du bist größer, als du denkst!«* Sie sind ein Stück Gottes, und Ihre Seele spaltet sich bei der Geburt in viele Stückchen und Teilchen auf.

Was bedeutet das? Wie können Sie sich bzw. wie kann sich Ihre Seele aufspalten und an vielen Orten gleichzeitig existieren? Wohin geht unsere Seele, wenn wir sterben? Wann bekommen wir unsere Seele? Die Antworten von Kryon auf diese Fragen sind sehr esoterisch und äußerst komplex. Menschen, die das Verlangen nach Antworten auf diese Fragen verspüren, nenne ich »Suchende«.

Ich war lange Zeit mit meinem Leben ganz zufrieden und glücklich, und alles, wonach ich suchte, betraf nur meine unmittelbaren alltäglichen Bedürfnisse. Ich wollte mit nichts etwas zu tun haben, was auch nur im Entferntesten spirituell war. Ich beschäftigte mich nicht mit Fragen wie »Was geschieht, wenn wir sterben?« und brannte auch nicht darauf, über den Sinn des Lebens nachzusinnen. Außerdem hatte, wie ich meinte, Monty Python in seiner Musikkomödie »Der Sinn des Lebens« aus dem Jahr 1983 darauf eine brillante Erklärung geliefert … Ich beschäftigte mich lieber mit den Wissenschaften, insbesondere den Naturwissenschaften, und verbrachte meine Zeit in der wunderschönen Natur Australiens. Ich lernte nur Greifbares, Konkretes (zum Beispiel in Bezug auf die Umwelt, auf Pflanzen und Tiere). Vor Religion, Psychologie und allem, was auf abstrakten Konzepten beruht, scheute ich zurück.

Zwar hatte ich schon immer das Gefühl, es müsste ein größeres, umfassenderes Bild geben, aber ich wusste nicht, was das denn nun sein sollte, und hatte definitiv auch kein Interesse daran, es herauszufinden.

Was hat sich also verändert? *Ich* habe mich verändert. Ich erlebte ein persönliches Trauma: Als meine Ehe plötzlich in die Brüche ging, wurden die Grundfesten meiner Welt erschüttert. Der damit verbundene Kummer und Herzschmerz veränderte meine Wahrnehmung der Welt. Ich machte mich auf die Suche nach Antworten auf meine Fragen über das Universum und meinen persönlichen Platz in diesem Universum. Ich hatte meine Intention bekundet, »die Tür zu öffnen«, und dort begrüßte mich mein Höheres Selbst.

Ihre ganz individuelle, persönliche Erfahrung und Reise hat Sie zu diesem Buch geführt. Sie lesen diese Worte, Ihre Augen verweilen auf dieser Seite, und das ist kein Zufall; Kryons gesamte Gefolgschaft und Ihr Höheres Selbst feiern und bejubeln Ihr Hiersein mit überaus großer Liebe, Freude und Wertschätzung!

Ich danke Ihnen dafür, dass Sie die Absicht bekunden, sich mit Ihrem Höheren Selbst (Ihrer Seele) zu verbinden; mögen die in diesem Buch enthaltenen Informationen Ihre Wahrnehmung verändern und Ihr Leben bereichern!

Das Buch behandelt viele Themen. Der Titel eines jeden Kapitels weist auf die Art der jeweiligen Informationen hin. Wenn die Kryon-Arbeit für Sie neu ist, dann sollten Sie sich darauf einstellen, scheinbar Unglaubliches zu lesen; doch genau an diesem Punkt ermutigt uns Kryon, unser eigenes Urteilsvermögen einzusetzen. Haben wir wirklich eine Seele? Gibt es möglicherweise eine liebevolle, uns wohlgesinnte und gütige Energie im Universum? Gibt es Geistführer und Engelwesen? Was fällt Ihnen intuitiv bei diesen Fragen als Erstes ein? Viele Menschen haben eine unmittelbare Reaktion darauf, andere sind vielleicht unsicher – Sie haben die Wahl.

Die menschliche Familie entwickelt sich spirituell weiter. Viele Menschen erwachen, und manche fühlen sich zu Kryons Botschaften hingezogen. Wenn Sie die Kryon-Arbeit noch nicht kennen – und insbesondere, wenn dies Ihr erstes Kryon-Buch ist –, sind Ihnen manche der verwendeten Begriffe, beispielsweise »lemurisch« und »plejadisch«, womöglich nicht vertraut. Dann wären vielleicht meine beiden früheren Bücher, *»Der Gaia-Effekt«* und *»Die menschliche Akasha«,* für Sie interessant, um sich mit den Kryon-Lehren vertraut zu machen und zu verstehen, wie Sie sie auf Ihr eigenes Leben anwenden können.

Zu guter Letzt möchte ich Sie dazu einladen, auf meiner Website *www.monikamuranyi.com* unter »Extras« weitere Kapitel zu lesen. Bei Büchern gibt es nun einmal drucktechnisch ein Seitenlimit, auch wenn oft noch viel mehr Informationen mitzuteilen wären. Auch für *»Der Gaia-Effekt«* und *»Die menschliche Akasha«* finden sich deshalb zusätzliche Kapitel auf meiner Website. Ich fühle mich sehr geehrt und freue mich, diese Informationen kostenlos mit Ihnen teilen zu können.

Liebe und Segenswünsche
Monika Muranyi

Kapitel 1

Die menschliche Seele

Ganz ehrlich: Als ich mich einverstanden erklärt habe, eine Kryon-Trilogie zu schreiben, hatte ich keine Ahnung, um welches Thema es im dritten Buch gehen würde. Dass ich überhaupt einmal Autorin eines Buches sein würde, wäre mir im Traum nicht eingefallen. Ich war damals einfach auf der Suche und wollte mehr über die Beziehung zwischen der Menschheit und Gaia, unserem Planeten Erde, herausfinden. Über zwei Jahre lang suchte ich nach Informationen über die Energiegitter des Planeten, wie Kryon sie beschrieben hatte. Und nachdem ich nichts dazu finden konnte und mich das frustrierte, wachte ich eines Morgens auf – damals wohnte ich in Santiago/Chile – und sagte mir im Stillen: »Okay, ich finde kein Buch dazu, also werde ich selbst eins schreiben!« Wie das ablaufen sollte, wusste ich nicht; ich begann einfach damit, alle Kryon-Channelings zusammenzustellen, die mit Gaia zu tun haben, und Lee Carroll sagte mir dann, wie ich damit weitermachen sollte. Lees Bereitschaft zur Zusammenarbeit war ein klarer Hinweis, dass ich mich auf dem richtigen Weg befand. Und als ich mit »Der Gaia-Effekt« etwa zur Hälfte fertig war, zeigte sich, dass das Thema der menschlichen Akasha auf die gleiche Weise angegangen werden musste.

Mein Manuskript wurde einem potenziell interessierten Verlag zugesandt (Ariane Éditions), zusammen mit einem Begleitschreiben von Lee Carroll, der dem Verlag mitteilte, ich würde bereits für ein zweites Buch über die Akasha recherchieren. Man stelle sich meine Überraschung vor, als Ariane Éditions verkündete, sie wollten die beiden Bücher im Rahmen einer speziellen Kryon-Trilogie herausgeben. Das war natürlich eine tolle Nachricht, aber sie versetzte mich auch in Panik, denn ich hatte keine Ahnung, worum es im dritten Buch gehen sollte. Doch wie meine gute Freundin Amber Wolf zu sagen pflegt: *»Spirit hat einen Plan!«*

2014 startete Lee Carroll eine neue Vortragsreihe über die vielen Orte, an denen unsere Seele existiert. Und plötzlich war klar, worum es im dritten Buch gehen würde: um die menschliche Seele. Doch wie sollte ich das Unerklärbare beschreiben und erläutern? Wie multidimensionale Informationen in einem linearen Format abhandeln? Die schiere Größe dieses Projektes war ein bisschen beängstigend. Es war, wie wenn man den wunderbarsten Sonnenuntergang jemandem beschreiben sollte, der blind ist und ihn nie sehen konnte. Doch genau das macht Lee Carroll jedes Mal, wenn er auf dem Stuhl sitzt und Kryon channelt: Er nimmt konzeptuelle Quanteninformationen auf und übersetzt sie in Echtzeit in lineare Sprache. Er ist eines der besten Medien, die ich kenne, sicherlich auch, weil er das schon seit 25 Jahren praktiziert.

Ein Wort zum Thema »Seele«. Der Begriff »Seele« wird von den Menschen selbst dann verwendet, wenn kein spirituelles Glaubenssystem im Spiel ist. Die alten Seefahrer sprachen zum Beispiel gerne davon, wie viele »Seelen« an Bord waren, und nicht wie viele »Menschen«. Und sogar Menschen, die glauben, sie hätten keine Seele, verwenden dieses Wort. Es gehört zum allgemeinen Sprachgut und beschreibt die *spirituelle Essenz eines Menschen.* Interessanterweise gibt es auch in der Musik eine Stilrichtung, die sich »Soul« nennt;

sie entstand Ende der 1950er- und Anfang der 1960er-Jahre in den USA und bringt Elemente der afroamerikanischen Gospel-Musik mit Rhythm & Blues und oft auch mit Jazz zusammen. Was wissen Sie ganz allgemein über Musik? Woher kommen die Liedtexte und die Kompositionen? Der Begriff der »Soul«- oder »Seelen«-Musik passt vielleicht auch für andere Musikrichtungen.

Es ist unglaublich schwierig, die menschliche Seele zu beschreiben und darüber ein Buch zu schreiben, und zwar aus den verschiedensten Gründen. Außer der Tatsache, dass es so etwas wie eine menschliche Seele gar nicht gibt, besteht die größte Einschränkung meiner Meinung nach in unserer Neigung zur Linearität. Okay, ich höre Sie schon sagen: *»Moment mal! Haben Sie gerade gesagt, es gebe keine menschliche Seele?«* Ja genau, aber zur Erklärung: Laut Kryon war unsere Seele auch auf anderen Planeten, auf denen es so etwas wie eine freie Wahl bzw. Entscheidungsfreiheit gibt; unsere Seele ist also nicht nur eine *menschliche* Seele, sondern auch eine Seele, die bereits ein Plejadier, ein Arkturianer, ein Wesen von Orion etc. war. Sie lesen gerade dieses Buch und möchten mehr über Ihre Seele herausfinden; das lässt stark vermuten, dass Sie sich mit alten Seelen gut auskennen. Was bedeutet das? Das heißt, *Sie* waren auch dort, haben das alles durchlaufen! Kryon erklärt das folgendermaßen:

Ihr Lieben, als in euch der Samen der menschlichen Rasse angelegt wurde, gab es nur sehr wenige Menschen; diese nenne ich »die ersten Seelen«. Sie waren zur richtigen Zeit am richtigen Ort und bekamen von den Plejadiern die Dualität eingepflanzt. Sie durchliefen die lemurische Erfahrung und auch die vielen Veränderungen, die danach auf dem Planeten geschahen. Und das alles, damit sie an einen Ort kamen, an dem sie heute dieser Botschaft lauschen.

Ihr wurdet zu alten Seelen, lebtet Tausende von Leben in den etwa hunderttausend Jahren, die es dauerte, an diesen Ort zu gelangen. So weit, so gut? Nun, lasst mich auf etwas eingehen, wonach ihr mich noch nicht gefragt habt: *»Lieber Kryon, diejenigen, die hier waren, um die Saat aufzunehmen – waren sie anders als die anderen? Gibt es vielleicht so eine Art Seelen-Fundus, aus*

dem Seelen nach dem Zufallsprinzip ausgewählt werden, wodurch diese Seelen zu dieser wichtigen Zeit dort waren?« Aha! Falls ihr es euch nicht ohnehin schon gedacht habt, dann sage ich euch hiermit, dass es sich um eine Synchronizität handelt! Das hat nichts mit Zufall zu tun.

Wenn es also stimmt, ihr lieben Menschen, dass es ein System gibt, in dem diejenigen, die als Erste die Saat aufnahmen, schließlich zu alten Seelen wurden, wo führt das eurer Logik nach hin? Fragt ihr dann vielleicht, ob sie planmäßig hier oder irgendwie anders waren? Oh ja, diese Seelen hatten tatsächlich einen besonderen Status: Um unter den Ersten zu sein, mussten sie eine bestimmte körperliche Reife erreicht haben, wodurch sie schließlich zu alten Seelen wurden. Das betrifft viele von euch, die das gerade lesen. Wer wart ihr – und woher kamt ihr ursprünglich? Ich frage euch: Wie kam es, dass ihr die Saat der Plejadier so einfach empfangen habt? [Kryon lacht.] Und wenn ich euch nun sage, dass ihr zu diesem Zweck erschaffen wurdet und die meisten von euch von den Sieben Schwestern kamen, um Menschen zu werden? Ist euch das schon einmal in den Sinn gekommen?

Die Plejadier, als »Graduierte« bzw. als aufgestiegene Zivilisation, waren bereit, zu gehen und die Saat auf dem nächsten Planeten auszubringen. Anders ausgedrückt, wart ihr so etwas wie Sämlinge, die von bereits wachsenden Feldfrüchten genommen wurden, um neue Früchte zu säen und anzupflanzen. Einige von euch verstehen ganz genau, was ich da sage, manche verstehen gar nichts. Aber gerade habe ich euch eine sehr tiefgründige Antwort gegeben. Ihr seid etwas ganz Besonderes, und ihr seid bereit dafür und dafür auserwählt. Ihr habt das gewollt, und die Seelen aus der ganzen Galaxie wurden nicht willkürlich ausgesucht und kamen dann, um zur ersten Gruppe der Menschheit zu gehören. Oh nein. Ihr wart zuvor schon alte Seelen an anderen Orten und würdet erneut alte Seelen sein. Eure Abstammungslinie als alte Seele in diesem Universum geht ungeheuer weit zurück, und doch seid ihr wieder hier. Macht dies also zu einer guten Erfahrung, so wie das letzte Mal, und verbeißt euch ja nicht in Details dahingehend, wie das denn nun zu machen ist.

Lasst euch in den Kern eures Wesens fallen und macht damit weiter, ihr alten Seelen! Einige von euch wissen, was ich meine, und es ist nicht so schwierig, wie ihr auch wisst. Na los, auf geht's! Es ist an der Zeit, so zu reden, denn in dieser neuen Energie wird einigen von euch offenbart, warum ihr hier seid. In diesem Raum ist kein einziger »Neuling«. Versteht ihr, was ich sage? Hier ist kein Neuling. Ich bin Kryon, und ich diene alten Seelen. Genau das tue ich. Ich komme nicht zum ersten Mal auf einen Planeten während der letzten Phase einer älteren Energie, um den alten Seelen Mut zuzusprechen. Ich bin hier, um bei euch zu sein, wenn ihr den Alte-Seelen-Marathon rennt, und um zu versuchen, euch ein Glas Wasser zu reichen, während ihr lauft. Ich achte darauf, euch nicht zu berühren, wenn ihr nicht darum bittet, aber ich bin immer bereit, euch jegliche benötigte Antwort zu geben. Das machen wir!

Wir sind zu alldem bereit, und wir haben das schon früher gesehen. Es ist an der Zeit für euch, das zu verstehen und zu wissen, dass das nichts mit Zufall zu tun hat. Das System, zu dem ihr gehört, ist ein System des Helfens, der Güte und der Liebe. Es ist äußerst mächtig, und wir sind bereit anzufangen. Wie steht's mit euch? Das ist eine gute Nachricht, oder nicht? Sie ist tiefgründig, richtig und wahr.

Kryon
(Live-Channeling »Die Wahrheit über spirituelle Hilfe«,
durchgegeben in Portland/Oregon, 21. Juli 2013;
von Lee Carroll für dieses Buch ergänzt und erweitert)

Laut Kryon ist unsere Seele eine ewige, multidimensionale »Seelensuppe«, bestehend aus allem, was ist; sie ist Teil des Schöpfers, der keinen Anfang und kein Ende hat. Wenn wir (als einzelnes, individuelles Menschenwesen) auf der Erde inkarnieren, sind wir ganz plötzlich Stücke und Teile unseres multidimensionalen Selbst, eingebunden in *einen* Körper. Deshalb meinen wir, wir hätten *eine* komplette, individuelle und abgetrennte Seele, ebenso jeder andere Mensch. Außerdem glauben viele Menschen, unsere Seelen durchliefen eine Art Training und es gebe eine Art Hierarchie. Doch

Kryons Aussage widerspricht diesem Glauben an »*einen* Körper, *eine* Seele«. Wie er erklärt, wird die Seele, wenn sie den menschlichen Körper verlässt, Teil der Suppe aller Seelen, und die Vorstellung von Training, Lernen und Hierarchie ist deshalb unsinnig und Teil unserer menschlichen Vorstellung von Linearität und unseres Versuchs, Gott zu »vermenschlichen«.

Das Konzept einer multidimensionalen Energiesuppe anstelle eines Einzelwesens ist unglaublich schwer zu verstehen. Deshalb hat uns Kryon die neun Attribute des Menschen offenbart. Diese Lehre erklärt, welche Funktionsweisen hinter den Stücken und Teilen unserer Seele stehen, wo sie vorkommen und wie sie zusammenwirken.

Die neun Attribute des Menschen

Die neun Attribute des Menschen wurden erstmals beim *Kryon Discovery Retreat* am Mount Shasta/Kalifornien im Juni 2013 definiert. Die Jahre zuvor waren diese Informationen nur unzusammenhängend und stückweise durchgegeben worden und zudem in den Mantel der Dunkelheit gehüllt, und zwar weil Kryon auf den richtigen Zeitpunkt wartete, an dem wir für diese Botschaften bereit sein würden. Kryon hat sie schließlich im Jahr 2013 offenbart – was mit der Neukalibrierung von Gaia und der Menschheit zu tun hat. Im Kryon-Buch 11, »Recalibration – Eine Neuausrichtung der Menschheit«, wird genauer auf diese Rekalibrierung der Menschheit eingegangen, ebenso auf das, was hinter aktuellen Ereignissen und Nachrichten steht. Laut Kryon ist dies der Beginn der *Neuen Erde,* das heißt, wir sind bereit für ein sich neu entwickelndes Bewusstsein auf dem Planeten, für die Weiterentwicklung der menschlichen Natur und für weitere Erkenntnisse darüber, wer wir sind.

Nun lasst mich euch das Rätsel erklären. Diese Dinge sind komplex, und sie passen linear nicht so zusammen, wie ihr vielleicht erwartet. All diese Konzepte und Vorstellungen, die wir euch darlegen, sind auf ihre Weise richtig. Für euch werden sie in etwas Lineares übersetzt, damit ihr euch selbst besser verstehen könnt. Der ganze Sinn und Zweck dieser Durchgabe besteht darin, die Großartigkeit des menschlichen Entwicklungsprozesses noch zu steigern.

Ihr versteht nach und nach besser, wer ihr seid, und manche hätten gerne eine lineare Liste, also geben wir euch so eine Liste. Doch wir warnen euch: Auch nachdem ihr von uns diese Liste bekommen habt, wird euch das womöglich nicht zufriedenstellen und für euch nicht viel Sinn ergeben. Ich möchte das mit dem Zubereiten einer Mahlzeit bei den Menschen vergleichen: Ihr schaut ins Kochbuch, und dort findet ihr alle Zutaten und Gewürze. Ihr kocht die Mahlzeit und verzehrt sie. Ihr fragt euch dabei vielleicht: *»Wo sind in diesem Gericht denn nun die Gewürze?«* Die Antwort lautet: Sie stecken in jedem Bissen. Sie haben die anderen Zutaten durchtränkt, und so wird das Gericht als *ein Ganzes* verzehrt, doch als Koch habt ihr es als viele einzelne Dinge betrachtet.

Dieses *Eine* sitzt nun also vor mir, sein Name ist Mensch. Und doch kann ich euch die einzelnen Zutaten nennen, denn ich weiß, wie dieser Mensch zubereitet wurde. Alle Zutaten sind nach wie vor in euch, so wie in der Mahlzeit, die gekocht wurde. Ich will sie jetzt einzeln aufführen, damit ihr etwas erkennt, was euch bislang vielleicht nicht klar war.

Alle Zahlen, die ich euch sage, haben Energie. Wenn wir also von Gruppen und Zahlen sprechen, die etwas zugeordnet sind, dann stehen sie immer als Metapher für Energien. Eure Wahrnehmung davon wurde in der Vergangenheit erklärt [die Numerologie], ihr kennt ihre Bedeutung also bereits und sie wird euch mitgeteilt.

Die neun Elemente bzw. Energien des Menschen bestehen aus drei Gruppen mit jeweils drei Elementen. Die *Neun* steht für Vollendung, wir erklären euch also das vollständige menschliche Wesen. Lasst niemanden etwas Weiteres hinzufügen, denn es ist bereits vollständig. Manche hören oder lesen diese Botschaft vielleicht in der Zukunft und sagen: *»Nun ja, ich möchte da noch etwas hinzufügen, denn meiner Meinung nach sind es* *zehn oder zwölf ...«* Meine Lieben, dieses System ist so, wie es durchgegeben wird, vollständig. Wenn eurer Meinung nach also eine weitere Energie oder eine weitere Wahrnehmung der Liste hinzugefügt werden sollte, verstärkt damit lieber eine der drei Dreiergruppen.

Was nun kommt, ist schwer zu erklären, denn in einem Rezept würdet ihr jedes einzelne Element als etwas Einmaliges betrachten; doch in den drei Dreiergruppen scheint es Wiederholungen zu geben. Aber in Wirklichkeit wiederholt sich gar nichts. Vielmehr handelt es sich um Beschreibungen, wie dasselbe Element innerhalb verschiedener Gruppierung unterschiedlich wirkt.

Die drei Gruppen

Bei den drei Gruppen handelt es sich um die *menschliche Seelengruppe,* die *Kern-Seelengruppe* und die Gruppe, die wir als *Gaia-Seelengruppe* bezeichnen würden [im Vorgängerbuch »Die menschliche Akasha« als *Menschengruppe, Seelengruppe* und *Gaia-Gruppe* bezeichnet]. Sie alle ergänzen sich gegenseitig im Menschen. Mein Partner kann sie als »Attribute« bezeichnen, einfach um die Lehre klarer zu machen:

- die menschlichen Attribute,
- die Seelen-Attribute,
- die Gaia-Attribute.

Ich möchte zunächst die einfachste Gruppe erklären, diejenige, die euch im Moment am nächsten ist. Als Zweites erkläre ich die komplexeste Gruppe, und als Drittes die Gruppe, bei der es die meisten Missverständnisse gibt. Beim Erklären werde ich euch ein Rätsel aufzeigen: Das Attribut des Höheren Selbst ist in allen drei Gruppen! Das ist ein Rätsel, denn in einem Kochrezept gibt es das nicht, aber in diesem Rezept sehr wohl. Am besten stellt man es sich vor, als würde man drei Teilgerichte fertig kochen und sie dann für ein anderes Gericht miteinander vermischen. Es könnte somit in jedem dieser drei Teilgerichte Salz sein, bevor alle drei zu einem Ganzen zusammengeführt werden.

Das Höhere Selbst wird als Bestandteil aller drei Gruppen ausgemacht; doch auch wenn es jeweils eingebracht wird, ist es nach wie vor etwas Singuläres. Das sollte euch etwas über das Höhere Selbst sagen. Als einziges Element scheint es in allen drei Gruppen vorzukommen.

Was ist also dieses Höhere Selbst? Es wurde schon unzählige Male definiert; ich kann euch keine weitere Definition liefern, die besser ist als die, die ich euch bereits gegeben habe. Was es wirklich ist, hängt davon ab, wie ihr es betrachtet; es hängt von der jeweiligen Kategorie ab. Betrachtet es deshalb einfach als die *Kernquelle eurer Göttlichkeit*. Wenn ich euch erklären könnte, wer ihr jetzt seid und wer ihr seid, wenn ihr *nicht* auf dem Planeten seid, würdet ihr es immer noch nicht verstehen. Da eure Wahrnehmung der Realität auf das beschränkt ist, was ihr erlebt habt, könnt ihr das, was ihr noch nicht gesehen habt, nicht verstehen. Es ist eurem Bewusstsein noch nicht gegeben, all diese Konzepte zu verstehen, deshalb wird mein Partner die Lehre in eine lineare Form bringen, während er das, was ich ihm durchgebe, durchläuft.

Was wäre eure Wahrnehmung, wenn ich zu euch von der *kreativen Kernquelle* sprechen würde? Gott? Die Physik? Oder beides? Für den Menschen sind das oft Rätsel. Deshalb werden wir für euch die neun Energien definieren, damit ihr nicht nur die Komplexität, sondern auch die Großartigkeit des Menschen erkennt. Dabei erhaltet ihr von uns immer Informationen über das, was *in* euch ist, nicht über das, was *außerhalb* von euch ist. Mehr als alles andere möchten wir euch erklären, dass Gott in euch ist und sich nicht außerhalb von euch befindet. Der Schlüssel zu eurer Erleuchtung liegt in der Selbsterkenntnis. Ihr seid euer eigener Schöpfer, und diese Tatsache liegt jenseits des Definierbaren.

Während ich nun die neun Attribute mit euch durchgehe, werdet ihr ein bisschen besser verstehen, warum ihr all das nicht sofort oder intuitiv spüren könnt.

Zunächst einmal möchte ich euch nochmals Folgendes sagen: Diese neun Elemente spalten sich in drei Dreiergruppen auf und stellen den heutigen Menschen dar. Die Definitionen, die ich euch heute gebe, können sich morgen verändern, denn ihr entwickelt euch weiter. Manche der von mir vorgestellten Aspekte verschmelzen womöglich später miteinander, denn während der Mensch sich spirituell weiterentwickelt, verändern sich diese Elemente. Aber denkt daran: Es sind immer neun.

Ich werde euch im Rahmen dieses Rätsels ein paar intellektuelle Fragen stellen und auch darauf antworten, doch vielleicht versteht ihr dann immer noch nicht – und auch das steht euch frei. Hört zu, ihr Lieben: Wenn ihr das Mahl des majestätischen Gottes verzehrt, müsst ihr nicht verstehen, wie es wirkt. Wenn ihr die Liebe Gottes in eurem Leben spürt oder auf tief greifende Weise geheilt werdet, müsst ihr nicht im Detail wissen, wie das passiert ist. Versteht ihr? Beim Genießen eines wunderbaren Mahls müsst ihr nicht das ganze Rezept kennen. Versteht ihr? Wenn ja, dann kann ich beginnen.

Die menschliche Seelengruppe

Am einfachsten ist die menschliche Seelengruppe zu definieren (damit könnt ihr etwas anfangen, weil ihr damit in 3-D lebt):

1. Das Höhere Selbst im Menschen, welches auf der körperlichen Ebene in der DNA sitzt, ist die Nummer eins.

2. Die Nummer zwei ist, wie ihr vielleicht schon vermutet habt, das menschliche Bewusstsein. Das menschliche Bewusstsein ist nicht vom Höheren Selbst getrennt, es ist einfach eines der Elemente, die wir auseinanderspalten wollen, weil wir in 3-D sprechen. Teile des menschlichen Bewusstseins werden multidimensional, und dieser Teil des Entwicklungsprozesses wird verändern, wer ihr schließlich werdet.

3. Die Nummer drei ist das, was wir *das Angeborene* genannt haben. Das Angeborene ist der »intelligente Teil« des zellulären Körpers, der Teil, der derzeit durch die sogenannte Kinesiologie, durch BodyTalk, Klopfen und viele andere Prozesse zugänglich ist. Sie alle überqueren die Brücke zwischen dem körperlichen dreidimensionalen Bewusstsein und jener Intelligenz, die weiß, was auf der Zellebene in eurem Körper vor sich geht.

Zusammen bilden diese drei Teile den Menschen, der in 3-D wandelt. Mit der Weiterentwicklung des Menschen werden sich nicht nur diese Dinge verändern, sondern zwei davon werden sich auch einander annähern. Wir haben euch dazu eine wichtige Prämisse noch nicht mitgeteilt, diese kommt jetzt: Zurzeit funktioniert der Mensch auf diesem Planeten mit einem Wirkungsgrad von nicht ganz 35 Prozent; das ist sozusagen der aktive, funktionierende Prozentsatz der DNA. Und das heißt: Ihr habt die vollen 100 Prozent von allem in euch, aber das menschliche Bewusstsein hat aus freiem Willen nur diesen niedrigeren Prozentsatz. Und das wird sich verändern. Habt ihr daran Zweifel? Wenn das nicht wahr wäre, warum würdet ihr euch dann auf die Suche nach dem Höheren Selbst begeben? Warum wäre es dann so wenig greifbar, so flüchtig?

Euer Intellekt und euer Bewusstsein versuchen immer gemeinsam herauszufinden, wie sie mit dem Teil in euch in Berührung kommen können, welcher die schöpferische Quelle ist. Das ist Getrenntheit, und so soll es eigentlich nicht sein. Die Dinge funktionieren nicht so, wie sie sollen. Ihr macht Muskeltests, um herauszufinden, was das Angeborene des Körpers euch sagen kann. Ihr stellt ihm viele Fragen: Ob es richtig ist, dies oder das zu tun, ob in eurem Körper etwas passiert, um das ihr euch kümmern solltet. Passt das mit Logik zusammen, ihr Lieben? Welche Art von System ist das denn, das keinen Zugang zu sich selbst hat?

Hört gut zu: Euer Gehirn ist von eurer inneren Molekülstruktur abgetrennt. Ihr könntet da auf eurem Stuhl sitzen und in eurem Körper wächst eine Krankheit heran, aber euer Gehirn ist sich dessen womöglich überhaupt nicht bewusst. Eure weißen Blutkörperchen eilen an eine bestimmte Stelle, um eine Krankheit zu bekämpfen; in eurem Blutkreislauf klingeln die Alarmglocken, aber euer Gehirn hat keine Ahnung, bis ihr einen Bluttest machen lasst ... Das ist Getrenntheit, und das sollte euch lauthals mitteilen, dass euer Körper nicht zu 100 Prozent arbeitet und dass euer Gehirn abgespalten ist.

Nun möchte ich etwas über den sich entwickelnden Menschen in dieser Gruppe sagen: Das Angeborene tut sich mit dem

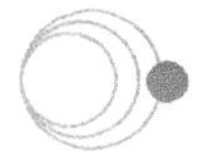

menschlichen Bewusstsein zusammen. Ihr alle könnt irgendwann euer eigener intuitiver Arzt sein. Das ist Weiterentwicklung und steht für eine DNA, die mit einer Wirkkraft von fast 44 Prozent arbeitet. Eure Intuition macht euch bewusst, was da geschieht, und die Kluft zwischen zwei Attributen in der menschlichen Gruppe schließt sich. Auch das Höhere Selbst in dieser Gruppe kommt zum Vorschein. Was bedeutet das? Das Angeborene und das menschliche Bewusstsein sind sich einig, und das erhöht die Bewusstheit der Zirbeldrüse und die Intuition. Ihr werdet euch nach und nach des »größeren Bildes« des Lebens bewusst.

Ihr werdet mit der Zeit verstehen und akzeptieren, dass der Tod keinen Stachel hat. Diejenigen, die gerade um euch kreisen, die weitergegangen und für diesen Moment zurückgekommen sind, würden dem zustimmen. Hätten sie eine Stimme, um zu sprechen, dann würden sie euch jetzt laut zurufen, dass ihr ewig seid! Habt keine Angst vor dem Übergang [Tod], denn ihr kommt früher zurück, als ihr meint!

Ironischerweise sitzt ihr hier und wollt etwas über die Getrenntheit wissen, etwas darüber erfahren; doch wenn ihr zurückkommt, gibt es mehr Zusammensein als jemals zuvor, und ihr werdet erwachen und euch erinnern. Ihr werdet euch nicht an das erinnern, was heute geschehen ist, sondern eine intuitive Gesamterinnerung an das haben, was in all euren Leben passiert ist. Das manifestiert sich als Weisheit! Das wird sich als Kind manifestieren, welches sich erinnert, wie man liest, und zwar aus Erfahrungen aus früheren Leben heraus und nicht als etwas, was es in diesem Leben schon gelernt hat. Es manifestiert sich in einem Kind, welches schnell erinnert, wie das Laufen geht, und dem das nicht erst beigebracht werden muss; in einem Kind, welches sich an Praktisches erinnert, ohne entsprechende Erfahrung oder Übung darin zu haben. Diese Dinge fallen dem Kind automatisch und instinktiv zu, und die Zeit ist reif dafür! Dies ist der Beweis, dass der spirituelle Teil der DNA seine Effizienz steigert. Das ist die erste Gruppe, und das war einfach.

Eure Akasha ist mit dem Angeborenen in dieser Gruppe verknüpft und wird der Brunnen der Erfahrung sein, aus dem dieses erhöhte Brückenbewusstsein schöpft. Es ist an der Zeit, in zukünftigen Leben das zu erinnern, was ihr in diesem Leben verdient und gelebt habt.

Die Kern-Seelengruppe

Die zweite Gruppe ist für spirituell gesinnte Menschen am komplexesten und am widersprüchlichsten. Ihr Menschen neigt dazu, alles, was Gott ist, zu linearisieren und mit allem Menschlichen zu vergleichen. Es fällt euch schwer, Gott nicht zu »vermenschlichen«.

Die Kern-Seelengruppe besteht aus den folgenden drei Teilen:

1. dem Höheren Selbst,
2. dem, was ihr als eure Geistführer wahrnehmt,
3. dem, was am schwierigsten zu verstehen ist, nämlich dem Teil eurer Seele, der immer auf der anderen Seite des Schleiers ist.

Wir definieren also noch einmal für euch die Seelengruppe:

1. Das Höhere Selbst ist Teil jeder Dreiergruppe und Teil der neun. Es ist immer dabei.

2. Geistführer: Ihr Menschen möchtet, dass eure Geistführer, eure Engel – oder wie immer ihr sie nennt – weiser sind als ihr selbst. Das entspricht eurer Logik. Da mag es für manche von euch eine schlechte Nachricht sein, zu vernehmen, dass sie ein Teil von euch sind!

Geistführer müssen etwas von euch Getrenntes sein, damit sie auf dem Planeten als eure Berater fungieren können. Geistführer sind eigentlich höher frequente Teile eurer Seele, die von euch getrennt sind. Mit zunehmender Erleuchtung und eurem Erwachen für die spirituelle Wahrheit scheinen sich diese Geistführer zu verändern, aber das ist lediglich eure Wahrnehmung als Mensch. Schon früh hat Kryon euch gesagt, dass sie euch zu einem bestimmten Zeitpunkt scheinbar verlassen. Doch in Wirklichkeit vollführen sie – um es in euren Worten auszudrücken – so eine Art Neustart und kommen während einer emotionalen »dunklen Nacht der Seele« zurück. Dabei gehen viele von euch manchmal emotional »zurück auf null«, damit dieser

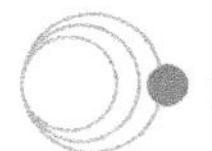

Verjüngungsprozess stattfinden kann. Dann kommt ihr mit mehr Informationen und mehr Weisheit sowie einer anderen Bewusstseinsenergie als vorher wieder zu Kräften. Doch ihr neigt dazu, eure Geistführer zu vermenschlichen, und nehmt sie linear wahr. Wenn ihr euch dann neuen Wahrnehmungen öffnet und zu mehr Licht erwacht, seht ihr sie und meint, sie wären etwas Neues. Das ist wirklich lustig! Sie haben nur die Kleider gewechselt, meine Lieben! Ihr habt euch verändert, also haben auch sie sich verändert. Ihr selbst seid diese Geistführer!

Wie kann eine menschliche Seele auseinanderbrechen und an vielen Orten gleichzeitig sein? Willkommen in der Quantenenergie! Das ist überhaupt nicht schwierig und in einem multidimensionalen Zustand ganz normal. Doch euer 3-D-Denken schränkt diese Möglichkeit ein, und ihr habt damit ein Problem. Verlasst die Schublade eurer Realität und gelangt in die Schublade, in der euch Unverständliches zugestanden wird!

Der intellektuelle, lineare Geist will alles wissen und macht Überstunden, um alles, was er sieht, aufzuteilen und zu linearisieren: »Wie kommunizieren die Geistführer miteinander? Was ist, wenn einer herumstreitet?« Und schon wieder habt ihr Gott vermenschlicht! Dadurch entsteht die Mythologie, von der mein Partner gesprochen hat. Müsst ihr wirklich alles herausbekommen? Tut das nicht! Versteht die Schönheit dieses Systems. Es funktioniert, auch wenn ihr es nicht versteht. Was für ein Konzept!

Wie viele Geistführer habt ihr? Ihr könntet sagen: »Drei natürlich.« Das ist in der Numerologie eine Katalysator-Zahl. Ein Katalysator ist eine Energie, die etwas anderes zu ändern vermag, dabei selbst aber gleich bleibt. Das ist die Energie der Geistführer. Sie schaffen Weisheit, Lernen, Heilung und Wissen. Und sie helfen auch mit der Seelenintuition und können im Rahmen eines viel umfassenderen Bildes überblicken, wer ihr seid.

3. Das dritte Element wird am meisten missverstanden. Ihr Lieben, kann ein Stück Gottes, ein Teil der schöpferischen Quelle, wirklich komplett in einem Körper existieren und in Reinheit auf dem Planeten wandeln? Die Antwort lautet: »Nicht ohne ein mäßigendes System.« Und zwar, weil diese reine göttliche Energie in einem dreidimensionalen Körper nicht aufrechterhalten

werden kann. Der Körper würde vergehen, verbrennen und explodieren! Die schöpferische Quelle kommt nicht als die volle göttliche schöpferische Quelle auf den Planeten; sie spaltet sich auf, und wenn ihr auf den Planeten kommt, kommt nur ein Teil eurer Seele mit hierher – der Teil, der in einem Körper aufrechterhalten werden kann. Der Rest verbleibt bei der schöpferischen Quelle.

Es war schon oft vom hebräischen Propheten Elias die Rede. Dieser Meister war einer der wenigen Menschen in der Geschichte, der sich den Zeitpunkt seines Aufstiegs selbst aussuchte. Als das geschah, machte sein Schüler Elisa Aufzeichnungen, die ihr in eurer Heiligen Schrift nachlesen könnt. Ich möchte euch aufzeigen, was bei Elias' Aufstieg geschah: Er verwandelte sich in Licht! Elisa erblickte eine Art Wagen, der auf Hebräisch *Merkaba* heißt – das bedeutet so viel wie »fahren«. Doch der Punkt ist, dass nichts vom Himmel kam und ihn davontrug. Elias verwandelte sich auf der Erde in Licht! Als er die volle Macht seines Wesens übernahm, verwandelte er sich in Licht und verschwand.

Versteht also: Im Rahmen dieses Systems könnt ihr nicht eure ganze Seele bei euch haben, da das einfach zu viel Energie wäre. Selbst der Meister Elias konnte das nicht. Die Menge an Energie, die ihr in euch tragt, befindet sich in eurer multidimensionalen DNA. Der andere Teil befindet sich auf der anderen Seite des Schleiers. Es gibt also sozusagen zwei von euch. Seid ihr immer noch verwirrt? Lasst uns darüber sprechen: Wenn ein Teil von euch auf der anderen Seite des Schleiers ist, was macht er dann da? Die Antwort lautet: Er hilft euch auf eine einzigartige Weise.

Wenn jeder einzelne Mensch Teile von sich auf der anderen Seite hat, wird dies zum »Motor der Synchronizität«. So trefft ihr diejenigen, von denen ihr nicht wusstet, dass ihr sie treffen würdet, oder es passiert Unerwartetes und Erstaunliches in eurem Leben. »Da oben« tagt ständig ein Komitee, um euch hin zu denjenigen zu schieben und zu lenken, die ihr treffen müsst. Ihr solltet hören, wie sie sich da oben freuen, wenn ihr auf der dreidimensionalen Ebene diejenigen trefft, die ihr treffen sollt! Versteht ihr? Der Anteil eurer Seele, der sich nicht verkörpert hat, hilft euch von oben und lenkt euch zu dem, was gut für euch ist. Eure Intuition stellt die Kommunikation dar.

Alle Menschen haben diese Attribute. Nicht erleuchtete Menschen haben ebenso wie ihr Stücke und Teile von sich auf der anderen Seite des Schleiers. Versteht ihr das? Ein nicht erleuchteter Mensch kann als Katalysator Teil deines Lebens sein, denn ein Teil von ihm ist auch auf der anderen Seite des Schleiers, beim Geist Gottes. Das ist für euch schwer verständlich, aber der Ausdruck »entgegen jeder Wahrscheinlichkeit« ist dadurch einfacher zu verstehen. Denn »Wahrscheinlichkeiten« basieren auf einem System aus Potenzialen und Durchschnittswerten, und ihr übertrefft das alles. Könnt ihr das sehen? Es ist nicht gegen jede Wahrscheinlichkeit, sondern Teil des Plans! Das ist der Teil eurer Seele, der zu Synchronizitäten führt und eure Realität verändert. Für uns ist das eine ganz normale Vorstellung. Es ist ein wunderschönes System, ein heiliges und großartiges System. Darum geht es beim Mitschöpfertum, und ihr arbeitet die ganze Zeit damit, aber wisst nicht einmal, dass ihr dabei mit euch selbst zusammenarbeitet.

Es ist an der Zeit für euch, dem zu vertrauen, was ihr nicht versteht! Die meisten Menschen möchten in einer »Logikblase« bleiben, denn das ist bequem für sie. Doch warum nicht aus eurer bequemen Schale herauskommen und eurem Gottesteil vertrauen? Warum nicht die Blase verlassen und anerkennen, dass Stücke und Teile von euch so heilig sind, dass ihr ihnen vertrauen könnt? Ihre Botschaften vernehmt ihr als intuitive Stimme in euren Ohren. Ihr selbst, die ihr euch selbst helft. Ist das zu viel für euch?

Die Gaia-Seelengruppe

Die letzten drei Attribute stehen für die Gruppe, die am meisten missverstanden wird. Wir nennen sie *die Gaia-Seelengruppe* – die Unterstützungsgruppe, die vom Menschen getrennt erscheint, es aber nicht wirklich ist. Wir bezeichnen sie auch als Gitter, denn sie umgibt euch mit ihrer Unterstützung.

Lasst mich die Voraussetzungen schaffen: Ihr seid hier an einem wunderschönen Ort [Mount Shasta/Kalifornien] und könnt spüren, was im Berg ist. Doch ist euch bewusst, dass es auch in den Bäumen, im Gras, in der Schönheit des Himmels ist? Ihr spürt es überall! Es ist nicht nur im Berg, nicht wahr? Es ist im See, im Wasser und in der Luft. Ihr seid von einer Lebenskraft umgeben, die ihr vielleicht falsch versteht. Ihr seid Teil von Gaia, und Gaia reagiert auf euch.

Letztes Jahr haben wir eine Durchgabe auf einem Berggipfel in den Anden gemacht [die Rede ist vom Aconcagua/Argentinien]; Kryon sagte: *»Es gibt keine Bergsteiger, die nicht an Gott glauben.«* Das ist so. Fragt sie einfach einmal nach der majestätischen Herrlichkeit von Gaia und danach, wie sie dort Gott spüren. Manche sind so sehr mit der Natur »verheiratet«, dass sie an bestimmte Plätze reisen, einfach, um dort allein zu sein und alles in sich aufzunehmen, was dort ist.

Der erste Teil dieser Gaia-Seelengruppe ist wiederum euer Höheres Selbst. Wie kann euer Höheres Selbst denn Teil von Gaia sein? Und wieder lautet die Antwort: Weil das Höhere Selbst alle drei Gruppen zusammenhält. In dieser Gruppe wird das Höhere Selbst vom Magnetgitter des Planeten repräsentiert. Kommt euch das bekannt vor? Vor 23 Jahren habe ich mich euch als der Meister des Magnetischen Dienstes vorgestellt und erklärt, wie das Magnetgitter für das Leben benötigt wird und dass ich hier bin, um euch zu helfen, es zu verschieben. Eure Kompasse können dieses Gitternetz messen, und ich sage euch: Seit ich hier angekommen bin (und weiter bis zum Jahr 2022), hat sich das Magnetgitter stark verschoben, so, wie ich euch gesagt habe. All das war und ist für eure Zukunft notwendig.

Ihr seid Teil des Magnetgitters eures Planeten. Eure DNA reagiert darauf auf eine Weise, die ihr noch nicht kennt, die aber auch erklärt, warum Astrologie funktioniert. Das menschliche Bewusstsein wird vom Magnetgitter beeinflusst, und das Magnetgitter wird vom Bewusstsein beeinflusst. Kryon ist allein deshalb hier, weil dieses Gitternetz jetzt angepasst werden muss, damit die Menschheit ein höheres Bewusstsein entwickeln kann. Im Moment könnt ihr das noch nicht wissen oder begreifen, aber ich werde dieses Konzept in einer späteren Durchgabe weiter ausführen.

Das nächste Element wird sehr missverstanden; es wird als *Kristallgitter* bezeichnet – ein esoterisches, unsichtbares und multidimensionales Gitternetz, das zur selben Zeit errichtet wurde, als den Menschen die Saat eingepflanzt wurde. Ihr Lieben, dieses Gitternetz enthält und erinnert die menschliche Schwingung. Was ihr als Menschen erlebt, wird vom Planeten niemals vergessen. Es ist das »Gitter erinnerten Bewusstseins«, welches vom menschlichen Tun beeinflusst wird – eine Art Speicher menschlicher Erinnerungen.

Wegen dieses Gitternetzes könnt ihr auf einem 400 bis 500 Jahre alten Schlachtfeld stehen und immer noch die Energie des Kampfes spüren. Denn das, was dort emotional geschehen ist, ist immer noch da. Äonen der Geschichte auf diesem Planeten hindurch hat das Gitternetz das gesehen und erinnert, was für Menschen am dramatischsten ist: Tod, Kummer und Drama. Das Wort »Kristall« ist nur eine Metapher – es ist ein esoterisches Gitternetz, welches Schwingungen »erinnert« und speichert.

Und dieses Gitternetz verändert sich gerade! Wie wir euch gesagt haben, entwickelt sich der Planet weiter, und gerade jetzt verändert sich dadurch die Linearität bzw. Nichtlinearität menschlichen Handelns. Dieses Gitternetz beginnt, viel stärker auf Freude, Lachen und Mitgefühl zu reagieren. Tod, Krieg und Schrecken werden nach und nach in der Hierarchie menschlicher Emotionen auf die hinteren Plätze verwiesen. All das ist Teil der Bewusstseinsveränderung auf dem Planeten, von der mein Partner schon oft als »Prophezeiung der Urvölker des Planeten« gesprochen hat.

Damit beginnt der Bewusstseinswandel, den ich 1989 vorhergesagt habe und der, wie ich euch sagte, unmittelbar bevorstand. Das Gitter beginnt, sich auf andere Weise zu erinnern, und beeinflusst damit zukünftige Generationen. Zukünftig geborene Kinder erspüren dieses Gitter, während sie auf dem Planeten wandeln. Dieses Gittersystem ist die »Überholspur« und das Schnellverfahren zur Unterstützung der spirituellen Weiterentwicklung der Menschheit. Könnt ihr sehen, wie sich dieses spezielle Gitternetz auf euch auswirkt, ebenso wie auf alles, was passieren wird? Denn in dem Maße, wie ihr euch verstärkt in

Richtung Mitgefühl, Freude und Liebe bewegt, löst ihr Probleme, die mit Integrität zu tun haben. Diese Lösungen bleiben im Gitternetz haften, und diejenigen, die nach euch kommen, können darauf zugreifen. Das ist höchst komplex, aber geht einher mit der Majestät des menschlichen Wesens.

Das sind nun acht von neun Attributen. Das neunte Element ist etwas ganz Besonderes, und ich kann nicht viel darüber erzählen. Aber ich sage es euch trotzdem: Es gibt eine kooperative Energie in den Säugetieren auf dem Planeten. Es muss ein Gleichgewicht geben, aber warum oder wie kann ich euch noch nicht sagen. Nur so viel: Eure Liebe zu den Cetacea, den Walen und Delfinen dieses Planeten, ist sehr berechtigt. Sie sind Teil dieses Gittersystems. Und ich sage euch noch einmal etwas, was ich bereits durchgegeben habe: Als die Plejadier ursprünglich hierherkamen, mit Liebe und in aller Stimmigkeit, als aufgestiegene Rasse, pflanzten sie den Menschen nicht nur einfach ihren göttlichen Samen ein; sie veränderten auch die DNA der Cetacea. Deshalb liebt ihr diese Säugetiere so sehr. Wenn Menschen mit Delfinen in Freiheit schwimmen und ins Wasser gehen, schlagen manchmal ganze Delfinschulen einen anderen Kurs ein und kommen zu den Menschen! Habt ihr darüber schon einmal nachgedacht? Was zieht sie an? Welches andere Tier auf der Erde macht so etwas? Denkt einmal darüber nach.

Es werden weitere Informationen durchgegeben werden, ihr Lieben, und in dem Maß, wie dieser Planet sich weiterentwickelt, können wir euch noch mehr über die Rolle der Cetacea sagen. Aber ihr wisst bereits, wie heilig sie sind. Ihr wisst bereits über die Wale und Delfine Bescheid. Die Cetacea sind so etwas wie eine lebendige Bibliothek und für die Menschen sehr wichtig. Sie sind Bewahrer einer Energie, die Teil von euch ist. Sie sind eines der neun Attribute, und das ist das, was ich euch heute erzähle.

Mir ist klar, dass diese spezielle Botschaft mehr Fragen aufwirft, als sie Antworten gibt. Könnt ihr eure Logikblase verlassen und einfach dabeibleiben, ohne nach den ganzen Details zu fragen? Das zu wissen, hilft euch überhaupt nicht weiter, genauso wenig, wie es euch hilft, zu wissen, wie ein Automatikgetriebe funktioniert, wenn ihr euch ins Auto setzt und zum Supermarkt fahrt. Ich möchte, dass ihr zu Frieden und Neutralität und auf die nächste Ebene aufsteigt, auf die Ebene der Wertschätzung des inneren Gottes, des Systems, an dem ihr mitgewirkt habt. Ihr Lieben, ihr seid die Planer. Ihr seid Gott. Das ist die Botschaft des heutigen Abends.

Schaut euch diese Botschaft bei Bedarf erneut an und versteht davon das, was ihr verstehen müsst. Seht in all diesen Dingen die Schönheit und Herrlichkeit des wahren Menschen. Beginnt, die Samen eines aufgestiegenen Planeten auszubringen – denn dahin geht es.

Kryon
(Live-Channeling »Die neun Attribute des Menschen«, durchgegeben am Mount Shasta/Kalifornien, 21. Juni 2013; von Lee Carroll für dieses Buch ergänzt und erweitert)

Wie fühlt sich das gerade Gelesene für Sie an? Kann es wirklich sein, dass Sie an mehreren Orten gleichzeitig existieren? Und wenn das so ist, wie funktioniert das? Kryons Informationen über die neun Attribute des Menschen helfen, diese tiefen Geheimnisse zu erklären. Und auch sie sind nicht vollkommen genau und korrekt, denn es ist unmöglich, multidimensionale Energien zu quantifizieren. Doch wie Kryon und Lee Carroll sagen: Es geht einfach nicht besser. Wer das Kryon-Buch 10 gelesen hat, »Die 12 Stränge der DNA«, weiß zum Beispiel, dass darin von den zwölf Schichten der DNA die Rede ist – aber zählen Sie sie bitte nicht! Diese DNA-Schichten sind so etwas wie die Teile einer Maschine, die nur funktioniert, wenn alle Teile am richtigen Platz sind und zusammenarbeiten. Wenn die Maschine auseinandergenommen wird, läuft sie nicht mehr. Aber wenn man sie auseinanderbaut, alle Teile auf den Boden legt und sie beschreibt, versteht man die Einzelteile besser, die die Maschine zum Laufen bringen. So ähnlich ist es auch mit dem Beschreiben der neun Attribute.

Die neun Attribute des Menschen sind eine Art Energiesuppe, und wenn die einzelnen Elemente erst einmal in der Suppe gelandet sind, kann man darin das Salz oder andere Bestandteile nicht mehr auffinden. Doch bevor die Suppe gekocht wird, kann man die Zutaten sehr wohl auflisten, einzeln benennen und anschauen. Das ist für Lee Carroll und Kryon die beste Art, uns dieses hoch komplizierte Thema zu erklären.

Zunächst einmal wollen wir die Numerologie der neun Attribute untersuchen. In der alten tibetischen Numerologie steht die Neun für Vollendung, und wie Kryon mehrmals betont hat, gibt es nur neun Attribute. Vielleicht wird von anderen, die sich zukünftig mit diesen Informationen beschäftigen, einmal behauptet, sie hätten zwölf Attribute des Menschen entdeckt. Doch laut Kryon sind es nur neun! Die neun Attribute sind vollständig – es gibt keine weiteren.

Die neun Attribute sind in drei Dreiergruppen zusammengefasst. Daraus ergibt sich die Zahl 33. Was wissen Sie über die 33? Sie ist in der alten tibetischen Numerologie eine Meisterzahl und bedeutet »mitfühlendes Handeln«. In meinem ersten Buch, »Der Gaia-Effekt«, erzählt Jorge Bianchi die wahre Geschichte von der Rettung der 33 Bergleute in Chile – ein wunderbares Beispiel für mitfühlendes Handeln von großer Bedeutung, denn es war weltweit das erste Ereignis mitfühlenden Handelns, bei dem Leben und Freude anstatt Tod und Leiden zelebriert wurden. Was wissen wir noch über die Zahl 33? Laut Kryon steht sie für den Prozentsatz der DNA, der derzeit von Gaia (dem Planeten Erde) über das Kristallgitter aktiviert ist.

Oje! Hört sich das gar zu seltsam und schon fast unheimlich an? Im Prinzip entspricht es Kryons Beschreibung von der Funktionsweise der DNA. Unsere DNA enthält die vollständige Entsprechung von allem, was wir jemals waren, das Wissen von allem, was wir jemals hatten, auch unserer Lebenszeiten als Plejadier. Und sie wird nur so weit aktiviert, wie das Bewusstsein des Planeten es zulässt. Das Bewusstsein des Planeten wird über das Magnetgitter von der Menschheit bestimmt. Laut Kryon liegt es derzeit (2014) bei etwa 33 bis 35 Prozent (was dem Prozentsatz der DNA entspricht, der aktiviert ist und arbeitet). Das erklärt auch, warum es für die Meisterzahlen, die größer sind als 33, keine Definitionen gibt.

Wenn ich allerdings überlege, wie oft ich die Zahl 44 sehe, dann bin ich sicher, dass uns schon bald das Wissen über die Bedeutung dieser Zahl übermittelt wird. Kryon hat bei einer Durchgabe

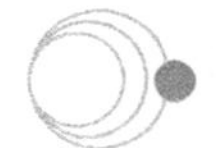

im August 2014 sogar schon Andeutungen gemacht (mehr dazu in Kapitel 2: »Die Gaia-Seelengruppe«, im Abschnitt über die Cetacea).

Okay, zurück zu den drei Dreiergruppen, in denen entsprechend der alten tibetischen Numerologie die Drei ein Katalysator ist: der Katalysator des Mitgefühls. Diese drei Gruppen sind: die Gaia-Seelengruppe, die menschliche Seelengruppe und die Kern-Seelengruppe. Jede Gruppe wird so detailliert wie möglich erklärt, aber mir ist auch bewusst, dass Kryon nach Veröffentlichung dieses Buches im Jahr 2015 weitere Informationen durchgeben wird. Also seien Sie nicht überrascht, wenn Kryon in nachfolgenden Durchgaben diese Attribute weiter ausführt.

FRAGEN AN KRYON

Menschen, die sich spirituell weiterentwickeln, ihr Bewusstsein und ihre Schwingung erhöhen, durchleben viele Veränderungen, wodurch sich auch die Schwingung des Planeten erhöht. Jeder Planet mit einem freien Willen steigt auf; welche Schwingungsveränderungen und Erfahrungen werden von anderen aufgestiegenen Wesen auf anderen Planeten erlebt? Welche Veränderungen und Erfahrungen fühlt Spirit, wenn überhaupt? Wenn Spirit und unsere Geistführer unsere Erleuchtungserlebnisse feiern, spüren sie dann eine energetische Veränderung? Verändert sich dadurch etwas auf der Großen Zentralsonne? Wie passt das in den größeren Plan?

Das ist eine großartige Frage. Man könnte auch fragen: *»Was ist der Sinn des Lebens?«* Und die Antwort lautet: *Ja* und *ja*. Auf dieser Stufe eurer Entwicklung seid ihr unerfahrene kleine Kinder. Ihr wisst nur, was ihr eben wisst, und schwelgt noch in einem unentwickelten Zustand. So war das mit allen aufgestiegenen Planeten, und es wird nicht anders erwartet.

Wenn du einen Höhlenmenschen nach der Plattentektonik fragst, hätte er keine Ahnung, wovon du da redest, aber er könnte es irgendwann lernen – das liegt für ihn im Bereich des

Möglichen. Die Antworten würden für dich einfach nicht viel Sinn ergeben. So wie dem Höhlenmenschen sage ich dir also: Es ist ein höheres System beteiligt, und es verbindet alle spirituellen Seelen. Je höher sie sich entwickeln, desto mehr sind sie miteinander verbunden. Das, was hier auf der Erde passiert, wirkt sich auf den Kosmos aus.

Es fällt euch schwer, zu glauben, dass es irgendwann einmal keinen Hass und keinen Krieg mehr gibt, doch im Grunde sind das nur Menschen, die erwachsen und reifer werden und sich in eine völlig andere Spezies entwickeln. Eines Tages seht ihr vielleicht diese Worte und lächelt und erinnert euch an eine Zeit, als die Dinge ganz anders waren.

Manche Menschen bringen, wenn sie inkarnieren, übersinnliche Fähigkeiten mit, sind zum Beispiel hellseherisch begabt, sind intuitive Heiler oder können mit Wesenheiten kommunizieren. So, wie ich das verstehe, stammen diese Talente aus ihrer Akasha. Auf den ersten Blick scheint es, dass diese medialen Fähigkeiten für sie auf dem Weg zur Meisterschaft und Erleuchtung von Vorteil sind. Doch ich habe schon oft erlebt, dass Menschen mit solchen Fähigkeiten sich ihrer inneren Göttlichkeit nicht bewusst sind; manchmal geht ihnen auch ihr inneres Gleichgewicht ab, und sie drehen sich im Drama. Kannst du uns mehr darüber sagen, was in diesen Fällen passiert?

Die Menschen vermuten oft, große Fähigkeiten hingen mit spiritueller Bewusstheit zusammen, aber das stimmt nicht. Man muss diese Dinge getrennt voneinander betrachten und verstehen, dass die »Ehe zwischen Geist, Körper und Seele« der Schlüssel zu großer Weisheit ist. Wissen und die dadurch gesammelten Talente enthalten überhaupt keine Weisheit.

Manchmal scheinen Hellseher, Channel-Medien und Heiler sehr bewusst zu sein, aber wenn man sie dann besser kennenlernt, erkennt man, dass sie sich persönlich der Göttlichkeit, die sie vielleicht nutzen, nicht wirklich bewusst sind. Viele Menschen sind deshalb verwirrt und fragen sich, wie solche seltsamen oder unausgewogenen Botschaften von solchen »spirituellen« Menschen kommen können.

Haltet zunächst Ausschau nach Ausgewogenheit, dann nach Weisheit und dann nach Talenten und Wissen! Achtet auch auf den »Mitgefühlsfaktor«, denn eine bewusste Person hat Empathie und Mitgefühl für andere und die Weisheit, sich über den Sieg eines anderen Menschen zu freuen.

In der Geschichte der Menschheit gab es viele bekannte kreative Genies, deren Leben tragisch durch Selbstmord endete, die verrückt wurden oder anderswie aus dem Gleichgewicht gerieten. Haben kreative Genies eine stärkere Neigung zu Unausgeglichenheit oder haben sie dieselbe freie Wahl wie alle anderen Menschen und fallen einfach mehr auf, weil kreative Menschen oft so bekannt und berühmt sind?

Das ist eine sehr interessante Prämisse, nicht wahr? Dass sehr kreative Menschen in mancher Hinsicht unausgeglichen sind ... Darüber haben wir bislang noch nie mit euch gesprochen, aber die Antwort sollte für euch einen Sinn ergeben. Die meisten dieser kreativen Menschen sind auf der Welt, um euch Kunst, Musik und wissenschaftliche Errungenschaften zu schenken. Anders ausgedrückt, arbeiten sie in mehreren aufeinanderfolgenden Leben daran. Das sollte euch sagen, dass sie nicht zufällig hier sind. Und doch fehlt mental oft »etwas«.

Es ist tatsächlich nicht einfach nur ihre Bekanntheit, durch die sie euch dann auffallen. Auch diejenigen unter ihnen, die nicht so bekannt sind, sind oft unausgeglichen. Die Antwort lautet also: Ja, so ist es. Sie haben eine viel größere Neigung zu Unausgeglichenheit. Der Grund: Mit sehr wenigen Ausnahmen kommen diese Menschen mit derselben niedrigen DNA-Effizienz wie ihr auf die Erde, also mit etwa 33 Prozent zum Zeitpunkt dieser Niederschrift. Wenn sie nun begabter sind als die meisten anderen Menschen, haben sie vielleicht, wie man sagen könnte, einen höheren Anteil ihrer 33 Prozent mit diesen Talenten aufgebraucht, und deshalb muss etwas anderes zurückgefahren werden. Das ist eine sehr vereinfachte Darstellung, aber es ist die Wahrheit.

Oft kommt es dadurch zu einer Persönlichkeitsstörung, am häufigsten zu einem Ungleichgewicht ihrer Realität, und sie werden selbstzerstörerisch. Das passiert häufig, aber mit der neuen Energie des Jahres 2012 und danach muss das nicht mehr so sein. Denn die DNA beginnt sich auf eine Weise weiterzuentwickeln, durch die das als das erkannt wird, was es ist, und es wird entsprechend korrigiert. Die Zeit ist reif für »ausgeglichene« Künstler.

Die neun Attribute eines Menschen bestehen aus drei Dreiergruppen und beschreiben die Stücke und Teile unserer Seele, die bei der Geburt voneinander abgespalten werden. Sind diese Attribute bzw. Energien für alle humanoiden Rassen in der Galaxie dieselben, zum Beispiel auch für die Plejadier (die uns die Samen der Göttlichkeit einpflanzten)? Und wenn ja, gilt das auch für die zwölf Schichten der DNA?

Das ist das erste Mal, dass nach dem Unterschied zwischen den »zwölf Schichten der DNA« und den »neun Attributen des Menschen« gefragt wird, wenn auch nicht direkt; aber darauf sollte eine Antwort gegeben werden, damit auch die eigentliche Frage beantwortet wird.

DNA: Die zwölf Schichten der DNA sind menschenspezifisch, weil eure DNA menschenspezifisch ist. Die Struktur der DNA ist zwar universal insofern, als sie in allem Leben, was ihr irgendwann einmal entdecken werdet, so auftritt. Doch wie ihr ja schon erkannt habt, unterscheidet sich eure DNA von der DNA der Tiere, und damit ist euch auch klar, dass nicht jede DNA dieselbe Struktur aufweist. Die Plejadier hatten keine menschliche DNA, sondern plejadische DNA, und nur wenig von dem, was wir euch über die DNA an Informationen zukommen ließen, würde auch auf sie zutreffen. Sie haben ihre eigenen Schichten, mit eigenen Namen und Definitionen.

Die neun Attribute: Sie werden *die Attribute des Menschen* genannt, damit ihr wisst, dass sie nur beim Menschen vorkommen. Auch die Plejadier hatten ihre Attribute, und auch bei ihnen waren es neun. Doch bei jeder Rasse verlief die Weiter-

entwicklung des spirituellen Bewusstseins anders, deshalb verändern sich die Attribute je nachdem, an welchem Punkt der Entwicklung ihr steht.

HINWEIS: Habe ich euch vor 2012 von den neun Attributen erzählt? Waren sie damals dieselben? Die Antwort lautet: Nein. Es sind immer neun Attribute, aber je nach Stand der Entwicklung verändern sie sich. Sie wurden euch erst durchgegeben, als die Gewissheit bestand, dass ihr bleiben würdet.

NEU: Auch die Plejadier durchliefen ihre Entwicklung, allerdings ein bisschen anders als ihr. Ihre alten Kulturen erkannten die Gedankenenergie von Anfang an als Kraft, die an der Realität mitwirkt, und nutzten sie entsprechend. Eure Wissenschaftler rollen immer noch mit den Augen, wenn die Rede von einem »Medium« ist. Doch bei den Plejadiern war das eine Realität. Sie haben sich einfach anders entwickelt und nutzten das zum Beispiel schon sehr früh für die Jagd, um die Pfade der Tiere zu steuern.

Das heißt, für sie war es eigentlich sogar schwieriger als für euch, die letzte Schwelle zu überschreiten, denn sie nutzten von Anfang an »geistige Einflüsse« und wussten über die Macht des Geistes Bescheid. Die Schwachen hatten oft keine Chance, wenn die Starken böse waren. Könnt ihr euch das überhaupt vorstellen? Nehmt euch einmal einen Augenblick Zeit und honoriert, wie sie das überwunden haben und wie schwierig das für sie gewesen sein muss!

Ihr erkennt also vielleicht, dass ihre »neun« ganz anders waren als eure »neun«. Eine eurer Dreiergruppen sind die menschlichen Attribute, und eines davon ist das Angeborene und Informationen darüber, wie ihr langsam eine Brücke zwischen dem Angeborenen und dem zellulären Bewusstsein im Körper aufbaut. Doch ihre »Brücke« war schon immer vorhanden, weil sie den Geist so sehr in den Mittelpunkt stellten.

Doch die Seele hat nichts mit der Weiterentwicklung der DNA zu tun, und die direkte Antwort auf deine Frage lautet, dass die drei Elemente der Seele bei den Plejadiern dieselben waren. Und auch ihre »Eltern«, die ihnen den Samen einpflanzten, hatten dieselben. Viele der neun Attribute sind also je nach

Rasse unterschiedlich, doch die Seelen-Attribute waren immer dieselben.

Deshalb habt ihr übrigens dazu eine so gute Verbindung. Denn spirituelle Kommunikation ist »seelenbasiert« und nicht »bewusstseinsbasiert« oder »DNA-basiert«.

Kapitel 2

Die Gaia-Seelengruppe

Interessant, dass Gaia Teil unserer Seele ist, oder? Vor meinem spirituellen Erwachen betrachtete ich die Erde als etwas von mir und meinem Bewusstsein Getrenntes. Ich verstand nicht, dass Gaia, der Planet Erde, ein Bewusstsein hatte. Als ich für meine innere Göttlichkeit erwachte, wurde ich mir Gaias bewusst, und diese neue Bewusstheit half mir, mich an das Bündnis zu erinnern, das zwischen uns und Mutter Erde besteht (die indigenen Völker wussten und wissen heute noch alles darüber).

Auch andere erwachen und erinnern sich an ihren Bund mit Gaia, und das besagt, dass die Erde eine Bedeutung erhält, die sie früher nicht hatte. Wir gelangen zu einem reifen Verständnis von Gaia, ihrem Bewusstsein und der Partnerschaft zwischen Gaia und den Menschen. Woher stammt dieses Bündnis? Warum haben so viele Menschen eine so tiefe Verbindung zu Gaia und all ihren herrlichen Schöpfungen? Wie funktioniert die Kommunikation zwischen Menschen und Tieren? Die Antworten finden wir, wenn wir uns mit der Gaia-Seelengruppe befassen.

Mein erstes Buch, »Der Gaia-Effekt«, wurde in erster Linie geschrieben, um ausführlich über die drei Hauptenergiegitter von Gaia zu informieren, wie sie von Kryon beschrieben wurden: das Magnetgitter, das Kristallgitter und das Gaia-Gitter. Das Kristallgitter ist ein Speicher- bzw. Erinnerungsgitter menschlichen Handelns und menschlichen Mitgefühls. Das Gaia-Gitter ist die Lebenskraft von Gaia, ihrer Pflanzen und Tiere, wozu natürlich auch die Wale und Delfine (Cetacea) gehören. Die eigentliche Verbindung zu Gaia erfolgt über das Magnetgitter (das Kommunikationsgitter), welches quantenhaft über die DNA mit unserem Höheren Selbst verschränkt ist.

Bevor ich näher auf die Gaia-Seelengruppe eingehe, möchte ich auf einen sehr wichtigen Aspekt hinweisen. Der einzige Grund, warum die Erde über ein Bewusstsein, die Höhle der Schöpfung und über ein Kristallgitter verfügt, ist die Göttlichkeit in allen Menschen. Diese Attribute von Gaia wurden alle zur selben Zeit erschaffen, als der Menschheit ihre Göttlichkeit eingepflanzt wurde. Deshalb existiert das Gaia-System als »Schnellverfahren« für die Menschheit.

Gaia ist also für uns da und arbeitet mit der Menschheit zusammen. Ist es da nicht logisch, dass sich Stücke und Teile von uns in Gaia befinden? Und zwar befinden sie sich an den folgenden drei Orten:

- Im Magnetgitter (wo sich das Höhere Selbst befindet) – die Verbindung zu Gaia.
- Im Kristallgitter (wo sich Teile und Stücke von uns befinden) – es zeichnet menschliche Taten auf und repräsentiert die Schwingung von Gaia.
- In den Cetacea (auch sie beherbergen Stücke und Teile von uns) – größtenteils unbekannt. Doch Kryon hat gesagt, dass die DNA der Cetacea zur selben Zeit verändert wurde wie die DNA der Menschen. Die Cetacea sind die Akasha-Bibliothek für Gaia und die Menschheit, und in ihnen befinden sich Zeitkapseln, die darauf warten, aktiviert und freigesetzt zu werden.

Das Magnetgitter (das Höhere Selbst)

Das Magnetgitter von Gaia wird detailliert in meinem Buch »Der Gaia-Effekt« beschrieben. Es ist das Kommunikationsgitter, welches vom menschlichen Bewusstsein (unserem Höheren Selbst) verändert wird. Kryon ist unter dem Namen »Meister vom Magnetischen Dienst« bekannt, und fast alle Kryon-Live-Channelings beginnen mit dem Begrüßungssatz:

Seid gegrüßt, meine Lieben, ich bin Kryon vom Magnetischen Dienst.

Wir wollen uns noch einmal die Geschichte von Kryons Partnerschaft mit Carroll ansehen: Kryon kam 1989 als einer derjenigen auf den Planeten, die das Gitter veränderten, und die Prophezeiung im Kryon-Buch 1, »Das Zeiten-Ende«, lautete, das Magnetgitter würde sich im Laufe der nächsten zehn Jahre mehr verschieben, als es in den letzten hundert Jahren der Fall war. Genau das passierte 2002. Der Beweis für diese Verschiebung des Magnetfeldes ist auf Flughäfen zu sehen, wo manche Start- und Landebahnen einen völlig neuen Kompasskurs erhielten. Die große Verschiebung des Magnetgitters war das direkte Resultat des veränderten kollektiven menschlichen Bewusstseins.

Was hat das menschliche Bewusstsein mit dem Magnetgitter zu tun? Alles! Das Magnetgitter ist die Schnittstelle sowohl zum Kristallgitter als auch zum Gaia-Gitter und stellt eine Art Liefersystem für die Menschheit dar. Es ist das Kommunikationsgitter, welches durch das Quantenfeld um die DNA herum zu uns »spricht«. Das Magnetgitter wird durch die Heliosphäre der Sonne verstärkt, des Motors der Astrologie. Kryon hat erklärt, wie Astrologie funktioniert und warum wir für die Bewegungen der Planeten empfänglich sind:

Die Sonne ist der Dreh- und Angelpunkt des Sonnensystems und für euch das Zentrum der Lebensenergie. Die Übertragung von Informationen von der Sonne auf die anderen Planeten beruht auf einem physikalischen Mechanismus, dem sogenannten Solarwind. Dieser Energiestrom trägt jegliche gerade auf der Sonne vorhandene multidimensionale Energie dorthin, wo das Magnetfeld der Sonne [die Heliosphäre] gerade hinreicht. Es ist immer da, aber seine Intensität verläuft in Zyklen. Die Wissenschaft betrachtet den Solarwind zwar als relevant für die Energie im Sonnensystem, hat aber noch nicht die multidimensionalen Muster erkannt, die dieser Wind, wenn er von der Sonne herausschießt, auf die Planeten trägt.

Diese Muster spiegeln die Position der Sonne wider, während die anderen Planeten über die Schwerkraft und die Magnetkraft (beides multidimensionale Energien) an ihr ziehen. Deshalb verändern sich diese Sonnenmuster ständig in dem Maße, wie die Planeten durch die Schwer- und Magnetkraft auf der Sonne neue Situationen erzeugen.

Wenn der Sonnenwind, der dieses Sonnenmuster mit sich trägt, auf der Erde auftrifft, bringt er das Muster in das Magnetgitter ein. Das Magnetgitter ist dynamisch (es verändert sich ständig) und spricht auf immer neue Muster an. Die Gitternetzlinien des Planeten verändern das Muster leicht, weil eure Gitter nicht konsistent sind und an unterschiedlichen Orten auf der Erde große oder weniger große Einflussbereiche haben.

Die menschliche DNA ist empfänglich für die Magnetkraft, denn sie ist selbst ein magnetischer Motor. Wenn das Kind bei der Geburt von der Mutter getrennt wird, wird an das Gehirn des Babys ein Signal geschickt, welches besagt: »Dein System ist jetzt aktiv und auf sich allein gestellt, getrennt von deiner Mutter!« Beim ersten Atemzug seines unabhängigen und einzigartigen Lebens erhält die DNA des Kindes das Muster von der Magnetkraft des Erdgitters und übernimmt das, was ihr als »astrologische Attribute« bezeichnet.

Jeder Ort auf dem Planeten trägt das Grundmuster, plus oder minus das, was das Magnetfeld der Erde aufgrund der geografischen Lage dazu beiträgt. Das erklärt, warum erstklassige Astrologie den Geburtsort mitberücksichtigen muss. Auch die Astrokartografie basiert auf diesem Prinzip.

Astrologie ist die älteste Wissenschaft auf dem Planeten, und ihre Genauigkeit ist belegbar. Auch die »generische« Astrologie nimmt wesentlichen Einfluss auf den Menschen, von den Zyklen des weiblichen Systems bis hin zu den tief greifenden Veränderungen menschlichen Verhaltens bei Vollmond. Ihr könnt euch nicht davon abtrennen, und wer nicht daran glaubt, kann auch gleich seinen Glauben an die Atmung aufgeben, denn sie hat genauso viel Einfluss auf euer Leben.

Die neue Energie auf dem Planeten lädt euch dazu ein, eure DNA zu verändern. Das ist Kryons Lehre. Wenn ihr eure DNA verändert, arbeitet ihr mit dem wahren Kern des Musters, welches ihr bei eurer Geburt hattet, und so könnt ihr dann an einigen Attributen eurer astrologischen Blaupause arbeiten und sie auch tatsächlich verändern, ja sogar neutralisieren. All das haben wir euch 1989 erzählt. Die Meister taten das, und jetzt gelangt ihr in eine Zeit, in der ihr die Fähigkeiten der Meister habt. Schaut euch euer Leben an und eliminiert das, was für euch eine Herausforderung ist, aber behaltet die Attribute, die euch unterstützen. Das ist der wahre, ausgeglichene Mensch.

Ihr könnt eure Empfänglichkeit für Attribute im Rahmen eures individuellen astrologischen Typs verändern, aber die generischen Einflüsse der Bewegungen der Planeten und des Mondes – wie beispielsweise Rückläufigkeiten und der Einfluss des Mondes – werden sich immer bis zu einem gewissen Grad auf euch auswirken, denn ihr seid keine von anderen getrennte Insel. Ihr könntet sagen: *»Rückläufige Planeten haben keinen Einfluss mehr auf mich!«*, und dasitzen und so viel vor euch hin lächeln, wie ihr wollt. Dennoch solltet ihr in dieser Zeit besser keine Verträge unterzeichnen, denn alle anderen, mit denen ihr zu tun habt, stehen nach wie vor unter ihrem Einfluss. Denkt einmal darüber nach.

Kryon
(Fragen & Antworten zur Astrologie, zu finden auf der Website www.kryon.com)

Kurz gesagt, werden Informationen von der Sonne auf die Erde übertragen, entsprechend dem Verhalten der Planeten aufgrund der Schwerkraft und aufgrund der sich überschneidenden Magnetfelder. Durch interagierende Magnetfelder entsteht Induktanz, wodurch ohne eine Stromquelle auf energetischer Ebene ein Informationsaustausch stattfindet und die Energie verstärkt wird. Die Aurora borealis (Nordlichter) und die Aurora australis (Südlichter) sind gute Beispiele für die sich überschneidenden Magnetfelder der Erde und der Sonne. Das Quantenmuster von der Sonne wird auf das Magnetfeld der Erde übertragen und von dort aus auf uns Menschen. Das Magnetfeld der Erde strukturiert und verändert somit unsere DNA, und wir können ohne es nicht leben.

> »Der Körper existiert außerhalb eines magnetischen Umfeldes nicht und hat nie außerhalb davon existiert – selbst in der Embryophase der menschlichen Entwicklung nicht. Jegliche Biologie auf dem Planeten Erde hängt völlig von den natürlichen Magnetfeldern der Erde ab. Die Erde ist unsere Geburtsmutter – und das nicht nur in der uns bekannten Weise. Wir sind auf immer und ewig von unserer ›magnetischen Mutter‹ abhängig. Nur Astronauten verlassen das Magnetfeld der Erde – allerdings nur zeitweise [...].
> Wie die Verantwortlichen von Raumfahrtprogrammen und die Astronauten inzwischen erkannt haben, beeinträchtigt ein Aufenthalt im Weltraum die Körperfunktionen nicht nur aufgrund der geringeren Schwerkraft. Orte, an denen die Magnetfelder der Erde unterdrückt werden und dieses Hintergrundfeld, in dem wir uns entwickelt haben, fehlt, unterliegen großen Veränderungen; das wurde durch entsprechende Forschungen nachgewiesen.«
>
> *Quelle für die Übersetzung:*
> *http://drpawluk.com/education/geomagnetic-fields/*

Der Kommunikationsfluss zwischen unserer DNA und dem Magnetfeld des Planeten liefert eine Erklärung für die Beobachtungen der Wissenschaftler. Wie sie herausgefunden haben, wird das Magnetfeld der Erde im Zuge von Ereignissen, die für die Menschen große Bedeutung haben, stärker und schwächer. Das war beispielsweise beim Tod von Prinzessin Diana der Fall, beim Tsunami im Indischen Ozean im Jahr 2004, nach den Terroranschlägen vom

11. September 2001 und bei der Rettung der 33 Bergleute in Chile. Das menschliche Bewusstsein ist mit Gaia verbunden und hat nachgewiesenermaßen das Magnetgitter verändert; umgekehrt spielt das Magnetgitter eine wichtige Rolle bei der Ausrichtung des menschlichen Bewusstseins. So sieht diese Beziehung aus; und was bedeutet das? Das Magnetgitter der Erde …

- ist lebensnotwendig,
- strukturiert unsere DNA und
- verschiebt sich durch Bewusstsein (reagiert auf Ereignisse voller Mitgefühl).

Das kollektive menschliche Bewusstsein verändert das Magnetgitter, und dadurch finden auch in unserer DNA Veränderungen statt, welche sich auf das Kristallgitter auswirken. Das eine formt das andere und umgekehrt (wie in einem unendlichen Kreislauf). In den letzten paar Jahrzehnten gingen auf dem Planeten signifikante Veränderungen vor sich, wodurch das Kristallgitter neu ausgerichtet und unsere Vergangenheit im wahrsten Sinne des Wortes umgeschrieben wurde. Dieses schwer verständliche Konzept wird im nächsten Abschnitt (»Das Kristallgitter«) näher erklärt. Das alles bedeutet:

Die Verbindung und Kohärenz zwischen dem Magnetgitter und dem menschlichen Bewusstsein ist direkt für die schnellere spirituelle Entwicklung auf dem Planeten verantwortlich.

Dies ist Teil des Systems des gütigen Designs, welches unseren Aufstieg unterstützt. Noch etwas anderes, dessen Sie sich vielleicht nicht bewusst sind, spielt eine Rolle, und das hat mit unserem Sonnensystem zu tun:

Diese Vorstellungen sind kontrovers, also hört gut zu! Ich bitte meinen Partner, langsam zu machen. Ich möchte, dass er das genau und sorgfältig darstellt, damit es euch nicht verängstigt.

Wenn ihr dem Kosmos einen Besuch abstatten und mit dem intelligenten Leben dort draußen sprechen könntet, das es schon Jahrmillionen gab, bevor es auf eurem Planeten Leben gab, hättet ihr ein paar andere Vorstellungen, über die ihr euch Gedanken machen könntet. Wie wird Zeit zwischen unterschiedlichen planetarischen Kultursystemen gemessen? Eure Zeitrechnung ist an die Sonne gebunden, und ihr messt in »Jahren«. Für die anderen würde das nicht funktionieren. Ein Zeitbezug, der für euch alle funktionieren würde, erfordert etwas, das euch allen gemeinsam ist, etwas Konsistentes, an dem ihr alle teilhabt, und so etwas gibt es auch.

Die Geschwindigkeit aller Sterne und Sonnensysteme auf ihrem Weg um das Zentrum der Galaxie ist konsistent. Egal, wo sie sich in der Kreisscheibe um das Zentrum herum befinden, sie bewegen sich alle mit genau derselben Geschwindigkeit. Das ist ein galaktischer Standard. Die Geschwindigkeit ist konsistent, und sie trifft auf alle Sterne zu, deshalb kann sie als Zeitbezug genutzt werden, den ihr alle versteht. Wenn ein Sternensystem mit einem anderen spricht, dann beziehen sie sich auf das sogenannte *kosmische Jahr*. Aber »Jahr« ist nicht Teil ihres Wortschatzes, sie nennen das »Revs«, das steht für Umdrehungen (engl. »revolutions«) um das Zentrum herum. Das ist ein konsistentes Zeitmaß für die Zeit, die euer Sonnensystem für eine Umdrehung des Zentrums eurer Spiralgalaxie braucht. Alle Sonnensysteme haben dies gemein. Und was meint ihr wohl, ihr lieben Menschen, wie viele Revs die Menschheit schon erlebt hat? Die Antwort lautet: Nicht einmal eine! Eine solche Umdrehung dauert ungefähr 230 Millionen Erdenjahre!

Warum erzähle ich euch das? Weil es bedeutet, dass ihr als Menschen auf der Erde auf bestimmte Teile im Weltraum überhaupt noch nie getroffen seid. Ihr habt noch nicht einmal eine Umdrehung zu Ende gebracht, und so habt ihr den vollständigen »Weg« eures Sonnensystems auch noch nicht entdeckt, einschließlich potenzieller Attribute im Weltraum, mit denen ihr bisher gar nicht rechnet. Und wenn ich euch nun sagen würde, dass ihr gerade dabei seid, in eine ganz besondere »Zone« einzutreten, und dass das, was ihr erleben werdet, schon immer so für euch arrangiert war? Es ist nicht vorherbestimmt, ihr Lieben, aber war schon immer da, falls ihr es als menschliche Rasse schafft. Es wurde zeitlich stimmig und perfekt festgelegt, und zwar für euch.

In diesem neuen Bereich des Weltraums, in den sich euer gesamtes Sonnensystem nun hineinbewegt, gibt es eine andere Art Physik, und euren Wissenschaftlern stellt sie sich als eine neuartige Strahlung dar. Dorthin bewegt sich euer Sonnensystem (eigentlich ist es so, dass ihr aus einer Art »Wolke« herauskommt, in der ihr seit Äonen steckt, und jetzt steht ihr kurz davor, das Leben ohne diese Wolke zu erfahren).

Darauf reagiert ihr vielleicht als Erstes mit Angst, denn diese Strahlung wird zunächst die Heliosphäre [das Magnetfeld der Sonne] schneiden. Und die Heliosphäre überschneidet sich ja mit dem Magnetfeld des Planeten Erde. Euer Magnetfeld erledigt für euch mehrere Aufgaben. Es schützt euch vor eventuell schädlichen Sonneneinflüssen, aber es stellt auch einen Kommunikationsprozess mit eurer DNA dar und überträgt alle eventuellen Quantenaspekte der Heliosphäre direkt in den menschlichen Körper, und zwar über das Feld eurer kollektiven DNA.

Vor 24 Jahren sagten wir euch, das Magnetfeld sei für euer Leben auf der Erde notwendig; das ist inzwischen eine wissenschaftlich anerkannte Tatsache. Das DNA-Molekül ist kein Quantenpartikel, ihr Lieben, aber es hat Quantenattribute (es hat ein Feld, welches die Drehung der Elektronen in einem Quantenfeld beeinflusst). Diese wissenschaftliche Tatsache könnte euch etwas mehr darüber sagen, was sich in diesem ganz besonderen System verbirgt. In eurem Körper befindet sich etwas, was wir als *verschränktes DNA-Feld* bezeichnen würden – Billionen eurer DNA-Moleküle, die als *eines* über *Wissen* verfügen; dieses Feld ist die sogenannte *Merkaba*.

Diese neue Strahlung, auf die sich euer Sonnensystem zubewegt, ist dazu da, eure DNA zu verbessern; sie ist sozusagen das Schnellverfahren für eure menschliche Zivilisation, sobald ihr die Schwelle der Präzession der Äquinoktien hinter euch gebracht habt – etwas, von dem alle Urvölker sprachen und auf das auch eure religiöse Lehre als »schwierige Zeit« bzw. »Endzeit« Bezug nimmt. All das hat einen Zweck und wird euch die Möglichkeit geben, euch schneller hin zu einer Welt zu entwickeln, in der es keinen Krieg gibt. Dadurch sind neue Erfindungen möglich, und es verleiht euch die Fähigkeit, eure derzeitigen, in 3-D nicht lösbaren Probleme zu lösen – und noch mehr als das. Das ist das Dritte. Habt keine Angst davor, ihr Lieben! Manche eurer Wissenschaftler erkennen es als das, was es ist, andere dagegen beunruhigt es. Ich möchte, dass ihr es wahrnehmt, wenn ihr es seht, und euch daran erinnert, dass wir euch hier davon erzählt haben. Angst macht eure Großartigkeit und Herrlichkeit zunichte!

Kryon
(Live-Channeling »Die Schnellverfahren«,
durchgegeben am Mount Shasta/Kalifornien, 14. Juni 2014)

FRAGE AN KRYON

Schon in grauer Vorzeit wurden Magnete zum Heilen eingesetzt. Es gibt alle möglichen Produkte, wie beispielsweise Magnetunterlagen, um besser schlafen zu können. Doch in früheren Durchgaben wurde geraten, bei der Nutzung von Magneten Vorsicht walten zu lassen. Steigt im Zuge neuer Ideen, Erfindungen und Informationen unser Verständnis für die Heilwirkung von Magneten? Kannst du Magnettherapeuten ein paar Ratschläge geben?

Die früheren Informationen sind nach wie vor gültig: Geht mit der Heilung durch Magnetkraft um wie mit Medikamenten! Würdet ihr dauernd Kopfschmerztabletten einnehmen, obwohl ihr gar keine Kopfschmerzen mehr habt? Die Antwort lautet: Nein. Magnetkraft solltet ihr auf die gleiche Art und Weise nutzen und euch nicht einfach einem Magnetfeld aussetzen, weil das angeblich eine gute Idee ist. Es ist nämlich keine gute Idee ..., nicht die ganze Zeit über. Die Magnetkraft sollte dann genutzt werden, wenn sie gebraucht wird, und danach ist wieder Schluss damit. Gute Magnettherapeuten wissen das.

Die Antwort auf deine Frage lautet: Wenn ihr erst einmal multidimensionale Felder (Quantenfelder) erkennen und messen könnt, dann habt ihr das vollständige Bild des Geschehens und könnt in Echtzeit die mikroskopischen Auswirkungen eines Magnetfeldes auf Zellsysteme erkennen.

Dann, und erst dann, werdet ihr in der Lage sein, »heilenden Magnetismus« zu entwickeln. Denn solange ihr das Feld nicht sehen könnt, habt ihr keine Ahnung, was ihr da tut.

Das Kristallgitter

Das Magnetgitter kann man ganz einfach mit einem Kompass messen, und es ist möglich, wissenschaftlich die direkte Korrelation zwischen dem Erdmagnetismus und dem menschlichen Bewusstsein aufzuzeigen. Das Kristallgitter hingegen ist etwas äußerst Esoterisches und viel schwerer zu erklären. Es zeichnet menschliches Handeln und menschliche Emotionen auf und erinnert sie. Das Kristallgitter ist somit ein spirituelles Gitternetz über der Oberfläche des Planeten und bewahrt die Erinnerung an alles, was wir tun und wo wir es tun.

Menschliches Handeln und menschliche Schwingungen haben direkten Einfluss auf das Kristallgitter, dessen Aufgabe es ist, menschliches Bewusstsein zu »erinnern«. Wie es solche energetischen Attribute »aufzeichnet«, kann beispielsweise auf Schlachtfeldern beobachtet werden. In manchen Teilen Europas gibt es Plätze, an denen über lange Zeit immer wieder Kriege stattfanden. Die Energie der Geschehnisse auf einem solchen Kriegsschauplatz wird als energetischer Abdruck gespeichert. Manche Menschen laufen auf einem früheren Schlachtfeld, welches inzwischen eine wunderschöne Wiese ist, herum und spüren den Schrecken und das Sterben der vielen Krieger und Soldaten. Das ist Energie!

Auch Spuk kann mit dem Kristallgitter erklärt werden. Die energetischen Attribute einer dramatischen menschlichen Emotion oder Tat werden dem Kristallgitter aufgeprägt, und diese Abdrücke werden manchmal von anderen Menschen gesehen oder gespürt. Spuk wird oft als paranormales Phänomen betrachtet, doch oft handelt es sich dabei einfach um eine energetische Aufzeichnung auf dem Kristallgitter, welche sozusagen immer wieder von Neuem abgespielt wird. Beim Messen in »Spukhäusern« werden Änderungen hinsichtlich der Magnetkraft, Schwerkraft, in Licht und Zeit aufgedeckt – all das sind multidimensionale (und unsichtbare) Energien, und sie sind etwas sehr Reales.

An manchen Stellen auf der Erde überlappen sich die Energien der drei Gitternetze (Magnetgitter, Kristallgitter und Gaia-Gitter), wodurch das Land mit bestimmten Attributen versehen wird, die der Mensch spüren kann. Solche Überschneidungen können auf zwei unterschiedliche Arten erfolgen: Zum einen entsteht dadurch eine Verstärkung des Kristallgitters, was man als einen Energieknoten von Gaia bezeichnen kann. Zum Zweiten kann das Kristallgitter durch eine Überlappung annulliert werden, das sind die Nullpunkte von Gaia.

An den Energieknoten von Gaia herrscht eine ungeheure Intensität; oft sind das Gegenden, die für Menschen nicht so gut zugänglich und für eine Besiedlung nicht sehr attraktiv sind. Die Urvölker der Erde haben an solchen abgelegenen Orten oft Tempel errichtet. Sie werden auch als »Kraftpunkte« oder »heilige Stätten« bezeichnet.

Auch die energetischen Nullpunkte von Gaia fühlen sich wunderbar an, aber man kann sich dort nicht lange aufhalten, weil die Energie gar zu überwältigend ist. Diese Punkte stehen für reine Gaia-Energie, und dort zu wohnen, ist aufgrund dieser Intensität schwierig. Nullpunkte haben merkwürdige magnetische Eigenschaften, die es der Lebenskraft schwer machen und auch eine ausgewogene Funktionsweise der Synapsen im Gehirn erschweren. Aus diesem Grund sind Nullpunktstellen auf der Erde meist nicht bewohnt.

In der Physik kommt alles paarweise, und das bedeutet: Für jeden Knotenpunkt auf dem Planeten gibt es auch einen entsprechenden Nullpunkt. Jedes polarisierte Paar (also ein Knotenpunkt und ein Nullpunkt) verfügt über eine Zug-Druck-Energie, die durch die drei sich überschneidenden Gitternetze erzeugt wird. Und was heißt das? Die Knoten- und Nullpunkte arbeiten sozusagen gemeinsam daran, neue Energie in den Planeten zu stoßen. Die Knotenpunkte nehmen das, was die Menschheit nicht mehr braucht, langsam weg, beispielsweise Angst, Krieg und Drama; die Nullpunkte dagegen fungieren als Depots für kosmische Energie, von wo aus neue Informationen, Vorstellungen und Erfindungen nach und nach über die Gitternetze der Menschheit zugeschoben werden. Die Menschheit steht an der Schwelle zu neuen Erfindungen und Informationen, die unser Verständnis der Biologie und Physik neu definieren werden. Wenn ich an unsere zukünftigen Potenziale und die spirituelle Reife der Menschheit denke, werde ich ganz aufgeregt …

Weitere Informationen über die Knoten- und Nullpunkte des Planeten finden sich auf meiner Website: *http://monikamuranyi.com/extras/gaia-effect-extras/nodes-and-nulls/*

Kurz gesagt, arbeiten diese paarigen Knoten- und Nullpunkte also zusammen und verändern den »Erinnerungsfaktor« des Kristallgitters, welches daraufhin nicht mehr so viel Hass und Drama erinnert, dafür aber mehr Liebe und Mitgefühl.

Erinnern Sie sich noch an die Aussage aus dem vorigen Kapitel über das Kristallgitter, welches unsere Vergangenheit umschreibt? Das passiert aufgrund der Neukalibrierung der Menschheit. Das Kristallgitter kann vergangene Geschehnisse nicht ungeschehen machen, aber es verändert seine Erinnerungen, je nachdem, welche Energien ihm größtenteils zugeführt werden. Das Kristallgitter tendiert inzwischen in Richtung Liebe. Und was können Lichtarbeiter und alte Seelen am besten? Sie lassen ihr Licht und ihre Liebe scheinen. Wenn das Kristallgitter also auf Liebe ausgerichtet ist, haben Lichtarbeiter und alte Seelen einen größeren Einfluss. Deshalb braucht es nicht einmal ein halbes Prozent, um den Planeten zu verändern!

Die Neukalibrierung des Kristallgitters hat eine weitere Bedeutung: Wenn Kinder geboren werden und sich mit dem Kristallgitter verbinden, werden ihnen energetisch Botschaften dahingehend übertragen, was wichtig ist und was nicht. Anders ausgedrückt, haben diese Kinder mehr Wertschätzung für Liebe und Mitgefühl als für Angst und Hass.

Zum Abschluss hier noch einmal die wichtigsten Punkte, die Kryon uns wissen lassen will:

Das Kristallgitter (inklusive der Knotenpunkte und Nullpunkte des Planeten) ist ein Feedback- und Unterstützungssystem für die Menschheit, welches von unseren spirituellen Eltern, den Plejadiern, errichtet wurde, um die menschliche Entwicklung hin zum Aufstieg zu beschleunigen.

Hoffentlich ist Ihnen die Rolle des Magnetgitters und des Kristallgitters jetzt klarer. Ende 2014 kam es zu einer profunden Kryon-Durchgabe unter dem Titel »Die Energie der Zukunft«, in der alles zusammengeführt wurde. Nachfolgend wird ein Auszug aus diesem Channeling wiedergegeben, aber es lohnt sich, die kostenlose Audioaufnahme auf der Kryon-Website *(www.kryon.com)* anzuhören.

Nummer eins: Über die DNA ist im menschlichen Körper Brillanz und Meisterschaft eingeschlossen, deren derzeitige Effizienz etwa 34 Prozent beträgt.

Nummer zwei: Das Magnetgitter des Planeten arrangiert alles, was mit eurer DNA zu tun hat. Und es hat auch viel mit dem zu tun, was ihr die »menschliche Natur« nennt, mit dem, was ihr wollt und was ihr erschaffen habt. Es scheint statisch zu sein, unveränderlich und »so, wie es halt ist«. Doch wir nennen das *die vorübergehende Sperrung* für die DNA. Wenn sich euer menschliches Bewusstsein und eure spirituelle Reife in den nächsten Jahren verändern, verändert sich auch eure DNA. Das hat nichts mit Chemie zu tun, aber alles mit der darin gespeicherten Energie und dem Umschreiben der Daten. Neue Energien werden bestimmte Teile, die bislang versperrt waren, aufschließen; dazu gehören auch genau die Teile, über die ich heute zu Beginn dieser Durchgabe gesprochen habe – das, was in Bezug auf Heilung und die Akasha so rätselhaft ist.

Die Knotenpunkte und Nullpunkte – Energien für die Zukunft

Nun wollen wir einen Schritt weiter gehen. Im Laufe der letzten zwei Jahre haben wir euch davon erzählt, wie sich die Knoten- und Nullpunkte öffnen, die Zeitkapseln des Planeten, die auf diese neue Energie gewartet haben. Wir sagten euch, wer sie dorthin gebracht hat und dass die schöpferische Quelle dafür verantwortlich ist. Wie wir euch auch sagten, sind sie seit über hunderttausend Jahren dort und warten darauf, geöffnet zu werden, sobald ihr die Schwelle überschritten habt, und genau das habt ihr gerade getan! Sie öffnen sich nach und nach, und wir haben sie euch aufgezeigt und einige der zusammengehörenden Paare für euch identifiziert [vgl. *www.kryon.com/nodes*]. Sie sind dabei, sich zu öffnen.

Und was machen sie? Ich werde es euch sagen: Sie gießen Informationen auf das Magnetgitter, das Kristallgitter und das

Gaia-Gitter – also auf die drei aktiven und für alle Menschen relevanten Gitternetze dieses Planeten, die die Schnittstelle zwischen euch und eurem Bewusstsein darstellen. Dorthin fließen ihre Informationen. Interessant, oder? Die Informationen gehen nicht direkt in euer Bewusstsein ein, sondern in die Gitternetze. Dadurch ist Entscheidungsfreiheit möglich, denn es wird euch nicht in euren Geist eingegeben, wodurch ein freier Wille nichtig wäre. Stattdessen fließen sie in das Gitter. Dank des freien Willens kann jeder Mensch alles ignorieren, was ich sage, diesen Raum verlassen und sagen: *»Der Mann dort auf dem Stuhl ist ein Betrüger. Diese Informationen sind doch vollkommen lächerlich und idiotisch!«* Doch gleichzeitig sitzt neben diesem Zweifler jemand, der an diesem Tag auf wundersame Weise geheilt wird. Das ist der Unterschied. Der freie Wille, also eure freiwillige Entscheidung, das, was um euch herum ist, zu akzeptieren oder abzulehnen, ist der Schlüssel, mit dem ihr euer individuelles Bewusstsein respektiert.

Die neu ankommende Energie des Weltraums

Wenn ihr in der Lage wärt, multidimensionale Energien zu sehen und euer Sonnensystem bei seinem Lauf um das Zentrum der Galaxie zu beobachten, würdet ihr ein Energieband sehen, das ihr derzeit durchschneidet. Man könnte sagen, euer Sonnensystem war seit Anbeginn des Lebens auf diesem Planeten in einer energetischen Schutzblase. Es handelt sich hierbei um eine astronomische Maßeinheit, die der Wissenschaft bekannt ist und auch einen Namen hat; das ist also nichts Esoterisches. Wenn sich diese Blase nun auflöst und ihr in einen neuen Bereich des Weltraums gelangt, durchschneidet ihr ein anderes Energieband. Es steht für eine höhere Energie, ja, man könnte sie sogar als »Strahlung« bezeichnen.

Euer Sonnensystem bewegt sich also stark in diese Energie hinein, und das passiert für die Menschen auf der Erde das erste Mal. Euer Sonnensystem benötigt für eine Drehung um das Zen-

trum Jahrmillionen; als dies das letzte Mal passierte, wart ihr also noch nicht da. Jetzt seid ihr dank des Bewusstseins der schöpferischen Saat in euch dabei, und jetzt kommt auch die Strahlung – genau nach Zeitplan. Das haben wir schon früher gesagt und durchgegeben, denn das ist nichts Neues. Aber jetzt bringen wir das alles zusammen.

Als Erstes wird diese Strahlung vom Größten in eurem Sonnensystem abgefangen: von eurer Sonne. Die Sonne ist ein atomgetriebener Motor und besitzt in eurem System die meiste Energie. Die neue Strahlung verbindet sich mit eurer Sonne, und die Sonne verändert daraufhin sofort ihre Energie. Dann bläst die Sonne diese neuen Informationen über den Sonnenwind (aus der Heliosphäre der Sonne) direkt auf die Erde, und sie werden sofort vom Magnetgitter abgefangen, denn euer Magnetgitter fängt sämtliche Energie aus der Heliosphäre ab. Die Heliosphäre (das Magnetgitter der Sonne) überschneidet sich mit dem Magnetgitter der Erde, und die Informationsübertragung wird durch die sogenannte *Induktanz* bewerkstelligt. Nun sind diese Informationen in eurem Magnetgitter. Denkt daran: Wie wir euch gelehrt haben, werden sämtliche Attribute des Magnetgitters auf eure DNA übertragen. Verbindet das mit einer 25 Jahre alten Botschaft: Die neue Energie hat Einfluss auf die Sonne. Die Sonne gibt die Energie in euer Gitternetz, und euer Gitternetz gibt sie weiter an eure DNA. Ihr werdet davon beeinflusst.

Die »neue Botschaft« aus dem Weltraum

Ich möchte euch sagen, welche Botschaft kommuniziert wird: *Schaltet 44 Prozent frei!* Das ist die Botschaft: Die menschliche Rasse hat die Schwelle überschritten und ist bereit für den nächsten Evolutionsschritt. Ich spreche hier von den alten Seelen. Ihr werdet diese Botschaft als Erste empfangen. Ihr und einige eurer »Alte-Seelen-Kinder« beginnt, dies zu spüren und anzunehmen!

In dieser heutigen Lehrstunde möchte ich euch Folgendes sagen: Als Erstes wird durch dieses Freisetzen das geschaffen, was wir *Akasha-Schärfe* nennen wollen. Ihr beginnt, euch zu erinnern, und die Zeit ist reif dafür. Könnt ihr euch darüber freuen? Es ist an der Zeit, als Neugeborenes nicht wieder ganz von vorne anzufangen und alles noch einmal zu durchleben. Stattdessen erinnert ihr euch!

Ich spreche nun ein paar Leute an, die diesen Worten lauschen und hier in diesem Raum sind. Haben eure Enkel euch ganz dreist erzählt, wer sie früher einmal waren? Ihr braucht nicht die Hand zu heben; ich weiß, dass ihr hier seid. Sie spüren es, und sie wissen es, und aus dem Mund dieser kleinen Kinder kommen die tiefgründigsten Informationen, die auf diesem Planeten jemals zu hören gewesen sind! Sie wissen, wer sie waren. Manche werden mit dem Finger auf euch zeigen und sagen: *»Weißt du das denn nicht mehr? In einem anderen Leben war ich deine Mama!«* Ganz schön beunruhigend, nicht wahr?

Erinnert euch an eine der Prämissen der Inkarnation, die wir euch schon viele Male genannt haben: Ihr inkarniert in Familiengruppen. Dafür gibt es einen Grund: Ihr sollt es bequem haben und Freude erleben und euch nicht jedes Mal wieder mit der Energie aller Verwandten erneut vertraut machen müssen. Die Energien der Familie bleiben zusammen, und auf diese Weise könnt ihr mehr erreichen. Für so etwas gibt es immer einen guten Grund, im eigentlichen Sinne des Wortes »gut«! Jedes einzelne Attribut des esoterischen Systems des Lebens, seien es nun die Gitternetze oder die Reinkarnation, ist gütig und euch wohlgesinnt. Habt ihr gehört? Es ist ein wunderschönes System und keineswegs willkürlich und zufällig. Es geht nicht um Urteilen und Strafen, sondern vielmehr um die Liebe Gottes zu euch, und ich sage euch nun: Die Energie verändert sich.

Akasha-Schärfe

Ihr gelangt also in diese neue Strahlung, und sie durchdringt die Sonne. Die Sonne bläst sie in euer Magnetfeld (über den Sonnenwind), und das Magnetfeld spricht mit eurer DNA. Plötzlich besteht das Potenzial, dass ein Teil eurer DNA »freigeschaltet« und aktiviert wird. Mit diesem Erinnern kommt Energie – nicht dahingehend, wer ihr wart, sondern die Energie eures früheren Tuns, und zwar nicht auf der physischen, sondern auf der energetischen und mentalen Ebene. Alte Seelen tragen Erfahrungen in sich. Beim Blick in die Augen eines Kindes seht ihr Weisheit, die nur darauf wartet, freigesetzt zu werden. Ihr Lieben, diese Kinder sind anders. Sie werden nicht das durchleben, was ihr durchlebt habt! Sie haben ganz neue, andere Probleme, die meistens damit zu tun haben, die alten, von euch geschaffenen Probleme zu bewältigen.

In einem früheren Channeling mit dem Titel »Der Weisheitsfaktor« sind wir auf etwas zu sprechen gekommen: Der Weisheitsfaktor beruht auf der Akasha-Schärfe. Nachdem ihr immer und immer wieder ein menschliches Leben geführt habt, beginnt ihr, euch nun an die Weisheit eurer vergangenen Leben zu erinnern – nicht unbedingt daran, wer ihr wart, aber daran, dass ihr schon einmal gelebt habt, und an die von euch gemachten Erfahrungen. Stellt euch vor, ein Kind kommt auf den Planeten und kann schon lesen oder weiß, dass es nichts Heißes anfassen darf. Woher kommt dieses Wissen? Das wird immer häufiger passieren und geht mit dem Gefühl einher »Ich war schon einmal hier« oder »Das habe ich schon einmal gemacht«.

Akasha-Schärfe ist die *Erinnerung an Erfahrungen aus früheren Leben.* Mit dem Heranwachsen des Kindes wird dieses Erinnern zu reiner Weisheit. Mit dem Erwachen des Kindes und dem Öffnen der Zirbeldrüse geschieht noch etwas anderes: Das Gitter beginnt durch die DNA zum Kind zu *sprechen,* und im Gitter stecken auch die Informationen aus den Zeitkapseln – hiervon war schon in früheren Durchgaben die Rede. Die Zeitkapseln übermitteln immer mehr Weisheit und Wissen auf den Planeten. Ihr müsst nicht erneut inkarnieren, um euch weiterzuentwickeln und zu erwachen! Akasha-Schärfe bedeutet: Plötzlich wissen die Menschen mehr als die Kinder in der Vergangenheit – viel mehr.

Schnellverfahren

Das ist der Plan, und es ist ein Schnellverfahren, ein Energiesystem für den Aufstieg von Planeten. Es dauert lange, bis es installiert ist, ihr Lieben, aber es fängt gerade an. In den Jahren 2015, 2016, 2017 wird das an vielen Stellen schon ein bisschen zu erkennen sein. Das Ausreifen dieser Energien dauert lange, und es wird nicht alles schnell und auf der Stelle passieren. Manche von euch werden die Überzeugung hegen, die Welt und alle Menschen durchliefen eine dunkle Phase, weil ihr die Veränderungen nicht als das erkennt, was sie sind, und nicht versteht, was wirklich geschieht.

Wir haben schon früher gesagt: Wenn Licht auf einen dunklen Ort geworfen wird, leistet das, was immer im Dunkeln war, Widerstand. Das seht ihr gerade, und ihr werdet noch mehr davon sehen. Diese dunklen Dinge waren schon immer da, aber sie standen nicht so im Licht wie jetzt.

Kryon
(Live-Channeling »Die Energie der Zukunft«,
durchgegeben in Newport/Kalifornien, 7. Dezember 2014)

FRAGE AN KRYON

Informationen über die Knoten- und Nullpunkte des Planeten sowie die Zeitkapseln wurden offenbart, nachdem wir die Schwelle des Jahres 2012 überschritten hatten. Dies ist Teil eines Schnellverfahrens für den Planeten. Gibt es weitere gütige und wohlgesinnte Systeme für uns, die uns enthüllt werden, wenn unser Bewusstsein dafür bereit ist?

Oh ja, und einige von euch werden fast verrückt vor lauter intuitiver Vorfreude. Es gibt ein weiteres gütiges System für die Menschheit, welches in der Warteschlange steht ..., das Schnellverfahren für den nächsten Schritt. Da könntet ihr nun fragen: *»Und worin besteht der nächste Schritt?«*

Ich sage euch noch einmal: Jeder Schritt in der Bewusstseinsentwicklung ist wie das Öffnen eines Schleiers. Ihr müsst durch diesen Schleier hindurchgehen, um zu sehen, was dahinter liegt. Ihr könnt das nicht vorhersehen, denn ihr habt noch nicht das nötige Bewusstsein, um zu wissen, was es ist.

Habt ihr schon einmal einem 17-Jährigen gesagt, er sollte sich einfach »beruhigen« und warten, bis er ungefähr 26 ist, bevor er etwas Bestimmtes unternehmen könnte? Auf diese Haltung trefft ihr doch oft: *»Ich bin genauso clever wie du ..., vielleicht sogar cleverer! Ich weiß, was ich tue, und tue, was ich tun muss!«* Und wenn diese Person dann 26 ist, schämt sie sich natürlich für ihre Dummheit und für das, was sie gesagt und getan hat. Doch in einem Gespräch mit einem 17-Jährigen kommt man auch mit Logik nicht weiter ...

Mit der Menschheit ist es dasselbe: Ihr seid 17, und wenn ich euch sagen würde, wie es für euch mit 26 wäre, würdet ihr das weder verstehen noch glauben. Es ist einfach noch nicht in eurem Bewusstsein.

Die Wahrheit ist: Die Wale eures Planeten tragen die nächsten Zeitkapseln für ein Schnellverfahren in sich. Interessiert euch das? Meine Lieben, liebt die Wale und schützt sie!

Die Cetacea (Wale und Delfine)

In meinen beiden Vorgängerbüchern, »Der Gaia-Effekt« und »Die menschliche Akasha«, ging es unter anderem um die Cetacea und ihre Rolle auf der Erde. Dennoch müssen an dieser Stelle einige dieser Informationen noch einmal wiedergegeben werden, denn ein Teil Ihrer Seele steht mit den Cetacea in Verbindung. Die Cetacea sind die lebendigen Teile des Gittersystems; in ihnen sind die Geschichte der Erdevolution und die Akasha-Chroniken gespeichert. Ihre DNA wurde von den Plejadiern zur selben Zeit modifiziert wie die der Menschen, als der Samen ausgebracht wurde; damit haben wir eine ganz besondere Verbindung zu diesen Säugetieren. Und worin besteht diese besondere Beziehung? Laut Kryon sind sich die DNA des Menschen und der Cetacea ähnlich. Beide sind *für quantenintuitive Spracherkennung gerüstet.* Kryon hat über die Cetacea Folgendes offenbart:

[...] Sie tragen in sich ihre Art von Zeitkapsel bzw. ihre Vorlage für die Menschheit der Zukunft, und ihre DNA wurde von den Plejadiern verändert. Sie sind also sozusagen anders »eingestellt« als alle anderen Tiere auf dem Planeten.

Unter anderem verfügen sie über eine »höhere Dimensionalität«. Achtung, das wird von vielen Menschen nicht verstanden, denn ihr habt das noch nicht entdeckt. Derzeit gibt es einfach noch keine Lehre über die relative Dimensionalität. Wir wollen euch die Grundzüge verständlich machen. Stellt euch einmal vor, wie hoch entwickelte menschliche DNA eines Tages aussehen wird. *»Kryon, woher sollen wir das wissen?«* Stellt euch einfach vor, wie es eurer Meinung nach sein wird. Ihr tragt die Vorlage bereits in euch, deshalb wird es stimmen. Evolution ist einfach der Prozess der Aktivierung von Vorlagen, die bereits vorhanden sind. In eurem Bewusstsein könnt ihr es euch also vorstellen. Aber das habt ihr bereits gewusst, nicht wahr?

Stellt euch beispielsweise Gedankenübertragung vor; oder einen Gesang durch die Liebe, und der andere hört sie [die Liebe]; oder das Versenden einer reinen Vorlage an eine kranke Vorlage mit darauffolgender Spontanremission. Könnt ihr mir folgen? Das ist bereits in der DNA der Menschen angelegt und wartet nur die Jahrtausende hindurch, die es eben dauert, bis es Wirklichkeit werden kann.

Damit das Realität werden kann, ist auch eine leichte dimensionale Bewusstseinsveränderung vonnöten, um eine Grenze zu überschreiten, eine Art flüchtige Membran zwischen den Dimensionen (davon war schon in früheren Channelings über wissenschaftliche Themen die Rede). Der Prozess dieser bevorstehenden Bewusstseinsveränderung steckt in den Daten, die neben vielen anderen in den Zeitkapseln der Cetacea gespeichert sind. Anders ausgedrückt, verfügen diese Tiere bereits über genau diese Attribute, aber sie sind Wale und Delfine, keine Menschen. Sie tragen das einfach in sich, damit es irgendwann für euch freigesetzt wird; sie sind so etwas wie ein lebendiges, reisendes plejadisches Gitternetz.

Quantenhaftigkeit ist für euch etwas Seltsames, denn sie entspricht nicht eurem Konstrukt der Realität. In einem Quantensystem gibt es beispielsweise keinen »Ort«, wo sich etwas befindet. Wenn etwas Quantenattribute hat, kann es potenziell »überall« gleichzeitig sein. Die Zeitkapseln der Cetacea verfügen über diese futuristischen Attribute, sie haben einen Rest Quantenhaftigkeit, eine Energie, die auf Menschen »überschwappt«, die über dieselbe Quantenhaftigkeit verfügen. Die DNA dieser Menschen ist besser in der Lage, auf den Dimensionswechsel der Zukunft hinzuarbeiten. All das ist einfach Teil des biologischen Evolutionsprozesses. Wie ich euch gesagt habe, befinden sich in dieser Gruppe ein paar solcher Autisten, Futuristen, Savants ... Doch hier geht es jetzt darum, dass der Mensch und die Cetacea sich gegenseitig »hören« können!

Stellt euch einmal einen Musiksender [Radio] vor, der nicht ganz auf die richtige Frequenz eingestellt ist. Niemand kann die gesendete Musik hören, weil der Zeiger nicht auf die normale Frequenz zeigt. Und jetzt stellt euch einen Empfänger vor, der synchron auch ein bisschen verrutscht ist. Dann gibt es kein klares Musiksignal, sondern nur ein sehr schwaches, kaum hörbares Signal. Aber oho! Es ist noch etwas anderes zu hören oder zu spüren, und zwar von der Sendeanlage, deren Einstellung ja auch »verrutscht« ist und die andere Musik sendet, die sogar klarer und besser zu hören ist. Beide Geräte müssen also leicht anders eingestellt sein als normalerweise, damit das passiert. Man könnte sagen, beide wechseln in eine relative Dimensionalität. Und hier kommt noch etwas Neues: *Eine bestimmte Dimensionalität* [die Beschreibung eines Realitätsparadigmas] *ist relativ zur Wahrnehmung der Dimension, in die sie wechselt.* Ich habe euch ja gesagt, dass das schwer verständlich sein würde ...

Kryon
(Frage und Antwort aus »Die menschliche Akasha. Gesammelte Kryon-Botschaften: Die persönlichen Lebenslektionen entschlüsseln«, 2015, S. 90 ff.)

[...] Die menschliche DNA ist wie ein Radioempfänger für Klänge. Bestimmte Arten von Klängen, sowohl hörbare als auch unhörbare, können die Instruktionen [die Daten] für die DNA verändern und Botschaften an das menschliche Bewusstsein senden. Bestimmte Klänge, hörbare wie unhörbare, können Botschaften an die Delfine schicken. Dies haben Menschen und Delfine gemein, und die Wissenschaftler werden diesen Zusammenhang erkennen.

Eines Tages, meine Lieben, kommuniziert ihr mit den richtigen Klängen mit den Cetacea der Erde – durch Worte, Lieder oder Projektion. Sie werden das als strukturierte Sprache begreifen (auch wenn es das für euch nicht ist), und sie haben es erwartet. Wenn das geschieht, tun sie etwas, worüber wir euch noch nichts sagen werden. Aber sie erwarten, dass ihr es tut. Sie betrachten die Menschen als Familie.

Bis es so weit ist, fühlen sie, wenn ihr da seid, durch die Energie eines Quantenintellekts. Manche Leute fragen: *»Kryon, was würde man bei einem Blick auf die DNA eines Affen sehen, eines Lebewesens, das dem Menschen sehr ähnlich ist? Würde man Ähnlichkeiten feststellen können?«* Ja, ihr würdet die erwartete genomische Entwicklung erkennen, irdische Chemie und Ähnlichkeiten. Doch damit hört es auch schon auf. Ihr lieben Menschen, es gibt auf dem Planeten nur zwei Arten von DNA, die für einen Quantenintellekt gebaut sind: die DNA des Menschen und die DNA der Cetacea. Und zu guter Letzt gebe ich euch noch folgende Informationen: Bei einem wirklich genauen Blick auf die DNA der Delfine – hört gut zu! – werdet ihr erkennen, dass sie nicht von hier sind! Damit will ich es gut sein lassen.

Kryon
(Live-Channeling »Informationen über die Delfine«, durchgegeben in Cancún/Mexiko, 10. April 2013)

Oft lässt Kryon in den gechannelten Botschaften ein paar Hinweise fallen und überlässt es uns, weiterzuforschen. Mir ist klar, dass die Vorstellung, der Menschheit seien von den Plejadiern »Samen« eingepflanzt worden, etwas Ähnliches wie ein Drehbuch für einen Science-Fiction-Film ist. Und jetzt soll auch noch die DNA der

Wale und Delfine von Außerirdischen modifiziert worden sein! Und nicht nur das: Sie tragen angeblich auch noch Zeitkapseln in sich, die darauf warten, freigesetzt und aktiviert zu werden. Das ist ungefähr alles, was Kryon an Informationen durchgibt, weil wir – wie er sagt – noch nicht bereit sind, den Rest der Geschichte zu hören. Meiner Meinung nach will Kryon damit sagen: Es ist schwierig, einer Gesellschaft etwas zu erklären, die noch keinen Bezug dazu hat – ähnlich schwierig vielleicht, wie wenn man einer Gesellschaft vor 200 Jahren das Internet erklären müsste.

Doch all die Hinweise auf die DNA der Wale und Delfine weckten meine Neugierde. Und man stelle sich meine Überraschung vor, als ich herausfand, dass die Cetacea normalerweise 22 Chromosomenpaare haben, was insgesamt 44 Chromosomen ergibt! Das war die Meisterzahl, die in letzter Zeit immer wieder in meinem Leben auftauchte: 44! Direkt nach meiner Erkenntnis gab Kryon tatsächlich eine Botschaft über die Zahl 44 durch:

Wisst ihr, wie eine 44-prozentig aktivierte DNA ausschauen wird? Wie wird die Zahl 44 in der Numerologie definiert? Lange bevor euch die Tibeter eine Antwort geben werden, hier ein Tipp von mir: Vier ist eine Gaia-Zahl, und das solltet ihr euch anschauen! Ist darin womöglich eine Verbindung zu Gaia enthalten, die ihr bislang noch nicht erkannt habt? Ich frage euch: Warum sind die Cetacea in der Gaia-Seelengruppe? Das ist nur ein kleiner Hinweis. Und was ergibt vier plus vier? [8 =] Manifestation. Und was könntet ihr manifestieren, wenn ihr die 44 erreicht? Ich sage es euch: Frieden auf Erden. Das ist das Potenzial.

Kryon
Live-Channeling »Die Dinge sind nicht immer so, wie sie scheinen«, durchgegeben in Columbus/Ohio, 24. August 2014; von Lee Carroll für dieses Buch ergänzt und erweitert)

Ich nehme mal an, uns werden die Geheimnisse der Cetacea vollständig enthüllt, wenn wir so weit sind, dass wir sie verstehen können. In der Zwischenzeit müssen wir erkennen, welch wichtige Rolle sie auf der Erde spielen, und uns kollektiv bemühen, sie zu schützen und die Ozeane für sie zu einem sicheren Platz zu machen. Ich habe die Hoffnung, dass eines Tages niemand mehr auf die Idee kommt, Wale und Delfine zu töten.

FRAGEN AN KRYON

Hybride Spezies sind selten und meist unfruchtbar. Doch bei den Cetacea – sowohl in Gefangenschaft als auch in freier Wildbahn – wurden fruchtbare Hybriden gefunden. Wie Forscher sagen, haben Cetacea speziesübergreifend eine sehr ähnliche Zahl an Chromosomen und können deshalb lebensfähige Hybriden einfacher produzieren als andere Säugetiere. Meinem Gefühl nach liegt ein Teil der Antwort in der Modifizierung ihrer DNA durch die Plejadier. Was kannst du uns darüber sagen?

Natürlich, du hast vollkommen recht! Wisse: Die Überlebensfähigkeit von Hybriden basiert angeblich auf einem »Lebensprinzip«, welches besagt: »Hybride Fortpflanzung erzeugt ungesunde und unberechenbare Nachkommen.« Normalerweise nimmt die Natur solche Hybriden nicht an und lässt keinen Fortbestand durch Fortpflanzung zu. Das ist Natur, wie sie leibt und lebt, und dadurch wird das Überleben auf einer effizienteren Stufe gesichert.

Wale haben in ihrer DNA »Codes« bzw. eine Programmierung, die das oben genannte Prinzip hybriden Lebens nicht annimmt und für ungültig erklärt. In anderen »Codes« sind die Zeitkapseln verborgen, die sie in sich tragen. Sie müssen überleben ... um jeden Preis. Sie sind Träger von Informationen, die speziell auf ihren Zweck auf dem Planeten ausgerichtet ist. Manche Tiere und sogar manche einfachen Nahrungsmittel haben größere Genome als ihr. Doch das, was ihr und die Cetacea in eurer DNA tragt, hat ein multidimensionales Gegenstück, und das haben Pflanzen und Tiere nicht.

Dr. David Busbee von der Universität Texas A&M erforscht, inwieweit die Delfin-DNA mit der menschlichen DNA ver-

gleichbar ist. Wie er herausgefunden hat, sind das Delfin-Genom und das menschliche Genom grundsätzlich gleich. Er behauptet, ein paar wenige Chromosom-Umstrukturierungen hätten die Zusammenstellung des Genmaterials verändert. Wird seine Forschungsarbeit zu der Entdeckung führen, dass die Plejadier die DNA der Cetacea modifiziert haben? Was können wir aus solchen Forschungen lernen?

Nein, dieser Forscher hat lediglich die Tür zu einer Revolution aufgestoßen ..., nämlich zu der Erkenntnis, dass es auf dem Planeten nur ein einziges Tier gibt, welches ein Spiegelbild des Menschen ist: der Wal (wozu auch die Delfine gehören). Im Wal steckt eine Bibliothek. Sie steckt in den Millionen von chemischen Codes in den zusätzlichen Chromosomen der Wal-DNA.

Kein derzeitiger Wissenschaftler wird die plejadische Verbindung »entdecken«. Für einen wissenschaftlichen Kopf ist das derzeit einfach zu weit hergeholt, und selbst wenn Wissenschaftler so etwas vermuten, werden sie es nicht aussprechen. Das kommt viel später, wenn andere Dinge geschehen und eure Wissenschaft so nach und nach erkennt, dass es in eurer Galaxie intelligentes Leben gibt.

Zunächst jedoch wird die starke These aufgestellt werden, dass bestimmte Lebensformen auf dem Planeten, unter anderem die Menschen, sich nicht aus etwas Irdischem entwickelt haben. Die meisten Wissenschaftler werden das folgendermaßen begründen: *»Da sich zu den Menschen keine direkte evolutionäre Verbindung findet, haben Meteore und Kometen DNA von anderswoher auf die Erde gebracht.«* Das ist lustig, denn jetzt müssen sie auch anerkennen, dass es »woanders« DNA gibt! Daraus ergibt sich ein neues Rätsel ...

Ihr Lieben, eines Tages werdet ihr euch darüber lustig machen, dass ihr die Existenz von anderem intelligenten Leben zurückgewiesen habt. Dies ist kein Urteil über euch, denn es gibt für euch wirklich keinen Grund, zu glauben, Leben gäbe es überall, weil ihr es noch nicht gesehen habt. Doch jahrhundertelang gab es auch so etwas wie Keime für euch nicht. Inzwischen wisst ihr es besser, und deshalb handelt ihr auch anders. Das war eine andere Zeit damals, nicht wahr? Eines Tages werdet ihr das auch von eurem heutigen Wissen über das Leben in der Galaxie sagen.

Das Gaia-Gitter

Auch das Gaia-Gitter ist Teil des Systems der Güte, das für die Menschheit erschaffen wurde; es existiert zwar außerhalb der neun Attribute, ist jedoch über das Magnetgitter, das Kristallgitter, die Höhle der Schöpfung und die Cetacea sehr eng mit dem menschlichen Bewusstsein verbunden. Gaia verstärkt jegliche von den Menschen abgegebene Schwingung. Gaia ist für vieles zuständig, was mit unserem Planeten Erde zu tun hat, beispielsweise für die Erschaffung und Auslöschung von Arten. Als die Menschheit noch einen sehr niedrigen Bewusstseinsstand hatte, ließ Gaia Seuchen, wie Epidemien und Pandemien, zu. Ein höheres Bewusstsein bedeutet deshalb, dass Gaia aktiv wird und das Auftreten von Seuchen reduziert bzw. ganz verhindert. Hört sich das kontrovers an? Oh ja, aber Kryon erklärt, wie es funktioniert:

Wie wir euch schon gesagt haben, stand die Menschheit im Laufe der menschlichen Zivilisationsgeschichte aufgrund des freien Willens bereits viermal am Scheideweg der Existenz, und in diesen Zeiten trug das dunkle Bewusstsein den Sieg davon. Und das ist auch nicht überraschend, denn die Menschheit war in all diesen Zeiten im Überlebensmodus, und das Licht erhöhten spirituellen Denkens leuchtete nur schwach.

Die Rolle von Gaia für das menschliche Bewusstsein

Eine dieser Zeitspannen ist für euch beängstigend, denn Gaia wirkte dabei an eurer Ausrottung mit, und eine Pandemie löschte die Menschheit fast vollständig von der Landkarte. Eine

Pandemie! Da sagt ihr: *»Was hat das denn bitte schön mit dem menschlichen Bewusstsein zu tun, Kryon?«* Hört gut zu, ihr Lieben, denn am heutigen Tag gab mein Partner die Lehre durch, und er stellte die neun menschlichen Attribute auf. Eine der Attributgruppen umfasste drei Gaia-Attribute, und eines davon war das Bewusstsein des Planeten. Gaia hat mit dem menschlichen Bewusstsein zu tun!

Erkennt ihr die Zusammenhänge? Ihr seid auf eine tiefe und spirituelle Art und Weise mit diesem Planeten verbunden. Das Bewusstsein des Planeten geht in dieselbe Richtung wie das der Menschheit. Gaia, Mutter Natur – oder wie immer ihr sie nennen mögt – arbeitet mit dem menschlichen Bewusstsein zusammen. Wenn ihr über tausend Jahre hinweg euch gegenseitig umgebracht habt, dann tut Gaia ihr Bestes, um mit euren Wünschen zu kooperieren! Gaia schaut sich das menschliche Bewusstsein an und versucht, euch bei dem zu helfen, was ihr, wie ihr gezeigt habt, gerne tut! Wusstet ihr über diese Rolle von Gaia in Bezug auf euch Bescheid? Sie ist eure Partnerin und beschleunigt das, was ihr ihr gebt. Vielleicht solltet ihr einmal nachlesen, was die Ureinwohner des Planeten nach wie vor wissen. *Gaia ist eine Partnerin!*

Pandemie: Kommt es euch nicht seltsam vor, dass in den letzten 50 Jahren bei einer Weltbevölkerung von sieben Milliarden Menschen und ständigem Flugbetrieb von über 10.000 Flugzeugen in der Luft zu jeder Zeit, die praktisch von überall her überallhin fliegen, in eurem Leben noch keine Pandemie ausgebrochen ist? Im Laufe der letzten 20 Jahre kam es zu fünf potenziellen Pandemien, aber keine kam wirklich ernsthaft zum Ausbruch. Hat irgendjemand den Zusammenhang erkannt? Ihr Lieben, als die Welt vor ein paar Hundert Jahren noch viel dünner besiedelt war und Viren nicht über Massenverkehr verbreitet werden konnten, wurden Millionen von Menschen von einer Pandemie dahingerafft. Angesichts der höheren Bevölkerungszahl und der Massenverkehrsmittel ist die Gefahr heute viel größer als früher. Das ergibt keinen Sinn, nicht wahr? Was hat dem ein Ende gesetzt?

Es ergibt durchaus einen Sinn, wenn man die Beziehung zwischen Gaia und der Menschheit berücksichtigt. Gaia ist eine Lebenskraft, die euer Partner ist; sie sieht, wie ihr das Gleichgewicht zwischen Licht und Dunkelheit verändert, und spiegelt das wider, was die Menschen wollen. Und sie hat Polarität! Vielleicht ist es an der Zeit, eure Meditationen mit einem Dank an euren Planeten Erde zu beginnen, für ihre Unterstützung bei der Spiritualität eurer Akasha, und dafür, dass sie immer bei euch ist, für eine Lebenskraft, die immer da ist. Die Urvölker haben ihre Zeremonien so begonnen. Habt ihr das vergessen?

Ebola

Nun, da habe ich ja sozusagen zum nächsten Thema bereits übergeleitet, nicht wahr? Ebola. Fürchtet ihr euch immer noch? Gaia ist eine Lebenskraft, die Teil des menschlichen Bewusstseins ist. Mein Partner hat das heute auf dem Bildschirm für euch dargestellt [vor Ort, während der Vortragsreihe], damit ihr die Verbindungen sehen könnt. Jetzt müsst ihr die Zusammenhänge herstellen. Ihr Lieben, auch Gaia befindet sich mit im Kampf, denn hier kommt etwas Beängstigendes, was ihr in eurem Leben noch nicht erlebt habt und was euch Furcht einjagt: das Potenzial einer Pandemie auf dem Planeten.

In einem sehr berühmten Film [»Der Zauberer von Oz«] kommt ein Gespräch vor, aus dem mein Partner zitieren wird. Einige von euch werden es kennen, andere nicht; es heißt dort: *»Vielleicht macht dir ja Feuer Angst.«* Wovor habt ihr Angst? Vor der Dunkelheit? Gaia nimmt mit euch am Kampf teil und geht aktiv Lösungen durch das Licht an. Die Energie des Planeten steht in diesem Kampf auf eurer Seite! Der Ebola-Virus ist ein Schrecken und eine Überraschung. Er wird durch Ignoranz und Angst verbreitet und kann so gedeihen. Achtet einmal darauf, wo er seinen Anfang nahm und wie er weitermachen kann. Er verbreitet seine Angst und seine Macht ganz einfach durch diejenigen, die ihn als Fluch betrachten, nicht durch diejenigen, die die Wissenschaft verstehen.

Dörfer sind voller Menschen, die sich weigern, ihre Familienmitglieder zu verlassen, weil sie glauben, die Krankheit sei ein Fluch! Furcht! Anstatt sich vom Virus zu isolieren, stirbt die

ganze Familie wegen ihrer Unwissenheit und Furcht. Das ist die Wirkungsweise der Dunkelheit. Werdet auch ihr Angst bekommen? Ihr Lieben, Ebola wird besiegt werden. Wisset dies und seid in Frieden! Betet um Licht für die Menschen in den Dörfern, die Angst haben, damit sie besser erkennen, wie sie die Verbreitung der Krankheit stoppen und überleben können.

Ihr verändert die Geschichte

Ihr Lieben, ihr seid diejenigen, die diese Veränderung bewirkt haben. Herzlichen Glückwunsch dafür, dass ihr euer Licht so hell scheinen lasst, dass die Dunkelheit die Flucht ergreift! Alles, was ich euch gerade gesagt habe, beweist das.

Entgegen aller Wahrscheinlichkeit habt ihr plötzlich eine barbarische Bewegung, die so böse und dunkel ist, wie ihr sie euch nur vorstellen könnt, und die sich scheinbar über Nacht organisiert hat. Entgegen allen Erwartungen verfügt diese Organisation über mehrere Geldquellen, verteilt diese Geldmittel und hat so viel Unterstützung, dass sie allen Angst und Schrecken einjagen kann. So viel Schrecken, dass sich Länder zusammenschließen, die eigentlich nie miteinander ein Bündnis eingehen oder sich auf irgendetwas einigen würden, und doch sitzen sie nun an einem Tisch und überlegen, wie sie die Dunkelheit bekämpfen können. So ist das mit dem Bösen!

Ebenso wenig wie Licht wird das Böse von äußeren Kräften erschaffen. Licht und Dunkelheit befinden sich in einem Gleichgewicht, und die Menschheit kann dies in die eine oder andere Richtung ziehen. Habt ihr das gehört? Ihr könnt so dunkel oder so licht werden, wie ihr wollt, und diese Fähigkeit war euch schon immer zu eigen. Diese Dualität kennt ihr aus eurer gesamten Geschichte. Doch jetzt habt ihr das barbarische Zeitalter verlassen – Jahrtausende voller Eroberungen, Töten und Krieg –, und ihr seid über den Berg!

Ich sage euch erneut: Verzweifelt nicht! Erzeugt das Licht, mit dem ihr gekommen seid, seid standhaft und habt keine

Angst. *»Das ist zu einfach, Kryon!«* Wirklich? Was meint ihr lieben Lichtarbeiter denn, wie der Planet diese große Herausforderung bezwungen hat? Ihr alten Seelen, versteht ihr denn nicht, dass das Licht in euch eine multidimensionale Kraft ist? Es ist nicht linear. Nicht die Menge davon ist wichtig, sondern die darin enthaltene Intention und Wahrheit. Das heißt: Wenig kann viel bewirken, und in dieser Hinsicht sind alte Seelen extrem machtvoll.

Kryon
(Live-Channeling »Offenbarungen über die Dunkelheit«, durchgegeben in Philadelphia/Pennsylvania, 11. Oktober 2014)

Für mich geht es in dieser gechannelten Botschaft vor allem um zwei Punkte: Erstens, böse Energien werden von Menschen geschaffen; und zweitens, Gaia reagiert auf die Schwingung und das Bewusstsein der Menschheit.

Ich möchte an dieser Stelle auf dunkle Energien eingehen, vertreten durch böse Geister, Dämonen und andere dunkle Wesenheiten. Dunkle Wesenheiten können scheinbar störend auf Menschen einwirken und große Angst, manchmal auch körperliche Schäden verursachen. Wie Kryon in der vorstehenden Durchgabe gesagt hat, findet sich die stärkste böse Macht auf Erden im Geist und in den Intentionen der Menschen. Menschen sind sehr gut in der Lage, Dunkelheit zu manifestieren, ebenso wie sie die Macht haben, Licht zu manifestieren.

Und so war unser Planet Bösem gegenüber anfällig, denn das menschliche Bewusstsein hat dieses Böse zugelassen, erschaffen und zu etwas Realem gemacht. Und wenn das menschliche Bewusstsein Dämonen erschaffen kann, kann es sie wohl auch vertreiben – das ist logisch, oder? Aber wie? Laut Kryon ganz einfach durch das Erschaffen von Licht. Wir können dies innerlich erreichen, indem wir uns selbst lieben und verstehen, wer wir in unserer Essenz sind [nämlich Gott]. Gemäß den Gesetzmäßigkeiten der bewussten Physik wird in Menschen, die sich aktiv selbst lieben, keine Dunkelheit zugelassen. Wo Licht ist, kann Dunkles nicht existieren.

Sobald Sie beginnen, sich selbst zu lieben und Ihr Selbstwertgefühl zu steigern, wird sich Ihr Leben verändern. Wo Licht ist, kann das Böse nicht existieren, und Liebe steht für die Reinheit des Lichtes Gottes im Menschen. Zum Glück ist das kollektive menschliche Bewusstsein dabei, mehr Weisheit, Intelligenz und spirituelle Bewusstheit zu erzeugen. Handlungen, die nicht integer sind, werden bemerkt und nicht mehr hingenommen. Langsam verändern sich die Menschheit und die menschliche Natur.

Im Laufe der nächsten Generationen wird all das Negative, das wir heute in den Nachrichten sehen, in den Hintergrund treten und Positivem Platz machen. Die Vorstellung, Menschen würden sich absichtlich gegenseitig töten, wird dann als barbarisches Gedankengut aus einem vergangenen Zeitalter betrachtet; es wird etwas sein, was modernen Menschen abgeht. Stattdessen wird die Menschheit beginnen, sich selbst zu lieben, und Krieg ist dann keine Option mehr. Ein Mensch sieht einen anderen Menschen und erkennt ihrer beider innere Herrlichkeit. Toleranz ist die normale Daseinsweise, und die Dunkelheit, die heute noch das Böse zulässt, wird in eine weit zurückliegende Vergangenheit verbannt.

Sind diese grandiosen Vorstellungen belegbar? Wir wollen einmal einen Blick auf den Zusammenhang zwischen menschlichem Bewusstsein und Gaia werfen. Die Prämisse lautet: Als die Menschheit noch einen sehr niedrigen Bewusstseinsstand hatte, ließ Gaia Seuchen zu. Die nachfolgende Tabelle zeigt die zehn schlimmsten Seuchen in der Geschichte der Menschheit auf:

	Name der Seuche bzw. Pandemie	**Jahr**	**Anzahl der Todesopfer**
1	Der Schwarze Tod (Schwarze Pest oder Beulenpest)	1347 bis 1351	geschätzte 75 Millionen Tote in Asien, Russland, Westeuropa und Nordafrika
2	Die Dritte Pestpandemie	1855 bis 1950er-Jahre	über 12 Millionen Tote in Indien und China; verbreitete sich auf allen bewohnten Kontinenten

3	Justinianische Pest	541 bis 542 n. Chr.	suchte das byzantinische Kaiserreich heim und raffte bis zu einem Viertel der Bevölkerung des östlichen Mittelmeerraumes dahin
4	Große Pest von London	1665 bis 1666	75.000 bis 100.000 Tote, bis zu einem Fünftel der Londoner Bevölkerung
5	Amerikanische Pest	16. Jh.	drastischer Rückgang der Bevölkerung der europäischen Kulturen in Nord-, Mittel- und Südamerika
6	Große Pest von Mailand	1629 bis 1631	forderte in Italien 280.000 Todesopfer
7	Pest von Athen	430 bis 427 v. Chr.	ca. 75.000 bis 100.000 Todesopfer, bis zu einem Viertel der Stadtbevölkerung
8	Antoninische Pest	165 bis 180 n. Chr.	Todesopfer im römischen Kaiserreich: geschätzt ca. 5 Millionen insgesamt
9	Große Pest von Marseille	1720 bis 1722	100.000 Tote in Marseille/Frankreich
10	Pest und Volksaufstand in Moskau	1771	auf dem Höhepunkt wurden 20.000 Tote bestätigt

Quelle:
http://listverse.com/2009/01/18/top-10-worst-plagues-in-history/

Schauen Sie sich einmal die Jahreszahlen für die Seuchen in der oben stehenden Tabelle an. Was wissen Sie über die Geschichte in diesen Zeiten? Hatte die Menschheit einen hohen oder einen niedrigen Bewusstseinsstand? So, wie ich das verstehe, war das Bewusstsein in diesen historischen Zeiten auf Spaltung und Eroberung ausgerichtet. Viele Menschen starben entweder im Krieg oder weil sie dem jeweiligen Herrscher – König, Königin oder Kaiser – keinen Gehorsam leisteten. Und wenn es stimmt, dass das Gaia-Bewusstsein an die Menschheit gekoppelt ist: Wie hat Gaia dann wohl die Wünsche der Menschheit interpretiert? War das womöglich der Auslöser für die schlimmen Seuchen? Genau das war laut Kryon der Fall (auch wenn diese Antwort, wie ich denke, für viele kontrovers ist). Nutzen Sie Ihr eigenes Urteilsvermögen, um sich eine Meinung zu bilden; aber sicherlich schaut das hier nach mehr als einem Zufall aus …

Seit den 1980er-Jahren findet auf der Erde ein großer Umbruch statt, welcher von den Urvölkern vorhergesagt wurde; er kündigt ein neues Zeitalter an, in dem der Planet ein höheres Bewusstsein hat. Doch wenn das so ist, warum sind dann alle möglichen Seuchen wie HIV/AIDS, SARS, Vogelgrippe, Schweinegrippe und Ebola in diesem angeblich neuen Zeitalter eines höheren Bewusstseins ausgebrochen? Wir wollen diese Pandemien einmal etwas genauer analysieren. Sie forderten und fordern in manchen Fällen nach wie vor viele Todesfälle. Doch vergleicht man die potenzielle Zahl an Todesopfern, die hätten auftreten können, mit der Anzahl tatsächlicher Todesfälle, dann haben sich diese Pandemien meiner Meinung nach nicht so stark ausgebreitet, wie es prognostiziert und erwartet wurde – teilweise aufgrund einer besseren Bildung und höheren Sensibilisierung in bestimmten Ländern (die wiederum anderen Ländern helfen, welche über die jeweilige Krankheit nicht so gut Bescheid wissen). Oder hat Gaia womöglich irgendwie mitgeholfen, die Folgen dieser Seuchen zu mindern? Erneut appelliere ich an Ihr eigenes Urteilsvermögen, um eine Antwort auf diese Frage zu finden, in der Hoffnung, das Nachdenken über diese Antworten verändert Ihre Auffassung vom Bewusstsein unseres Planeten Gaia.

Wie viele Menschen in dieser neuen Energie (seit 2013) bemerkt haben, ist auf dem Planeten nachgewiesenermaßen noch viel Dunkelheit am Wirken. Laut Kryon ist das die letzte Schlacht zwischen Licht und Dunkelheit, und auch Gaia ist natürlich in diesen Kampf verwickelt. Kryons Ermahnung lautet, keine Furcht zu haben! Wo Licht ist, können Furcht und Dunkelheit nicht existieren. Deshalb ist die Anwesenheit der alten Seelen auf dem Planeten so wichtig. Liebe alte Seelen, ihr seid viel größer, als ihr meint! All euer Tun segnet Gaia, und Gaia gibt euch wiederum ihren Segen!

FRAGEN AN KRYON

Die Cetacea sind unter den Tieren Gaias etwas Einzigartiges; ihre DNA wurde von den Plejadiern geändert. Kannst du auch erklären, warum es andere ganz besondere und einzigartige Tiere wie Elefanten gibt, die zu den Menschen eine tiefe Verbindung haben? Elefanten scheinen zu den Menschen eine andere Verbindung zu haben als andere Tiere, denen wir unsere Liebe schenken.

Je intelligenter ein Tier ist, desto näher scheint es euch zu stehen. Intelligenz geht mit der Chance auf ein höheres Bewusstsein einher. Das Erste, was sich zusätzlich zu den grundlegenden Überlebensinstinkten entwickelt, ist das, was ihr als sehr menschlich betrachtet: die menschlichen Attribute der Liebe, des Mitgefühls und der Opferbereitschaft.

Der Elefant, das Pferd und das Schwein (ob ihr es glaubt oder nicht) gehören zu den intelligentesten weit verbreiteten Tieren auf dem Planeten, und auch sie haben diese Attribute. Ihr verzehrt Schweine, deshalb wollt ihr darüber nicht nachdenken. Aber ihr esst keine Elefanten.

Die »Verbindung« zum Elefanten besteht darin, dass sie euch lieben können und sich gegenseitig lieben. Sie haben sich in bestimmten Situationen gegenseitig Mitgefühl gezeigt und sich oft für andere Elefanten geopfert. Dasselbe gilt für das Pferd, aber Pferde zeigen das nicht so deutlich wie Elefanten. Elefanten trauern tief. Für euch ist das sehr menschlich, es gibt also tatsächlich eine Verbindung.

Verschwinden durch das höhere Bewusstsein auf einem aufgestiegenen Planeten Krankheiten und Seuchen?

Ja, allerdings indirekt. Das höhere Bewusstsein von göttlichen Wesen wird auf die vielen Gitternetze des Planeten übertragen. Je höher das Bewusstsein ist, desto weniger Krankheit gibt es. Es geht also nicht so sehr um die Fähigkeit, sie zu heilen, als vielmehr darum, sie sich nicht einzufangen.

Hoffentlich kannst du erkennen, was diese Korrelation bedeutet: Die Gitter sind »lebendig« und wissen, wer du bist. Sie sind für euch da und nicht für den Planeten. Viele wurden von denen eingerichtet, die den Samen auf die Erde gebracht haben; sie sind nicht zufällig hier.

Zurzeit leben ungeheuer viele Menschen auf dem Planeten, und immer sind Tausende von Flugzeugen in der Luft, die überall hinfliegen. Logischerweise wäre das eine Brutstätte für Pandemien – der perfekte biologische Sturm. Ich frage euch: Warum passiert das nicht? Was geschah mit den Seuchen der Vergangenheit, die in nur einer Stadt Millionen dahinrafften? Und das ohne Luftverkehr und ohne hohe Bevölkerungszahlen. Das läuft eurer Realität und Geschichte intuitiv zuwider! Vielleicht ist da eine andere Kraft am Wirken, die mithilft? Benutzt euren gesunden Menschenverstand. Wenn etwas nicht so funktioniert, wie es sollte, gibt es oft einen Grund dafür.

Die menschliche
Seele

Kapitel 3

Die menschliche Seelengruppe

Die drei Attribute in der menschlichen Seelengruppe haben mit dem physischen Körper, mit Selbstheilung, der Veränderung der DNA und dem Schürfen in der Akasha zu tun:

- das menschliche Bewusstsein (welches die spirituelle Weiterentwicklung voranbringt und auch die Schwingung des Planeten erhöht);
- das Höhere Selbst (Zirbeldrüse und Intuition, die Brücke zum Angeborenen);
- das Angeborene (die Körperintelligenz, die mit der Akasha und der DNA-Effizienz zu tun hat, also dem Prozentsatz der DNA, der aktiv ist).

Das menschliche Bewusstsein

Traditionell war das Studium des menschlichen Bewusstseins eine Sache philosophischer Debatten. Jahrzehntelang setzten Wissenschaftler, die mutig genug waren, in ernsthaften wissenschaftlichen Kreisen über das menschliche Bewusstsein zu sprechen, ihre wissenschaftliche Karriere aufs Spiel und mussten damit rechnen, auf immer und ewig als etwas verrückt oder – noch schlimmer – als Okkultisten abgestempelt zu werden. Zum Glück haben immer mehr »abtrünnige« Wissenschaftler keine Angst mehr davor, sich mit einigen der großen Fragen zum menschlichen Bewusstsein zu beschäftigen. Es gibt inzwischen sogar das sogenannte *Human Consciousness Project;* es wurde von einem internationalen Konsortium aus Wissenschaftlern und Medizinern ins Leben gerufen, die daran interessiert sind, die Natur des Bewusstseins und seine Beziehung zum Gehirn zu erforschen, ebenso die neuronalen Prozesse, die unterschiedliche Bewusstseinsaspekte vermitteln und diesen entsprechen. Hier ein paar Informationen zu diesem Projekt:

> »Entgegen der landläufigen Auffassung ist der Tod kein bestimmter Moment, sondern ein gut definierter Prozess. Aus biologischer Sicht ist Herzstillstand gleichbedeutend mit dem klinischen Tod. Ein Herzstillstand erfüllt alle drei Kriterien des klinischen Todes: Das Herz hört auf zu schlagen, die Lunge arbeitet nicht mehr, und die Gehirnfunktionen werden eingestellt.
>
> Darauf folgt eine Zeitspanne – die von wenigen Sekunden bis zu einer Stunde gehen kann –, in der notfallmedizinische Maßnahmen das Herz eventuell wiederbeleben und den Sterbeprozess umkehren können. Die Erfahrungen von Menschen während eines Herzstillstandes öffnen auf einmalige Weise ein Fenster und lassen uns verstehen, was wir alle während des Sterbens wahrscheinlich erleben werden.
>
> Wie diverse, von unabhängigen Forschern durchgeführte Studien in den letzten Jahren ergeben haben, berichten zehn bis zwanzig Prozent der Personen, die einen Herzstillstand hatten, von luziden, gut strukturierten Gedankenprozessen, logischem Denken, Erinnerungen und manchmal sogar von einer genauen

Erinnerung an den Herzstillstand. Obwohl es laut entsprechenden Studien bei einem Herzstillstand keine Gehirnaktivitäten mehr gibt, berichteten diese Menschen bemerkenswerterweise von detaillierten Wahrnehmungen – ein Hinweis auf das Vorhandensein eines hohen Bewusstseinsstandes, obwohl keine Gehirnaktivität mehr gemessen werden kann.
Diese Studien legen die Vermutung nahe, dass der menschliche Geist und das menschliche Bewusstsein tatsächlich auch dann noch funktionieren, wenn klinisch der Tod eingetreten ist und die Gehirnfunktionen eingestellt worden sind. Gelingt es, diese kleineren Studien anhand von maßgeblichen großen Studien im Rahmen des *Human Consciousness Project* zu wiederholen und zu verifizieren, könnte das nicht nur die Pflege und Betreuung todkranker Patienten sowie die wissenschaftliche Erforschung des Geistes und des Gehirns revolutionieren, sondern auch universale und tief greifende Auswirkungen auf unser soziales Verständnis des Todes und des Sterbeprozesses haben.«

Quelle für die Übersetzung:
http://www.nourfoundation.com/events/Beyond-the-Mind-Body-Problem/The-Human-Consciousness-Project.html

Es ist sehr erfreulich, dass es solche Projekte gibt. Mir gefällt vor allem die Vorstellung einer Revolution in der medizinischen Versorgung. Alles, was wir im Jetzt tun, prägt die Potenziale dessen, was noch kommen wird. Insbesondere die nächsten hundert Jahre werden viele neue Informationen, Vorstellungen und Erfindungen mit sich bringen und damit auch ein neues Verständnis und neue Kenntnisse, auch Lösungen zu aktuellen Problemen, die derzeit unlösbar erscheinen. Kryon hat auch eine Prophezeiung dahingehend gemacht, wie wir irgendwann einmal das Thema »Menschliches Bewusstsein« vielleicht betrachten werden:

Das menschliche Bewusstsein ist komplex. Eines Tages betrachtet eure Wissenschaft das menschliche Bewusstsein vielleicht als einen eigenen Zweig der Physik, denn es folgt nicht den Mustern der bekannten linearen Physik und nicht einmal den

 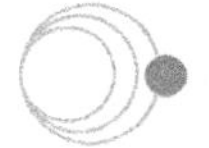

Mustern der Quantenphysik. Bewusstsein ist eine synchronisierte Energie mit einer Struktur. Es verfügt über Quantenmuster (wie ihr eines Tages herausfinden werdet), aber wirkt nicht nach logischen Regeln, sondern wird von der Akasha des individuellen menschlichen Wesens beeinflusst. Das ist kompliziert, und es ist die einzige synchronisierte und kohärente Energie, die bekanntermaßen ihre eigene Agenda, ihre eigene Persönlichkeit hat und über Kommunikationsfähigkeit verfügt. Es handelt sich also um das Studium der »lebenden Physik«. Da das menschliche Bewusstsein Seelen-Attribute in sich trägt, sind die Begriffe »Seelenbewusstsein« und »menschliches Bewusstsein« austauschbar, denn es ist ein und dasselbe.

Kryon
(Live-Channeling »Seelenkommunikation – Teil I«, durchgegeben in San Antonio/Texas, 22. Februar 2014)

Wenn Sie dieses Buch lesen, ist Ihr Bewusstsein wahrscheinlich schon ziemlich hoch entwickelt. Aber wie steht es mit manchen Ihrer Freunde und Bekannten? Sind Sie manchmal frustriert, weil andere scheinbar einen niedrigen Bewusstseinsstand haben? Was genau ist für diesen Unterschied verantwortlich? Wie würden Sie das menschliche Bewusstsein anderen beschreiben, noch dazu, wo es so schwierig zu erforschen und zu messen ist? Meiner Meinung nach tragen viele Dinge zu einem niedrigen Bewusstseinsstand bei, unter anderem: ein einprogrammiertes Glaubenssystem; eine beschränkte dreidimensionale Wahrnehmung; das, was die Person überhaupt zulässt (im Rahmen ihres freien Willens); und wie viele Blockaden und Filter die Person daran hindern, sich aus dem Überlebensmodus herauszubegeben. Kryon beschreibt das menschliche Bewusstsein folgendermaßen:

Wir möchten, so gut es geht, das menschliche Bewusstsein definieren; diese Definition entspricht nicht eurer akademischen Auslegung, denn wir definieren das, was *wir* sehen. Das menschliche Bewusstsein ist in mehrere Teile unterteilt, wir werden aber nur über zwei dieser Teile sprechen: erstens, das synaptische Gehirn, welches der Speicher der Erfahrung ist; und zweitens, die Intuition, der multidimensionale Teil, welcher eurer Überzeugung nach verantwortlich ist für jegliche Kreativität, Sensitivität und für besondere Wahrnehmungsfähigkeiten. Das Bewusstsein ist somit eine Mischung aus diesen beiden Teilen, entsprechend eurer freien Entscheidung. In Balance entsteht daraus ein Mensch, der anderen als eine Person erscheint, die ihr Leben unter Kontrolle hat und mit sich zufrieden ist. Kommt es zu einer Unausgeglichenheit bei einem der Teile, resultiert daraus eine Funktionsstörung.

Ein Mensch mit einem Bewusstsein, welches lediglich ein Produkt des synaptischen Gehirns ist, glaubt in seinem Leben nicht an Gott und ist nicht in der Lage, wirklich kreativ und intuitiv zu denken. Solche Menschen sind Intellektuelle, die nur das sagen, was sie wissen, und so ihr Ego pflegen. Für uns ist das eine Funktionsstörung, denn ihr Gottesteil ist immer da und würde ihnen immer zur Verfügung stehen. Dadurch würde ihnen so viel erhöhte Bewusstheit und Licht zuteil, was sie nutzen könnten! Aber das sehen sie nicht, da das synaptische Gehirn sich auf das Überleben konzentriert, und Überleben in der Gesellschaft ist zum Teil egogetrieben. Je mehr man weiß, für desto wichtiger wird man gehalten. Jeder Mensch hat einen freien Willen und kann sich entscheiden, wie er denken will.

Dann gibt es die andere Situation: Dysfunktionale New-Age-Anhänger, ich nenne sie »Abgehobene«. Sie sind so esoterisch drauf, dass sie keine Ahnung vom wirklichen Leben haben, und das synaptische Gehirn hat keine Chance. Sie sind unlogisch und stecken voller esoterischem Stolz; sie meinen, wegen ihrer Fähigkeit spirituell über allen anderen zu stehen, betrachten sich als Elite, sind nur mit ihrem eigenen Prozess beschäftigt und niemandem eine echte Hilfe. Auch dieses Ungleichgewicht ist egogetrieben, und ihr habt sie als »Spinner« erlebt.

Das ist das menschliche Bewusstsein: ein Gleichgewicht zwischen dem, was für das synaptische Überleben steht, und dem, was intuitive, kreative Energien repräsentiert. Und wo steht ihr? So müssen wir diese Durchgabe beginnen.

Wenn ihr dies heute hört bzw. später lest, dann seid ihr euch wahrscheinlich eures göttlichen Teils bewusst – dieses geheimnisvollen, flüchtigen Teils, der jedoch genauso real ist wie das synaptische Gehirn. Diese beiden Teile haben sehr viel mit eurer Fähigkeit zu tun, mit eurem Körper zu sprechen. Wer von euch eher intellektuell veranlagt ist, dies jetzt liest und nur dem logischen (synaptischen) Gehirn vertraut, sollte an dieser Stelle anhalten und nicht weiterlesen, denn ihr werdet das, was ich euch gleich sagen werde, nicht verstehen. Interessant, nicht wahr, dass diese beiden so stark miteinander verbunden sind – was den meisten Menschen aber nicht klar ist.

Ich möchte, dass ihr euch eurer inneren Göttlichkeit bewusst seid, denn das ist die »Kommunikationsleitung«, über die ihr zum *Angeborenen* (dem intelligenten Körper) sprecht. Schon vor Jahren haben wir euch gesagt, eines Tages würde auf diesem Planeten unter »Gesundheit« etwas ganz anderes verstanden werden als heute. Diejenigen mit einem höheren Bewusstsein würden viel länger leben, aber wissenschaftlich könne man das nicht begründen. Wir sagten euch, das Bewusstsein würde schließlich das Attribut menschlicher Balance auf der zellulären und chemischen Ebene steuern, und durch das höher entwickelte Bewusstsein würden andere Dinge, wie etwa Ernährung und Bewegung, an Bedeutung verlieren.

Die lebenserhaltenden Attribute werden sich für den Menschen verändern. Die Menschen werden sich nicht nur der für den Körper wichtigen dreidimensionalen Attribute mehr bewusst sein, sondern auch mehr Bewusstheit für das entwickeln, was im Körper geschieht. Das ist die Brücke zwischen dem synaptischen und dem intuitiven Teil. Wenn ihr also so weit gekommen seid und ehrlich sagen könnt: *»Ich glaube an den göttlichen Teil in mir«,* können wir weitermachen. Denn die restlichen Informationen dieser Durchgabe setzen voraus, dass ihr das, was wir euch lehren, auch wirklich glaubt.

Der lineare Ansatz

Historisch betrachtet, lebt ihr als erleuchtetes Wesen im Kopf. Alles, was in eurer menschlichen Realität passiert, wird vom Kopf aus wahrgenommen. Auch eure größten intuitiven und kreativen Unternehmungen scheinen aus dem Kopf zu kommen. Die beste Poesie, die jemals geschrieben wurde, die beste Musik, die jemals komponiert wurde, die besten Gemälde – all das begann im Kopf. Die meisten Menschen haben den Eindruck, der Rest des Körpers »funktioniere« einfach von allein. Manchmal betrachtet ihr euren Körper und sagt: *»Na, hoffentlich funktioniert dieses Ding auch weiterhin!«* Doch das ist eure Geschichte und Tradition. Ihr denkt nicht: *»Heute kreiere ich eine gute Blutchemie ...«* Oh nein! Stattdessen sagt ihr: *»Hoffentlich ist mein Blut nicht irgendwie unausgewogen ... Ich habe keine Ahnung.«*

Wenn ihr dann seht, wie andere Menschen sich Krankheiten einfangen, verstärkt sich dieses Szenario, »keine Kontrolle über irgendetwas« zu haben, noch mehr. Und dann kommt die Furcht und damit der Hypochonder, der vor allem Angst hat und glaubt, er würde sich alles einfangen ... Und übrigens: Genau das passiert dann auch meistens! Das ist der menschliche Körper, der sich alle Mühe gibt, auf das zu »lauschen«, was er aus dem Bewusstsein hört. Das sollte euch sagen, was auf euch zukommt. Das ist das traditionelle Denken: die Überzeugung, ihr hättet keinerlei Kontrolle.

Spirituell gesinnte Menschen wissen jedoch besser über die Zellstruktur ihres Körpers und dessen multidimensionale, spirituelle Komponente Bescheid. Sie sind bereit, ihrem Körper Anweisungen zu erteilen, doch als Nächstes tun sie etwas Interessantes: Historisch setzt die menschliche Befangenheit ein, und selbst viele Menschen, die sich selbst als »erleuchtet« bezeichnen würden, beginnen nun einen komplett linearen Prozess: Sie sagen immer wieder dieselben Worte auf und führen Zeremonien durch. Das ist allerdings auch sehr verständlich, denn in der Vergangenheit war das ja alles, was ihr hattet.

Das sogenannte »Neue Zeitalter« bzw. »New Age« hat euch viele Prozesse beschert, über die ihr angeblich mit euren Zellen sprechen könnt, und sie stecken voller Wiederholungen und Zeremonien – immer wieder ... Manche dieser Prozesse kreieren Zeremonien für die Zellen, und euch wird gesagt, ihr müsstet an einen bestimmten Ort gehen, an dem eine bestimmte Temperatur herrscht, oder euch in einer bestimmten friedvollen Energie befinden oder euch sogar in eine bestimmte Himmelsrichtung wenden. Und das unter Umständen mehrere Male. Man sagt euch, der Körper möchte ein paar Anweisungen bekommen, aber was nicht zur Sprache kommt, ist die Tatsache, dass der Körper auf euren 3-D-Ansatz nicht reagiert! Ihr versucht, ihn damit zu besiegen, und das ist menschliche Befangenheit.

Meine Lieben, es ist an der Zeit, das alles zu entmystifizieren! Euren Körper immer wieder mit Zeremonien und Worten zuzuballern, ist keine Art, mit eurer Göttlichkeit zu kommunizieren! Diese Prozesse gehen von der Annahme aus, der Körper sei dumm, wisse über gar nichts Bescheid und sei komplett von eurem Bewusstsein abgetrennt. Er sei ahnungslos und brauche all dieses dreidimensionale Zeug, um durch Klang, Energie und Zeremonien aufgeweckt zu werden, und je mehr davon, desto besser. Ich will euch die Wahrheit sagen:

Das, was jetzt kommt, wird irgendwann wissenschaftlich bewiesen werden, und das wird nicht mehr allzu lange dauern. Die Zellen eures Körpers, insbesondere das sogenannte *Angeborene,* sind elegant und intelligent. Es ist nichts Dreidimensionales, deshalb könnt ihr dazu keine Diagnose abgeben. Es lebt in einem multidimensionalen Raum und reagiert auf multidimensionale Anweisungen. In diesem Raum haben alle eure Zellen etwas gemeinsam, was wir C-A-L nennen: *Cells Are Listening* (dt. *Zellen lauschen*).

Ihr Lieben, so wurdet ihr aufgebaut! Das göttliche, multidimensionale Element in euch ist jeder eurer Körperzellen eingebaut. Sie sind alle mit eurer DNA verbunden (die die Blaupause enthält), und alle Zellen haben etwas gemein: Jede Zelle ist neutral und wartet auf Anweisungen, und die einzigen Anweisungen, auf die sie hört und die sie befolgt, sind diejenigen, die von der göttlichen Komponente des menschlichen Bewusstseins kommen! Habt ihr das gehört? Ohne solche Anweisungen machen sie einfach weiter, so gut sie in einer linearen Welt eben können, doch diese lineare Welt steckt oft voller Furcht, Unsicherheit und chemischer Unausgewogenheiten ... Das ist nicht die Kommunikation des Meisters, die von *euch* kommt.

Wir wollen kurz über multidimensionale Kommunikation reden. Das ist so, als hätte jede einzelne Zelle ein Telefon, das Antwort gibt, wenn ihr nur die Nummer wüsstet. Wenn ihr diese Nummer wählen könntet, könntet ihr mit allen Zellen gleichzeitig sprechen. Alle würden den Telefonhörer abnehmen, und ihr wärt am anderen Ende! Das ist eingebaut und steht für ein System, welches nicht auf lineare Wiederholungen reagiert. Die Kommunikation mit den Körperzellen ist multidimensional, doch auch euer menschliches Bewusstsein kommuniziert multidimensional – es ist Teil des DNA-Feldes und Teil der Merkaba eures Körpers. Ich sage euch, was ein intuitiv veranlagter Mensch tun kann: Er kann im Merkaba-Feld einen Blick auf eure Seele werfen und sagen, ob ihr irgendeine spirituelle Intention aktiviert habt oder nur eine Rolle spielt.

Was ist reine Intention? Wenn ihr euch in jemanden verliebt und dieser Person in die Augen schaut, dann ist das mit nichts anderem vergleichbar. Fühlt ihr darin das Göttliche? Erinnert ihr euch? Fühlt ihr Gott darin? Oh ja! Aber ihr seid euch dessen nicht bewusst. Deshalb ist Verliebtsein so wunderbar, versteht ihr das? Weil Gott anwesend ist. Ist euch klar, dass Liebe keine synaptische Gehirnfunktion ist? Das Gehirn ist sogar richtig frustriert, wenn ihr verliebt seid! Es sagt dann:

»Du solltest dich besser ernähren, das weißt du doch!«

Und du sagst: *»Ja, schon, aber ich bin verliebt.«*

»Du solltet eigentlich logischer denken!«

»Tu ich aber nicht, weil ich verliebt bin.«

»Warum stellst du denn deine Schuhe in die Kühltruhe?«

»Weil ich verliebt bin, deshalb habe ich nicht mitgedacht.«

Wenn ihr jemanden anschaut und sagt: *»Ich liebe dich!«*, dann ist das reine Intention. Wenn ihr verliebt seid und eure Liebe über die andere Person gießt, seid ihr miteinander verschränkt und eins. Es gibt nichts Vergleichbares. Jetzt wendet das doch bitte nach innen und denkt daran, dass ihr einen göttlichen Teil

in euch tragt, der *in euch als Ganzes verliebt* ist. Er ist immer da und wartet darauf, dass ihr ihn seht und sagt: *»Ich bin auch in dich verliebt!«* Und dieser Teil weiß genau, ob ihr das wirklich so meint oder nicht.

Seid ihr in die andere Person nicht verliebt, dann gibt es keine Magie und keine Verbindung, keine Verschränkung, und der Satz »Ich liebe dich« wird zu bloßen Worten. Das ist dann nicht rein, und ihr kennt nicht die richtige Telefonnummer, um mit euren Körperzellen zu sprechen. Doch wenn ihr euch in euch selbst verliebt, dann ehrt und achtet ihr den Körper so sehr, dass ihr erkennt: Gott hat ihn erschaffen, als er euch erschuf. Ohne das gäbe es keine Erleuchtung, kein höheres Bewusstsein, nichts. Der Körper muss gut funktionieren, und das will er auch. Das will er wirklich! Hier ist die Chance.

Vor Jahren wurde bekannt, dass indische Gurus bestimmte Körperfunktionen kontrollieren können, die angeblich automatisch ablaufen; sie aber hatten die Kontrolle darüber. Sie waren in der Lage, den Herzschlag zu verlangsamen und extrem langsam zu atmen; sie konnten Dinge im Körper kontrollieren, die, wie alle meinten, nicht kontrollierbar sind. Sie sprachen zu einem Teil ihres Körpers, der zuhörte und Anpassungen vornahm, und sie wussten, wie das geht. Das ist durchaus möglich und keineswegs seltsam.

Kryon
(Live-Channeling »Kommunikation der Zellen«,
durchgegeben an der Delphi University/Georgia, 12. April 2014;
von Lee Carroll für dieses Buch ergänzt und erweitert)

Noch etwas müssen wir unbedingt über das menschliche Bewusstsein verstehen, etwas, das bereits erwähnt worden ist: Es erhöht die Schwingung des Planeten und ist für die spirituelle Weiterentwicklung verantwortlich. Das menschliche Bewusstsein ist mit dem Magnetgitter verschränkt; es gestaltet die Zukunft. Warum ist die Schwingung unseres Planeten damit verbunden? Warum wirkt sich das menschliche Bewusstsein auf die spirituelle Weiterentwicklung aus?

Zu diesen Fragen liefert Kryon einige Einsichten, und sie haben mit Physik zu tun (was nicht überraschend kommt), der Physik des Bewusstseins:

Was ihr als »menschliches Bewusstsein« beschreibt, ist nicht das menschliche Bewusstsein; es ist einfach nur Bewusstsein. Es gehört nur zum Menschen, weil ihr als Menschen es als etwas Menschliches betrachtet. Ihr als Menschengruppe erzeugt eine Energie des Bewusstseins, und deshalb nennt ihr es »menschliches Bewusstsein«; aber es ist fast identisch mit dem Bewusstsein, das die anderen Planeten durchlaufen haben. Es ist eine Energie, die tatsächlich Substanz besitzt. [Mehr dazu später.] Würdet ihr die Physik als »menschliche Physik« bezeichnen?

Für euch ist Bewusstsein ein vom Leben erzeugtes Gewahrsein, welches nur das Leben erschaffen kann. Es steht für die Gedankenwerte von einzelnen Personen und Gruppen und verändert sich mit der Zeit. Der Reifezyklus des planetaren Bewusstseins ist bei allen Planeten fast identisch, denn die Galaxie besteht aus Energiefraktalen. Vom Allerkleinsten bis zum Allergrößten stehen Fraktale für sich wiederholende Teile desselben. Das ist eine schöne Vorstellung und bedeutet, dass es in der Galaxie ein gemeinsames System des Lebens gibt, dessen Struktur überall gleich ist. So kommt es, dass die Bausteine des Lebens fast überall eine DNA-ähnliche Struktur haben. In fortgeschrittenen Lebensformen trägt die DNA viel mehr als nur chemische Informationen in sich, doch überall sind dieselben Arten von Aminosäurestrukturen vorhanden wie in eurem Körper. Das haben wir früher schon gesehen. Ergibt das für euch keinen Sinn, wo ihr doch erkannt habt, dass das Universum aus einer einzigen Quelle entsprang, nicht aus vielen? Deshalb trug die Quelle die Fraktale dessen, aus dem schließlich all das wurde, was es heute gibt.

Ihr seid eine junge Zivilisation, ihr Lieben, so jung, dass es sogar schwierig ist, euch aufzuzeigen, wie jung ihr seid. Euer Sonnensystem, zu dem eure Zivilisation gehört, hat die Galaxie noch nicht einmal ganz umrundet! Es hat erst einen Bruchteil einer Umdrehung [»Rev«] zurückgelegt! Eine Umdrehung um das Zentrum der Galaxie dauert über 200 Millionen Erdenjahre. Wie geht es euch mit dem Wissen, dass Gesellschaften und Zivilisationen auf anderen, weit von euch entfernten Welten bereits drei Umdrehungen hinter sich haben? Die Plejadier, die euch die Saat biologisch eingepflanzt haben – sie haben eine halbe Umdrehung hinter sich. Damit will ich euch nur zeigen, wie alt manche Lebensformen in dieser Galaxie sind. Manche davon kommen euch besuchen, aber nicht eine einzige kann euch so sehr beeinflussen, wie ihr euch selbst beeinflussen könnt. In der Galaxie wimmelt es nur so von Leben, und ganz nebenbei gesagt: Ihr seid gut verborgen. Bislang.

Wir haben die Reifwerdung von Planeten schon früher erlebt, deshalb möchte ich euch ein umfassenderes Bild vermitteln. Euer Alter als Menschen auf diesem Planeten erklärt, warum die Erde eine solch fürchterliche Zeit durchlebt hat. Die Geschichte der irdischen Zivilisation erscheint euch hässlich, nicht wahr? Eure Vergangenheit und eure Geschichte sind voller Überlebensenergie: Töten, hässliche Waffen, Massenvernichtung, keine Eleganz und keinerlei Respekt und Achtung vor dem Leben; Folter war etwas ganz Normales, und öffentliche Hinrichtungen waren ein sportliches Ereignis.

Ihr Lieben, alle Planeten haben das mitgemacht! Alle, denn so funktioniert Zivilisation; sie entsteht mit der Zeit durch Wachstum. Nicht alles, was wächst, wird auch reif. Manches kann auch auf dem Weg sich selbst bzw. die Saat des Wissens zerstören. Das passiert manchmal und manchmal nicht. Und wie ihr wisst, war eure Erde noch vor Kurzem an einem Punkt, wo dies durchaus im Bereich des Möglichen lag.

Menschenkinder entwickeln irgendwann Selbstgewahrsein bzw. Ich-Bewusstheit. Das Ego übernimmt komplett die Führung, und sie denken dann nur noch an sich. Die Überlebensattribute auf dem Schulhof zeigen das. Man kann sehen, wie manche Kinder sich zu Rabauken entwickeln, um zu überleben, und andere nicht. Bei manchen Kindern wird das Bewusstsein nie reifer, sie bleiben Rabauken, auch als Erwachsene. Sie kämpfen und kratzen ihr ganzes Leben. Sie entdecken nie die Eleganz und die Schönheit, die durch Weisheit und Reife entstehen. Oft versterben sie schon in jungen Jahren.

Das planetare Bewusstsein und das, was ihr als »menschliche Natur« bezeichnet, reifen heran oder auch nicht. Ihr wachst als Zivilisation heran und sammelt dabei Wissen und Erfahrung. Irgendwann entsteht daraus Weisheit und neues Gedankengut dahingehend, wie ihr Probleme besser als mithilfe der alten Überlebenstechniken [Krieg etc.] lösen könntet. Durch Toleranz und Kooperation habt ihr die Chance, erwachsen zu werden und zusammenzuarbeiten, so, wie ihr das als Kinder beim Aufwachsen erlebt habt.

Das müsst ihr tun, um vorwärtszukommen. Kinder wissen das nicht, denn ihnen fehlt der dazu nötige Intellekt. Das, was sie noch nicht erlebt haben, kennen sie nicht, und wie ihr wisst, werden manche nie erwachsen, und ihr ganzes Leben ist voller Wut, Gewalt und einfachem Überlebensdenken. Ihr könnt wahrhaftig das ganze System anhand der Metapher eurer Kinder und ihres Heranreifens erkennen.

Ihr zieht eure Kinder groß, und sie machen dasselbe wie Zivilisationen. Sie durchleben das furchtbare Alter mit zwei Jahren und die Zeit im Alter von drei mit den ganzen Trotzanfällen und Wutausbrüchen, und dann die Teenager-Zeit, und dann werden sie hoffentlich erwachsen. Ich vereinfache das und wende das kindliche Bewusstsein auf die menschliche Zivilisation an, aber gesteht mir das einfach zu. Warum? Weil ihr immer noch auf dem Spielplatz seid! Weil ihr euch immer noch herumschubst, um zu sehen, wer der Chef ist; weil ihr immer noch reagiert und im Überlebensmodus seid – bis sich das vor etwa 50 Jahren ein bisschen verändert hat.

Jetzt habt ihr die Schwelle überschritten, an der ihr euch hättet selbst zerstören können – es ist nicht passiert. Immer wieder haben wir euch von diesem Zeitplan erzählt und auch davon, was die Kalender der Urvölker gesagt haben. Das erklärte auch mein Hiersein – ein wahres Fest, um zu feiern und zu bejubeln, was ihr getan habt. Jetzt möchte ich in dieser Durchgabe darüber hinausgehen.

Ich möchte mit euch über die tief greifende ungesehene Energie sprechen, die für ein tiefgründiges, nicht erkanntes System steht.

Ein Energieaspekt interessiert viele Menschen; ihr könnt ihn nicht sehen, möchtet das aber gerne, denn er berührt euch auf faszinierende Weise. Diese ungesehene Energie ist für das verantwortlich, was die New-Age-Anhänger und esoterisch gesinnten Menschen zuerst spüren. Manche können irgendwie Energie im Aurafeld einer Person aufgreifen. Ein echter intuitiver Heiler kann intuitiv erspüren, was mit einer anderen Person nicht stimmt. Das Feld um euch herum strahlt zum Beispiel Krankheit, Gesundheit oder Freude aus. Was ist das für eine Energie? Wie wirkt sie? Und diejenigen unter euch, die eher wissenschaftlich denken: Möchtet ihr diese Energie nicht am liebsten in Flaschen abfüllen, mit nach Hause nehmen und analysieren? Aber das könnt ihr nicht.

Das Institut, das diese Veranstaltung organisiert [bezieht sich auf das *Arlington Institute* in West Virginia], beschäftigt sich mit genau diesen Energien – ungesehene Energien, die einen Unterschied ausmachen. Was ist das, was ein Seher sehen oder ein Medium fühlen oder ein Wahrsager vorhersehen kann? Woher kommt diese Energie und kann man sie überhaupt als »Energie« bezeichnen? Warum ist sie so flüchtig und nicht greifbar? Ich werde euch gleich mehr darüber erzählen und auch über ihre Schlüsselrolle für die Zukunft.

Ein Kind würde also nichts über die Eleganz der Weisheit wissen. Ein Kind denkt nicht darüber nach, wie es zum Wohle der anderen Kinder etwas beitragen könnte. Ein Kind, das egogetrieben ist und gerade erst zu Selbstgewahrsein erwacht ist, tut einfach das, was ihm selbst hilft. Es behilft sich einzig und allein mit grundlegenden Emotionen und dem, was nötig ist, um auf sehr elementare Weise eine Lösung zu erzeugen. Das Kind schlägt um sich, schreit, stampft oder schubst andere herum, um das zu bekommen, was es will. Würde man diesem Kind einen *Teller voller Weisheit* reichen, würde es einen Blick darauf werfen, hätte keine Ahnung, was das ist, würde den Teller als nutzlos betrachten und wegwerfen.

Auch die Menschheit steht an dieser Wegkreuzung. Das Überlebensbewusstsein ist gerade dabei, sich zu verwandeln und eine reifere Denkweise zu entwickeln. Diese unsichtbare, diese ungesehene Energie verfügt über Attribute, von denen ihr nichts wisst. Zuerst fällt Lichtarbeitern und alten Seelen diese Veränderung auf. Alles an dieser ungesehenen Energie, die wir als *Quantenbewusstsein der Menschheit* bezeichnen, verstärkt sich und wird ein bisschen leichter erkennbar und offensichtlich und weit weniger flüchtig werden.

Würde ich euch jetzt auf der Stelle zu einer anderen Zivilisation bringen, beispielsweise den Plejadiern, den Wesen von Orion oder den Arkturianern, würdet ihr nichts erkennen. Ihr wärt verwirrt wie ein Kind, welches an einer Dichterlesung teilnimmt. Wo sind die Spielzeuge? Warum ist das alles so langweilig? Warum verstehe ich nicht, was die da sagen? Wann geht der Film endlich los? Sind wir endlich da?

Zunächst einmal gibt es nicht die Art von Technologie, wie ihr sie kennt. Aha! Denn physische Maschinen, die etwas tun, wurden schon vor langer Zeit weggeworfen, und zwar nach und nach, als diese Wesen erkannten, dass die *Physik des Bewusstseins* alles erschaffen kann, was sie sich wünschen. In diese Richtung geht es, meine Lieben, und ihr wisst nicht, was das ist. Ihr wisst nicht, was ihr nicht wisst.

Wir haben euch also nun ein paar Hinweise gegeben und wollen näher darauf eingehen. Für das menschliche Bewusstsein gibt es keine prägnante, bündige Definition außer dem, was wir euch zu Beginn dieser Durchgabe gesagt haben, nämlich dass es eine Lebensenergie ist. Und wenn ich euch nun sagen würde, dass es auf anderen reifen Planeten sehr wohl eine hieb- und stichfeste Definition gibt? Warum? Weil sie euch diese Definition auf einer Schultafel aufzeigen könnten (um die Metapher einer menschlichen Schule zu verwenden). Es ist Mathematik! Es hat Regeln und eine Physik! Und nicht nur das: Es ist nichts Dreidimensionales und folgt auch keinen 3-D-Regeln. Kein Wunder, dass ihr das nicht verstehen könnt.

Ich könnte euch alles darüber sagen, aber es würde keinen Sinn ergeben. Hier ein Beispiel für die Attribute, die für euch so rätselhaft und verwirrend sind: Wie wir euch gesagt haben, reicht es, wenn nicht einmal ein halbes Prozent der Menschheit erwacht, um den gesamten Planeten zu beeinflussen – was euch eigentlich sagen sollte, dass das menschliche Bewusstsein nicht dreidimensional ist! Wie kann etwas so Kleines sich auf das Ganze auswirken? Nicht einmal ein halbes Prozent! Es geht nicht darum, wie viele von euch dabei sind, das ist »Spielplatzgerede«. Quantenenergie ist immer überall und reagiert auf andere Quantenenergie entsprechend den Regeln der Quantenenergie.

Hört gut zu, ihr Lieben, es gibt ein System, ein Zusammenfließen von Systemen, über das ihr noch gar nichts wisst. Meine Erklärungen werden nicht auf gelehrte Ohren treffen. Sie werden nicht für alle verständlich sein, deshalb möchtet ihr sie vielleicht erneut lesen oder in eine Zeitkapsel stecken.

Wie könnt ihr einer Person, die nichts von Elektrizität weiß, das Internet erklären? Wo fangt ihr damit an? Wie sprecht ihr über die eleganten Unterschiede zwischen bestimmten Sportwagenmotoren mit jemandem, in dessen Realität noch nicht einmal das Rad erfunden wurde? Das ist das aktuelle Problem. Wie kann ich euch von etwas erzählen, von dem ihr keine Vorstellung habt, über das ihr aber Bescheid wissen müsst? Ich möchte euch ein paar Bausteine und noch ein paar Metaphern an die Hand geben.

Die Weisheitsschranke

Es gibt die sogenannte *Weisheitsschranke*. Diese Weisheitsschranke haben wir als das beschrieben, »was mit der Energie des menschlichen Bewusstseins geschieht, wenn bestimmte nicht quantitative Attribute auftreten, die diese Schranke beeinflussen und auch verändern.« Es geht also nicht darum, *wie viel* oder *wie viele*, sondern um andere Dinge, die in der Physik des Bewusstseins geschehen, von denen ihr noch keine Ahnung habt. Sie müssen aber auf bestimmte Weise geschehen, auf eine verteilte und nicht auf eine zentralisierte Weise, damit diese Schranke eingerissen werden kann. Die Weisheitsschranke ist weder eine Mauer noch ein Hindernis, sondern eine energetische Schranke, die darauf wartet, dass ihr sie erreicht, so, wie das bei der Schallgrenze der Fall war. Wenn die Weisheitsschranke erreicht wird, zerbricht ein altes Bewusstseinsparadigma, und nichts kann mehr so sein wie vorher.

Als ihr die Schallmauer durchbrochen habt, seid ihr da nach Hause gegangen und habt gesagt: *»Das ist toll! Von jetzt an machen wir einfach mit unseren alten Flugzeugen und alten Geschwindigkeiten weiter!«*? Nein! Ihr konntet es kaum erwarten, Flugzeuge zu konstruieren, die die Schallmauer durchbrechen konnten. Nichts war mehr wie vorher, und ihr konntet den Geist nicht wieder zurück in die Flasche verbannen. Die Menschheit hat einen Punkt überschritten und befindet sich nicht mehr im Überlebensmodus. Sie hat die Weisheitsschranke durchbrochen und ist jetzt in einem Modus, in dem sie weitergehen kann. Ihr könnt nicht einfach zurück in einen weniger bewussten Zustand gehen.

Es handelt sich um ein Quantenattribut. Stellt euch vor: eine Weisheit, die die Gehirne aller Menschen so stark verbessert, dass der Verstand der meisten Menschen Dinge begreifen kann, von denen er vorher noch nicht einmal wusste, dass sie existieren ... Und all das, ohne etwas lernen zu müssen! Habt ihr das gehört? Das habt ihr nicht erwartet. Die Schranke ist gefallen, und heraus kommt das »intuitive reife Denken des Menschen« für den gesamten Planeten.

Der Mensch und die menschliche Zivilisation sind davon so umgeben, dass dem Kind bei seiner Geburt eine neue Reife zur zweiten Natur wird – die Weisheit des Miteinanders, der Toleranz und der gemeinsamen Lösungsfindung. Das ist die sogenannte Weisheitsschranke, und ihr seid dort angekommen! Sie begrüßt euch nicht mit Feuerwerk und einem funkensprühenden Himmel. Es gibt kein Fest und keine Ansprachen und keine Luftballons; das gibt es nur auf meiner Seite des Schleiers. Alle alten Seelen blicken in die Essenz dieser Schrankenenergie, erhaschen einen Blick darauf, wie sie wirkt, und sind im Begriff, bis an die

Grenze zu gehen und damit die gesamte Menschheit zu beeinflussen, nicht nur Lichtarbeiter und alte Seelen. Ihr seid dabei, den Knopf der Physik zu drücken, von deren Existenz ihr nichts wusstet – und das dauert seine Zeit.

Das fehlende Stück

Nun kommen wir zu dem, was ich euch mitteilen wollte: zum fehlenden Glied in der Kette. Wie soll ich das erklären? Mein Partner, mach ganz langsam [an Lee gewandt]! Die Menschen erklären Dinge nur auf Basis dessen, was sie kennen, und nicht auf Basis dessen, was sie nicht wissen. Hier ein Beispiel: Wissenschaftler schauen vielleicht in den Weltraum und finden dort für sie unerklärliche Attribute, die anscheinend nicht der Newton'schen Wissenschaft entsprechen, aber die Newton'sche Wissenschaft ist sozusagen der Goldstandard der Bewegung überall, und so bemüht sich der Mensch darum, Formeln zu finden, durch die das Unerklärliche in die Schubladen der Newton'schen Physik passt. Willkommen im Reich der Schwarzen Materie! Später werdet ihr euch darüber amüsieren, in welcher Schublade ihr da gesteckt seid ... Nun, das haben wir euch ja bereits früher gesagt, aber das ist die menschliche Neigung zur Logik und auch sehr verständlich. Nimm das, was bekannt ist, beobachte, was unbekannt ist, und versuche, das Unbekannte in die Schubladen des Bekannten zu stecken, selbst wenn diese Schubladen dann durcheinander sind und keinen Sinn mehr ergeben. Selbst wenn sie mysteriös sind! Anstatt aktiv Ausschau nach den fehlenden Gesetzmäßigkeiten der Physik zu halten, halte dich an das, was du kennst.

Ich sage euch: Eines der größten Stücke der fraktalen Informationen fehlt euch noch. Warum trennt ihr die bekannte Energie des Bewusstseins von der Welt der Physik? Auch Energie hat Fraktale, und vom Kleinsten bis zum Größten wirken sie alle zusammen. Die Atomstruktur erzeugt Energie! Bewusstsein ist Energie und beruht auf Quantengesetzen. Das Stück, das euch in eurem Verständnis und eurer Erkenntnis fehlt, ist die *Physik des Bewusstseins.*

Hört mir gut zu: Wie definiert die Menschheit »Bewusstsein«? *»Nun ja, Bewusstsein ist ein Konzept zum Beschreiben eines Menschen, der sich seiner selbst bewusst ist. Es kann nicht gemessen werden, denn es ist ja nur ein Konzept.«* Oh nein, das ist es eben nicht! Wie gefällt euch diese Aussage: *»Schwerkraft ist ein Konzept zum Beschreiben der Tatsache, dass Dinge nach unten fallen. Sie kann nicht gemessen werden, denn sie ist ja nur ein Konzept!«*? Ihr wisst, dass das nicht stimmt! Schwerkraft ist eine unsichtbare Energie, die man berechnen kann, und sie ist eine Quantenenergie. Magnetismus ist unsichtbar, messbar und eine Quantenenergie. Mit Bewusstsein ist es dasselbe. Bewusstsein ist Physik, und daran solltet ihr euch besser gewöhnen, denn dies wird einer der nächsten Bereiche der Physik sein, der euch durch das Loch von der Dreidimensionalität hinein in die Multidimensionalität zieht. Was ihr als Konzept betrachtet (Bewusstsein), ist gar keines. Ihr seid euch nicht bewusst, dass es Bewusstseinsregeln gibt, und das ist Teil der Quantenphysik.

Es gibt Regeln, Postulate, Mathematik, Diagramme und Lösungen. Es gibt wunderschöne, euch noch nicht bekannte Attribute der Physik des Bewusstseins. Wenn ihr das alles erkennt, werdet ihr eine Erklärung dafür haben, was geschehen und wie es in Zukunft laufen wird. Doch im Moment seht ihr das noch nicht so. Das fehlende Stück ist das *Wissen, dass ihr Bewusstsein verfolgen, messen und darstellen könnt, auch außerhalb des Menschlichen.* Stellt euch einmal vor, ihr hättet die eleganten Newton'schen Gesetze nicht und würdet euch fragen, wie sich im Sonnensystem Dinge fortbewegen – aber das müsst ihr nicht. Newton hat das herausgefunden. Dank seiner Mathematik seid ihr in der Lage, eine Rakete zu starten, die Jahre später auf einen Asteroiden trifft, den man mit menschlichen Augen nicht sehen kann! Das ist reine Mathematik und berechenbar, und daraus ergeben sich ein paar wunderschöne Potenziale.

Die so wunderschöne und nützliche Technologie, mit der ihr auf diesem Planeten arbeitet, beruht auf eurem Wissen über die euch bekannte Physik: Aktion und Reaktion, dies und jenes anstoßen, damit dies und das passiert ... Das Verständnis der physikalischen Gesetzmäßigkeiten hilft, das Leben besser zu machen, und genau das habt ihr ja auch getan.

Derzeit versteht und nutzt die Menschheit vier Grundgesetze der Physik. Wie wir euch gesagt haben, gibt es insgesamt sechs, aber auch ohne die letzten beiden ist euch klar, wie die ersten vier eingesetzt werden können. Das hat die Menschheit verändert. Wunderbar! Und wenn ich euch nun sage, dass es mit dem Bewusstsein dasselbe ist?

Es gibt Gesetzmäßigkeiten des Bewusstseins, die ähnlich wie die Gesetze der Physik funktionieren, denn auch sie sind kausal (wird etwas verändert, verursacht das eine Veränderung bei etwas anderem). Doch in der Quantenwelt sind diese Gesetzmäßigkeiten der Bewusstseinsbewegung nichts Lineares, und somit erzeugen sie auch andere Reaktionen. Jetzt wird es schwieriger, mein Partner [direkt an Lee gewandt]! Ich zeige meinem Partner gerade Dinge, die er nicht in Worte fassen kann. Deshalb sage ich: Mach einfach, so gut du es vermagst. Er sieht die darin steckende Emotion: Oh Gott!

Neue Arten von physikalischen Gesetzmäßigkeiten

Wüsstet ihr über die Physik des Bewusstseins Bescheid, könntet ihr eine bessere Welt erbauen. Hört zu, welche Attribute sie besitzt: Zuallererst reist Bewusstsein nicht von einem Ort zu einem anderen; es bewegt sich nicht geradeaus, es bewegt sich gar nicht! Bewusstsein befindet sich nicht an einem Ort und geht von da zum nächsten; Bewusstsein dehnt sich nicht aus. Es wird nicht größer oder kleiner. Bewusstsein *ist* einfach. Die Physik des Bewusstseins hat dieselben Attribute wie die dreidimensionale Physik: Es sitzt einfach da, und man kann es erweitern oder nicht, je nachdem, welche Gesetzmäßigkeit rundherum gelten. Wenn bestimmte Regeln oder Gesetze gelten, dann verändern sich alle anderen Gesetze. Bewusstsein ist der Klebstoff des Lebens. Wenn es eine Lebensformel gäbe, dann wäre es das.

Ich möchte euch ein paar Faktoren nennen, die auf das Bewusstsein angewandt werden und Wandel bewirken können. Da ist zum einen der *Gütigkeitsfaktor.* Wisst ihr, dass mit dem Erforschen der Physik des Bewusstseins und dem Einsetzen des Weisheitsfaktors (durch das Überschreiten der Weisheitsschranke) als Nächstes ein *exponentielles Verständnis und Anwenden der Regeln des Bewusstseins einsetzt, wodurch ein Faktor entsteht, durch den gütiges Handeln hervorgebracht wird?* Oh, das ist verworren, mein Partner! Kannst du das besser ausdrücken? [Lee schüttelt den Kopf.]

Ich will es so sagen: Im Moment herrscht auf diesem Planeten ein Kampf der Energien. Durch das Bewusstsein, das ihr entwickelt habt, und die »Gesetzmäßigkeiten«, die ihr durch die Physik des Bewusstseins aufgestellt habt, begann gerade ein Kampf, bei dem vieles mitspielt, worüber wir noch nie gesprochen haben. Gibt es Böses auf dem Planeten? Ja. Gibt es Wesenheiten, die unbedingt hierherkommen und sich einmischen und euch böse mitspielen wollen? Ja. Ist das schockierend? Warum denn? Warum denn, wenn ihr doch dabei seid, in das Potenzial eines höheren Bewusstseins einzutreten? Ihr Lieben, durch das, was ihr mit der Physik des Bewusstseins und den angewandten Regeln geschaffen habt, stoßt ihr das niedere Bewusstsein beiseite, sodass es euch aus dem Weg gehen muss! Vergesst nicht, es befindet sich im dreidimensionalen Überlebensmodus. Und was meint ihr wohl, was es tun wird? Kämpfen natürlich! Habt ihr das verstanden?

Wenn die Regeln der Physik in bestimmten Situationen angewandt werden, kann man das, was passiert, kontrollieren. Das ist das Schöne an der Kenntnis der 3-D-Physik. Mit dem Bewusstsein ist es genau das Gleiche. Wenn ihr erst einmal die Physik des Bewusstseins, ihre Funktionsweise und ihre Mechanik versteht und wisst, wie sie sich verteilt und spiralförmig übertragen wird, dann schließt ihr die Tür für ältere Energien. Bestimmte Wesenheiten, die früher diesen Planeten besucht haben, können dann nicht mehr kommen. Habt ihr das gehört? Sie können nicht mehr herein! Die Physik schafft eine Schranke, und sie können nicht mehr hereinkommen. Es gibt dunkle Energien und Vorstellungen von Dunkelheit, die hereinmöchten und gerne mit eurem Bewusstsein spielen würden. Manche nennen das »böse«. Das hat Auswirkungen auf Menschen, und diese Menschen arbeiten mit diesen Energien. Dadurch gewinnen sie Macht und Kontrolle, und wie sie das schaffen, entbehrt jeglicher Anmut. Doch diese Tür wird gerade geschlossen! Das Böse, wie ihr es kennt, wird immer weniger werden. Das Böse ist eine Energie, die von bestimmten Menschen aufgesogen wird, die daraufhin wahrhaftig böse werden, und das ist ihre Entscheidung. Das ist das alte Bewusstsein. Das ist unsere beste Erklärung für die Geschehnisse der Zukunft.

Die Plejadier hüpfen gerade vor lauter Freude auf und ab, weil sie wissen, was hier passiert ist. Wenn ihr so wollt, ist es fast so etwas wie eine exponentielle Weiterentwicklung. Das eine führt zum Nächsten, und es baut aufeinander auf. Und irgendwann müsst ihr nicht mehr bei jeder Geburt wieder von vorne anfangen, wie mein Partner das heute schon beschrieben hat. Spirituelle Evolution beginnt, und dann kommt ihr auf den Planeten und wisst über das Bescheid, was ihr heute lernt, und in eurem nächsten Leben baut ihr wiederum darauf auf. Mein Ausdruck dafür wäre *»weise geboren werden«*.

Und später, wenn euch die Physik offenbart wird, werdet ihr verstehen, wie Geräte mit Bewusstsein arbeiten. Es ist ja schließlich nur Physik. Was euch noch nicht in den Kopf kommt, ist die Tatsache, dass das nicht unbedingt Maschinen sein werden, sondern vielmehr biologische Hilfen. Aber das wird noch eine Weile dauern. *»Wie viele Generationen wird es noch dauern, Kryon?«* Das werde ich euch nicht sagen, denn ich möchte euch nichts an die Hand geben, was den Spaß verdirbt. Jeder einzelne Planet hat seine Evolution in seiner eigenen Geschwindigkeit und seinem eigenen Zeitzyklus durchlaufen. *»Wie funktioniert das? Wie schnell funktioniert es? Wann geht es damit los?«* Es hat bereits angefangen! Ihr steht an der Weisheitsschranke und habt sie durchbrochen. Und ich möchte euch Folgendes sagen: Die Geschichte aller Planeten, die erst einmal an der Weisheitsschranke angekommen sind, verläuft gleich. Sie alle schreiten voran, jeder einzelne von ihnen, so, als ob das kollektive

Bewusstsein des ganzen Planeten daran beteiligt wäre, wie wenn ein Schalter umgelegt worden wäre, und keine noch so große Menge an dunkler Energie könnte dem Einhalt gebieten. Oh, die dunkle Energie wird es versuchen! Das habe ich euch ja schon gesagt. Menschen, die sich den alten Wegen verschrieben haben, sind wie Kinder auf dem Spielplatz; sie wollen nicht erwachsen werden. Sie treten um sich und schreien und tyrannisieren. Sie wissen: Das Licht wird alles verändern und sie haben keine Chance, so wie früher weiterzumachen.

Darüber reden wir hier. Der Gütigkeitsfaktor und die Weisheitsschranke wirken im Rahmen der Bewusstseinsphysik auf eine Art und Weise, die ihr tatsächlich einmal herausbekommt. Und dann erzeugt ihr eine höhere DNA-Aktivierung, und der Prozentsatz steigt von einer Generation auf die nächste. Schließlich wird der Mensch dann Materie manipulieren und scheinbar Dinge aus dem Nichts erschaffen können. Was ist daran so Besonderes? Das ist nur Physik! Ist doch logisch, dass eine multidimensionale Physik eine niedrigere Art der Physik kontrollieren kann, oder etwa nicht? Die höchste Art der Physik ist das Bewusstsein, und diese Physik kann jederzeit die dreidimensionale Physik steuern und kontrollieren.

Frieden auf Erden? Oh, das ist ganz einfach. Das ist der Anfang. Das ist das Pflanzen der Saat und wird ganz gewiss geschehen. Werft einen Blick auf eure Nachrichten. Es wird nicht auf immer und ewig so ausschauen wie derzeit. Das ist nur für heute so. Frieden auf Erden ist nicht das Endziel – bestimmt nicht! Wenn ihr heranwachst und erwachsen werdet, bewerft ihr euch auf dem Spielplatz nicht mehr mit Steinen. Ihr hört damit auf. Das ist normal. Und dann habt ihr mit der Zeit elegantere Ideen. Frieden auf dem Planeten ist nur der Anfang, und dann wird es gut.

Das sehen wir. Ich habe bislang noch nie darüber geredet. Ich wollte, dass ihr die ganze Geschichte hört. Was wird eurer Meinung nach mit einer Zivilisation geschehen, in der es keinen Krieg mehr gibt und die sich alles, was sie physisch möchte, erschaffen kann und deshalb niemals Hunger leidet? Wie wäre es, drei- bis viermal so lang zu leben wie im Moment und die ganze Zeit gesund zu sein? Wie sähe eine Zivilisation aus, die sich auf Wunsch in einen Quantenzustand versetzen und »überall« sein könnte? All das gibt es! Denkt einmal daran, wo ihr vor tausend Jahren wart. Und dann stellt euch Zivilisationen in der Galaxie vor, die eine Million Erdenjahre älter sind. Ist das schwierig für euch? Es ist einfach Physik!

Und wenn ich euch nun sagen würde, dass diese Zivilisationen keine zentrale Kontrolle haben – habt ihr das gehört? Habt ihr schon einmal etwas von einem Unternehmen ohne Geschäftsleitung gehört? So ähnlich ist es. Ihr würdet sagen: *»Das kann nicht funktionieren!«* Oh doch, es funktioniert sehr wohl! Es funktioniert, wenn alle so sehr verbunden sind, dass sie dem, was ohnehin offensichtlich ist, beistimmen und wissen, was sie zu tun haben. Das ist intuitiv und natürlich. Für euch ist es unmöglich. Doch darauf steuert ihr zu. So etwas wie eine Weltregierung wird es nicht geben. Das ist ja so dreidimensional! Stattdessen gibt es eine *Übereinkunft des Weltbewusstseins*. Ihr wisst es einfach besser. Was haltet ihr davon? Was passiert mit einer Gruppe Erwachsener, die zum ersten Mal auf eine Party gehen und sich nie zuvor gesehen haben? Was machen sie? Bewerfen sie sich gegenseitig mit Steinen? Nein. Auf der Party gibt es ein Bewusstsein, welches sie zusammensitzen und reden lässt; sie essen tolles Essen und haben Spaß. Wer hat ihnen die Regeln mitgeteilt? Haben sie das geprobt? Nein, das ergab sich durch ihre Reife und ihr besseres Wissen. Und wenn ein Planet genau darüber verfügen würde? Sie werden in eine Situation hineingeboren, in der sie es besser wissen. Das ist der Weisheitsfaktor, und diese Schranke überschreitet ihr gerade.

Irgendwann werdet ihr alle Systeme, die ihr nach eurer Meinung einmal benötigt habt, wegwerfen, insbesondere diejenigen, durch die ihr euch in Gruppen organisiert, um etwas zu tun. Das wird euch zur zweiten Natur werden; ihr alle werdet *gemeinsam wissen*. Zu schön, um wahr zu sein? Fragt einmal einen Plejadier, die Wesen von Orion oder von Arkturus. Fragt bei irgendeinem früheren Planeten des freien Willens nach, denn sie alle schauen gerade auf euch. Dieser Raum ist voll von ihnen, und sie nicken mit dem Kopf und sagen: »Weiter so! Weiter so!«

Das Schöne an dieser Botschaft ist: Es ist egal, ob ihr das heute glaubt oder nicht, denn ihr werdet es auf diesem Planeten erleben. Wartet einfach ab; ihr werdet dahin kommen. Ihr seid diejenigen, die genau das erschaffen werden, was der Kern dieser Prophezeiungen ist.

Kryon
(Live-Channeling »Physik des Bewusstseins«,
durchgegeben in Berkeley Springs/West Virginia, 29. Juni 2014)

Wie nehmen Sie das Gelesene wahr? Wenn das Bewusstsein ein Teil der Physik ist, eine Energie, die auf Glaubensüberzeugungen und Intentionen reagiert, haben Sie dann womöglich die Kontrolle über Ihre Realität?

Meiner Meinung nach ist das möglich, und zur Erklärung möchte ich auf die sogenannte »Glockenkurve« eingehen. Dieser Begriff geht auf die Tatsache zurück, dass ein Diagramm die Normalverteilung einer Variablen abbildet; sie kommt in der Statistik zum Einsatz und zeigt Wahrscheinlichkeiten auf, beispielsweise dass vier von zehn Leuten an Krebs erkranken und die durchschnittliche Lebenserwartung 80 Jahre beträgt. Laut Kryon funktioniert alles auf diese Weise, wenn man es sich selbst überlässt: Sie werden also geboren, haben über nichts die Kontrolle und hoffen, dass alles gut geht. So läuft das, bis eine äußere Kraft einwirkt, die mit unseren Überzeugungen und dem Bewusstsein zu tun hat – was bedeutet, dass wir unsere eigene Realität erschaffen und unser Leben in die gewünschte Richtung steuern können, denn Bewusstsein ist Energie (die äußere Kraft).

Kennen Sie den Spruch »Mensch, hast du ein Glück!«? Oder kennen Sie Leute, die immer auf den Füßen landen, egal, in welchen Umständen? Ich nenne das den »Glückspilz-Faktor«, welcher durch Synchronizität erklärt werden kann. Synchronizität und Co-Kreation bzw. Mitschöpfertum sind Bestandteile des Systems des gütigen Designs, welches uns allen zur Verfügung steht. Nur leider haben die meisten Menschen Schwierigkeiten damit, weil ihre Überzeugungen sie oft daran hindern, die Struktur der Synchronizität zu erkennen. Nur sehr wenige Menschen sind tatsächlich davon überzeugt, dass wir auf äußere Kräfte einwirken können, um unsere Realität zu manifestieren. Wer noch nie etwas von Synchronizität oder Co-Kreation gehört hat, kann unter dem Reiter »Extras« auf meiner Website *www.monikamuranyi.com* kostenlos ein Kapitel mit dem Titel »Co-creating Your Reality« (»Mitschöpfer der Wirklichkeit«) lesen.

FRAGEN AN KRYON

Du hast gesagt: »Dort, wo das menschliche Bewusstsein hingeht, geht auch die Menschheit hin.« Lichtarbeiter und alte Seelen leben überall auf dem Globus, doch es bestehen Unterschiede zwischen Ländern und Kulturen auf dem Planeten. Jeder Ort hat einen anderen Bewusstseinsstand, was sich ja in den vielen Ländern zeigt, in denen grundsätzliche Menschenrechte keine Gültigkeit haben. In vielen Ländern wird der furchtbare Missbrauch von Kindern und Frauen toleriert. Kannst du erklären, warum diese Polarität auftritt?

Die Antwort kennt ihr eigentlich bereits. Der Satz »Alle Menschen sind gleich geschaffen« bedeutet nicht das, was ihr denkt, sondern meint vielmehr, dass jeder Mensch mit demselben spirituellen Aspekt erschaffen wird. Jeder Mensch hat den gleichen Gottesanteil in sich. Egal, wer ihr seid, ihr alle habt Zugang zum Höheren Selbst und öffnet euch spirituellen Vorstellungen, egal, wo ihr seid oder in welcher Kultur ihr zu Hause seid – ihr seid alle gleich geschaffen.

Euer »gesunder Menschenverstand« sagt euch aber: Dort, wo ihr geboren wurdet, zeige an, ob ihr bessere oder schlechtere Chancen auf freies Denken oder Gesundheit oder Gleichberechtigung der Geschlechter habt. Der Planet ist ein Kessel voller unterschiedlicher Bewusstseinsebenen, und jawohl, ein höheres Bewusstsein oder die Fähigkeit, sein Licht scheinen zu lassen und hochzuhalten, kann sich an manchen Orten potenziell besser oder schlechter entwickeln. Als alte Seelen habt ihr aber keinen Vorteil in Bezug auf euren Geburtsort!

Die alten Seelen sind auf dem Planeten nicht willkürlich, sondern gerecht verteilt. Sie sind überall, und manche müssen größere Herausforderungen bewältigen, weil sie darum gebeten haben, bevor sie hierhergekommen sind. Alte Seelen neigen auch dazu, sich in Gruppen zusammenzutun (dazu später mehr im Rahmen einer anderen Frage).

Versteht ihr, warum ich alte Seelen, die an »besseren« Orten leben, auffordere, zu erwachen und mit ihrer Arbeit anzufangen? Du liest dies nicht per Zufall. Du bist vielleicht viel eher in der Lage, das Licht zu halten, als jemand anderer. Hast du gewusst, dass das die ganze Zeit so geplant war? Es gibt keine Zufälle.

Wie ich beobachtet habe, geht es Ländern und Kommunen, die über viele Rohstoffe verfügen, normalerweise besser. Diejenigen, bei denen es an solchen Ressourcen mangelt, verharren eher im Überlebensbewusstsein. In früheren Durchgaben wurden Andeutungen gemacht, wir hätten das Potenzial, Ressourcen wie Trinkwasser, Nahrung und kostenlose Energie zu kreieren. Meiner Meinung nach kann das für Länder und Kommunen ein Ausgangspunkt sein, mit ihrer spirituellen Weiterentwicklung zu beginnen. Doch es ist nach wie vor eine Sache des freien Willens bzw. der freien Entscheidung und nur ein Potenzial. Kannst du uns mehr über die Dynamik sagen, wie das funktioniert?

Das ist etwas, was tatsächlich gerade schon passiert, und es wird die Gesellschaft verändern ..., die ganze Gesellschaft. Aber es ist nicht das, was ihr denkt. Es hat mit dem »freien Willen« der Vergangenheit zu tun, wodurch das Potenzial der »fortschrittlichen Erfindung« der Zukunft erzeugt wurde. Es ist das Attribut einer neuen Erde, wie wir euch gesagt haben.

Länder mit vielen Ressourcen sind wie Leute, die in eine reiche Familie geboren wurden. Sie verkehren miteinander und bilden Cliquen mit anderen Reichen, besuchen dieselben Clubs und Restaurants ... und oft reden sie nicht einmal mit den Menschen, die nicht im Überfluss leben. Das ist die grundsätzliche menschliche Natur.

Doch was würde mit diesen »rohstoffreichen« Ländern passieren, wenn ihre Ressourcen nicht mehr gebraucht würden? Sie würden sich verändern. Die Welt wird sich verändern. Wenn ein Land über viel Erdöl verfügt: Was passiert dann, sobald die anderen Länder kein Öl mehr brauchen? Wenn ein Land über fruchtbaren Boden für den Anbau von Nahrungsmitteln verfügt und es auf einmal eine Technologie gibt, mit der man überall mehr als genug Nahrung erzeugen kann – was passiert dann?

Länder, die reich an Ressourcen sind, werden nach und nach ihre Fähigkeit verlieren, reich zu bleiben, und das Ganze wird ausgeglichener. Kleine Wohnviertel können Energie erzeugen, ohne ans Stromnetz angeschlossen zu sein; sie können Trinkwasser erzeugen oder Nahrungsmittel anbauen. Dadurch werden sämtliche zentralisierten Versorgungsnetze eliminiert. Dadurch kommt es zu einem Paradigmenwechsel und zu einer Gleichheit, wie es sie noch nie gab. Genau die Attribute, durch die manche Länder arm blieben oder leicht zu kontrollieren waren, werden beseitigt.

Benutzt euren gesunden Menschenverstand! Seht ihr, wie sich dadurch alles verändern wird?

Das Höhere Selbst (Zirbeldrüse und Intuition)

Das Höhere Selbst in der menschlichen Seelengruppe wird von der Zirbeldrüse und der Intuition repräsentiert. Die Zirbeldrüse oder Epiphyse, auch »Pinealorgan« genannt, ist eine kleine endokrine Drüse im Epithalamus in der Mitte des Gehirns zwischen den zwei Gehirnhälften. Sie produziert das Hormon Melatonin, welches sich auf den Schlaf-/Wachrhythmus bzw. den Biorhythmus auswirkt. Die Zirbeldrüse wird oft mit dem esoterischen Konzept des »Dritten Auges« in Verbindung gebracht, einer Metapher für höheres Bewusstsein und einem Symbol der Erleuchtung.

»Faszinierenderweise ist das Innere der Zirbeldrüse tatsächlich mit Netzhautgewebe ausgekleidet, bestehend aus Stäbchen und

Zapfen (Fotorezeptoren), so wie das Auge, und ist auch mit der Sehrinde im Gehirn über Nervenleitungen verbunden. ›Die Fotorezeptoren der Netzhaut haben große Ähnlichkeit mit den Zellen der Zirbeldrüse‹ (Dr. David Klein, »Science Daily«). Es ist sogar Glaskörperflüssigkeit wie im Auge vorhanden.«

Quelle für die Übersetzung:
http://www.spiritscienceandmetaphysics.com/

Laut Kryon ist die Zirbeldrüse der quantenhafte Teil des Gehirns, welcher mit unseren Gehirnsynapsen zusammenwirkt und die Brücke zu unserer Intuition bildet, die derzeit zu 35 Prozent arbeitet. Wie Kryon auch sagt, verbessern sich diese Verbindungen, wenn erst einmal ein höherer Prozentsatz der DNA aktiv ist; dann arbeitet der intuitive Geist besser mit dem intellektuellen und dem emotionalen Geist zusammen, und der Mensch ist mehr im Gleichgewicht. Durch diesen Mechanismus gelangen die Menschen aus dem Überlebensbewusstsein heraus.

Dr. Todd Ovokaitys arbeitet seit Langem mit Lee Carroll zusammen und ist Mitglied des Kryon-Teams. Im Jahr 2001 kamen seine Erinnerungen an eine uralte, heilige Praxis des Tönens hoch, die die Zirbeldrüse aktivierte und sehr tief gehende Erfahrungen hervorrief. Ovokaitys gab diese Zirbeldrüsentöne an andere weiter; wenn sie mit Intention gesungen werden, verfügen sie über eine multidimensionale Obertonstruktur, die im DNA-Feld Licht erzeugt. Das Singen der Zirbeldrüsentöne erschafft ein gesundheitsförderndes und lebensverlängerndes Quantenfeld und aktiviert die Kohärenz der Zirbeldrüse, sodass diese als Quantentransmitter fungiert. Kryon hat im Anschluss an einen »Pineal Toning«-Workshop von Todd Ovokaitys jede Menge Informationen über die Zirbeldrüsentöne durchgegeben.

Ich bezeichne die von Kryon übermittelten Informationen über die Zirbeldrüsentöne als extrem hohe Wissenschaft und höchst esoterisch! Nichts davon ist beweisbar, aber wer die Töne singt, ist sich bewusst, dass etwas Besonderes vorgeht. Auch viele andere Menschen auf dem Planeten aktivieren die Zirbeldrüse über Tönen, Chanten, durch Klänge und Musik.

Wir wollen zunächst über das Zirbeldrüsen-Tönen sprechen, es auseinandernehmen und dann wieder zusammensetzen. Wir wollen sehen, warum es ist, was es ist, und herausfinden, was es macht, wofür es gut ist, und darüber sprechen, was es machen wird.

Aber zunächst bringe ich euch zurück nach Lemurien ..., denn einige von euch waren dort, nicht alle, aber viele der hier Anwesenden. Yawee [Todd Ovokaitys] ist der Hohepriester. Er ist nicht derjenige, der euch damals in spirituellen Zeremonien geleitet hat. Yawee ist vielmehr der »Spin-Meister«, weil er anscheinend sehr viel über die Atomstruktur wusste, also über den Spin der Elektronen, welcher wiederum mit etwas anderem zu tun hatte, was er kreieren konnte: ein längeres Leben. Der Spin der Elektronen erzeugte tatsächlich etwas, auf das wir gleich eingehen. Er war ein Quanten-DNA-Spezialist.

Damals in Lemurien wussten sie nichts über die DNA oder über Biologie; sie hatten keine Mikroskope und überhaupt keine derartigen Instrumente. Die Menschen meinen, die alten Völker hätten damals all diese Instrumente gehabt und diese seien verloren gegangen; aber das ist eine Fehleinschätzung. Sie hatten etwas, was ihr heute nicht habt, was ihr aber wieder erlernt: Sie hatten *Quantenintuition.* Das heißt, sie konnten Dinge sehen, weil sie da waren, allerdings nicht in 3-D. Sie waren mit der Wissenschaft verschränkt, also mit der Physik vor ihnen, sie wussten auf intuitiver Ebene alles darüber – *tut das nicht jeder?* Sie waren verschränkt [also ein Teil davon]. Man könnte das als Zusammenfluss von Bewusstsein und Physik bezeichnen. Sie wussten, wie Dinge funktionierten.

Yawee war noch einen Schritt besser. Er war der »Priester des Lebens«. Er lebte dreimal so lange wie alle anderen normalen Lemurier; er wusste, wie das möglich war. Das war vor langer Zeit, doch er übte all das, was er wusste und was ihm gegeben war. Dazu gehörten auch das quantenintuitive »Sehen des Spins« und das mentale Erzeugen eines Bildes der Doppelhelix. All das ist seiner Akasha eingeprägt.

Wir sollten jetzt kurz unterbrechen und sagen: So funktioniert es, ihr Menschen. Egal, was ihr getan habt, egal, wer ihr seid oder was ihr als früheres Leben beschrieben habt – alles, was ihr gelernt habt, wird der Akasha eingeprägt und verbleibt dort. Manche von euch können das abrufen, wenn sie das wollen, denn es geht nie verloren. Ein Leben nach dem anderen liegt es dort, bereit, wieder abgerufen und von euch genutzt zu werden. Ihr habt es euch verdient.

Yawee ist heute in Form von Todd Ovokaitys anwesend, und in dieser neuen Energie, bevor er überhaupt auf den Planeten kam, wusste er, dass er wieder einmal an der Reihe war. Wenn die Menschheit mit einer genügend hohen Energie ankam, würde er erneut das tun, was er früher in Lemurien gemacht hatte. Denn es war seiner Akasha eingebaut, bereit, erneut hervorgebracht zu werden.

Ihr könntet fragen: *»Und was ist mit all den Leben zwischen damals und heute? Wer war er und was hat er gemacht?«* Ich sage euch erneut: Er war immer ein Arzt, immer. Nicht immer ein ausgebildeter Doktor, aber immer ein Arzt. Das ist der »Überzug« seiner Akasha und war immer seine Leidenschaft. Yawee kam dieses Mal zurück und kreierte eine Situation, in der die Schule keinerlei Schwierigkeiten bot. Er war in allem exzellent, womit er in Berührung kam, um dahin zu gelangen, wo er jetzt ist.

Vor einigen Jahren begann Yawee, auf den Veranstaltungen meines Partners zu *tönen*. Mein Partner hatte keine Ahnung, was das genau war, was er da machte. Ich, Kryon, hüpfte auf und nieder vor lauter Freude, denn es geschah, es geschah! Mein Partner wusste nicht, was er von den komischen Lauten halten sollte, die sich anhörten, als ob aus Yawees Mund ein Flugzeug herauskommen würde.

[Lachen.]

»Was ist das?«, fragte ich mich. Er nannte es *Pineal Toning*. Wir wollen das untersuchen.

Kryon: Yawee, du bist hier, kannst du das bestätigen?

Dr. Todd Ovokaitys nickt zustimmend.

Kryon: Was macht die Zirbeldrüse eigentlich?

Ovokaitys: Die Zirbeldrüse ist ein Empfänger, der die Tageslichtimpulse in ein Signal integriert, welches wiederum die Rhythmen des Körpers integriert, und zwar sowohl die Tagesrhythmen wie auch Rhythmen über sehr lange Zeiträume.

Kryon: Ganz der Arzt! Und warum nanntest du es *Pineal Toning,* wenn es doch quantenhaft ist? Das scheint nichts Biologisches zu sein.

Ovokaitys: In diesem Zusammenhang geht es bei der Zirbeldrüse vor allem um die Vorstellung von der Meisterzelle der Zirbeldrüse, was ich beobachtet habe, als ich nach einer Lösung suchte, um den sogenannten achten dimensionalen Filter zu entfernen, der acht der höheren Stränge blockiert.

Kryon: Was geschieht, wenn du den Filter entfernst?

Ovokaitys: Das entspricht dem metaphorischen Lüften des Schleiers.

Kryon: Und wenn der Schleier gelüftet ist?

Ovokaitys: Wenn der Schleier gelüftet ist, werden zunächst die ansonsten schlafenden Stränge aktiv, und dann kommt der Rest in Kohärenz.

Kryon: Aha! Auf dieses Wort [Kohärenz] haben wir gewartet! Yawee wusste etwas, und ihr ebenso. Ihr habt dieses Wort nicht verwendet, weil ich mir gar nicht sicher bin, ob ihr überhaupt wisst, was Kohärenz wirklich bewirkt. Die metaphysische Quantenkohärenz der Zirbeldrüsenenergie erzeugt einen Quantentransmitter – wusstest du das?

Ovokaitys: Ja … Es hat mit dem Konzept von der DNA als Sender und Empfänger zu tun.

Kryon: Wie wird die Zirbeldrüse metaphysisch bezeichnet?

Ovokaitys: Man nannte sie die Drüse, die mit dem Kronen- bzw. Scheitelchakra und mit Erleuchtung assoziiert wird, und sie wurde als Erblühen des tausendblättrigen Lotus bezeichnet.

Kryon: Da habt ihr also alle Hinweise, die ihr gebraucht habt. Achtet darauf: Yawee beginnt die Zirbeldrüsentöne in 3-D, um damit Heilung und ein längeres Leben zu fördern. Sie kommen ihm einer nach dem anderen wieder ins Gedächtnis, und er präsentiert sie euch. Yawee erbaut die Grundlage für etwas Größeres und Großartigeres, welches sich jetzt entfalten darf.

Er verfügt über intuitives Wissen aus der Vergangenheit und ruft diese Dinge nun nach und nach aus seiner Akasha ab; sie sind die Bausteine zu einem *Toning-Haus.* Doch er weiß noch nicht, wie die Form aussehen wird, nicht einmal, wo sich die

Tür befindet. Und doch zieht er die Bausteine einen nach dem anderen heran – all das, was er braucht und intuitiv erinnert, eins nach dem anderen, eine Schicht nach der anderen ... Okay, zurück zum Transmitter, gleich, bleibt dabei!

Der Zirbeldrüsenton ist multidimensional; er kann von der biologischen menschlichen Bewusstheit aber nur in 3-D gehört werden. Mein Partner hat das nicht so gut übersetzt, deshalb bekommt er jetzt noch eine Chance ... [Kryon sagt Lee, er solle es noch mal versuchen.] Das sind neue Konzepte, und mein Partner muss langsam machen.

Bei der Metapher von einem Eisberg wäre die Spitze, die aus dem Wasser herausragt, dreidimensional. Aber der größte Teil, der sich unter Wasser befindet, ist in der Metapher quantenhaft [befindet sich in anderen Dimensionen]. Wir wollen diesen Eisberg nun als *Zirbeldrüsenton* bezeichnen. Aber dabei dürft ihr nicht vergessen, was wir euch gesagt haben: Ihr nehmt den Ton nur in 3-D wahr ..., es ist die kleine Spitze des Eisbergs. Man könnte also sagen, der Ton wird eigentlich für euch in zwei Teilen kreiert: Erstens, der Teil, der in der Luft Klang erzeugt, was das Halschakra ist und was ihr die Übertragung von Klang nennt; und zweitens, der multidimensionale Teil, welchen ihr nicht seht und der etwas für euch Unerwartetes macht.

Im Zusammenspiel mit dem göttlichen menschlichen Bewusstsein erzeugt der multidimensionale Teil des Zirbeldrüsentons *Quantenkommunikation*. Und da sind wir wieder bei den Informationen, die ich euch gleich von Anfang an, als ich als Kryon erschien, übermittelt habe ..., nämlich als ich euch von der Macht der Intention erzählte. Das Tönen funktioniert nicht, solange nicht beide Teile daran beteiligt sind [3-D- und multidimensionaler Teil], und Leute wie ihr wissen das; denn beim Tönen macht ihr die Augen zu, geht in Meditationshaltung und fühlt, was es mit eurem Körper macht.

Jeder Ton hat einen Zweck, jeder Ton wurde für die Gesundheit entwickelt, und Yawee hat euch gesagt, was er genau macht. Ihr fühlt es! Aber der Ton macht noch etwas für euch Unerwartetes – er kommuniziert auf eine für euch schockierende Art und Weise.

Letztes Jahr habe ich Yawee mit einem Projekt beauftragt, und dieses Projekt blüht und gedeiht, und er arbeitet daran. Die Töne bereichern die Menschheit und verlängern das Leben der Menschen, wenn sie richtig angewandt werden. Aber da ist noch mehr. Mein Partner, mach ganz langsam ... [Ermahnung an Lee, dass etwas kommt, was er bislang noch nicht gehört hat]! Es geht dabei um die Frequenzregulierung von multidimensionalen Paaren. Es geht um mehr, um viel mehr. Die Zirbeldrüsentöne sollen irgendwann in Paaren angewandt werden. Das heißt, einer soll gegen den anderen antreten; der eine wird mit dem anderen gemeinsam in gleicher Lautstärke und Intensität gesungen.

Dann habt ihr erstens den Klang in der Luft, also die Spitze des Eisbergs, plus zweitens ein Quantenbewusstsein einer Gruppe, die etwas kreieren wird, was wir als »schwingenden Wohlklang« bezeichnen werden und was den Tonpaaren individuell zu eigen ist. Wenn Paare so zusammengebracht werden, wie es sein soll (und das weiß Yawee am besten), entsteht etwas, was ihr nur vermutet habt. Die beiden Töne zusammen tun etwas, was einer allein nicht zu tun vermag. Es ist viel mehr als die 3-D-Ergänzung zu *leeren Quinten.* Viel mehr. Jetzt mach ganz langsam, mein Partner.

Eure Physik weiß ein bisschen über das dreidimensionale Versenden bzw. Übertragen von Signalen Bescheid. Wie ihr wisst, gibt es bestimmte Übertragungsarten, beispielsweise die Luft für Audio- oder Videosignale oder auch das, was ihr gerade hört, die Übertragung von diesem Mikrofon auf einen Empfänger im anderen Raum [Lee verwendet ein drahtloses Funkmikrofon]. Ganz grundsätzlich gibt es häufig einen sogenannten Träger, ähnlich einem magnetischen Bett, in dem sich das eigentliche Audiosignal ablegen kann. Ohne den Träger habt ihr keinen Klang. Diese Funkübertragung, die ihr hört, erfordert also eigentlich zwei Teile: zum einen den Träger und zum anderen das Signal.

So, Yawee, jetzt weißt du, warum du das paarweise machst. Es passiert hier etwas, was unbedingt das katalytische Zusammenfließen der paarigen Töne erfordert. Und zwar geschieht Folgendes: Wenn sie richtig miteinander kombiniert werden, sprechen sie zur Zirbeldrüse [sie aktivieren die Zirbeldrüse]. Die

Zirbeldrüse wird zu einem *Quantentransmitter,* der mit der Galaxie verschränkt ist [eins wird mit der Galaxie]. Das heißt: Es wird etwas so übertragen, dass es überall gleichzeitig empfangen werden kann, egal, wie groß die Entfernung ist – ein sehr quantenhaftes Attribut.

Das mit dem DNA-Molekül ist interessant, oder nicht? Ich frage Yawee, den Spin-Meister: Meinst du, es ist von Bedeutung, dass das DNA-Molekül tatsächlich entscheiden kann, in welche Richtung sich Atome drehen?

Ovokaitys: Das ist eine ziemlich außergewöhnliche, neue wissenschaftliche Erkenntnis bzw. Information.

Kryon: Warum trägst du denn den Namen Spin-Meister, wenn du das nicht weißt?

Ovokaitys: Na ja, es dauert halt eine Weile, sich an alles zu erinnern.

[Lachen.]

Kryon: Der Punkt ist: Du hast dich insgesamt daran erinnert, dass du ein Haus baust, welches ein perfektes Fundament braucht, und wenn das Haus fertig ist, wird es auch perfekt sein. Intuitiv weiß der Spin-Meister also, dass die DNA in bestimmten Situationen den Spin der Elektronen kontrolliert. Die Richtung des Spins der Elektronen ist wichtig für euch, damit die Frequenzen aufgebaut werden, welche für den Quantentransmitter benötigt werden.

Diese Frequenzen können mit eurer Physik nicht einmal beschrieben werden, denn sie sind quantenatomar [sind multidimensionaler Natur]. Die Frequenzen der atomaren Strukturen wurden nur von wenigen gemessen. Die Spin-Richtung im Atom baut das auf, was von der DNA verändert werden kann. Es ist fast, wie wenn man einen Empfänger programmiert. So kann man erklären, warum die DNA auf die Zirbeldrüsentöne reagiert. Aber da ist noch viel mehr.

Das könnt ihr nicht verstehen, aber ich sage es euch trotzdem und teile das jetzt meinem Partner mit: Wenn ihr in einer Schwarz-Weiß-Welt lebt und einen Blick auf die Atomstruktur werft, die farbig ist, seht ihr nur, dass der eigentliche Kern von der ersten Schicht der sich drehenden Elektronen extrem weit entfernt ist. Da ist nur leerer Raum ..., und für keinen von euch macht das Sinn. Der Schwarz-Weiß-Seher sieht leeren Raum. Doch ich sage euch: In diesem leeren Raum gibt es etwas Blaues, was ihr nicht sehen könnt [das ist eine von Kryon eingeführte Metapher für etwas, was die Wissenschaft noch nicht kennt, was aber irgendwann als etwas gesehen wird, was mit Blau zu tun hat], und dieses *Etwas* ist ein Attribut der multidimensionalen Physik, die noch nicht entdeckt worden ist. Dieses Etwas [im leeren Raum] ist für die Frequenzmodulierung des Spins von Atomen verantwortlich. Das *Blau* kann *eingestellt* werden, indem der Spin der Atomstruktur in eine andere Richtung gedreht wird. Wenn ihr in Farbe sehen könntet [um bei der Metapher zu bleiben], würde es glühen!

Habt ihr verstanden? Der *leere Raum* ist das größere Attribut des Atoms, und – Achtung, seid ihr bereit? – ihr könnt es manipulieren!

Da habt ihr also nun zwei Töne, die zusammen gesungen werden und die daraufhin die Atomstruktur verändern, und dazu wird die Zirbeldrüse angesprochen. Die Zirbeldrüse wird daraufhin aktiviert und beginnt zu senden. Nun, was übersendet sie, wenn Tonpaare gesungen werden und was mit einem einzelnen Ton nicht übertragen wurde? Interessante Frage, nicht wahr?

In Lemurien kamen die Menschen einmal im Jahr am 21. Dezember [Wintersonnenwende] zusammen und sangen die zwölf Zirbeldrüsen-Tonpaare. Sie aktivierten alles, was bei allen in der Zirbeldrüse ist, und Hunderte von menschlichen Quantentransmittern sendeten gleichzeitig. All diese Transmitter, die jeweils von einem Menschen ausgingen, ergaben zusammen etwas, was ein einzelner Mensch nicht alleine tun konnte: ein Quantensignal mit Massenbewusstsein. Und das Signal wurde durch die Galaxie gesandt, sodass es jeder hören konnte. Aber, ihr Lieben, nur ein Paar Ohren hat gelauscht – diejenigen, die die Saat ausbrachten, die Sieben Schwestern, die Plejadier.

Ihr könntet sagen, das war ein Anruf nach Hause [Kryon lächelt]. Und einmal im Jahr sandten die Lemurier, die sich an diese Ahnen erinnerten, die die Saat der Erleuchtung auf dem Planeten gepflanzt hatten und von Anfang an unter ihnen lebten, eine Botschaft an den Heimatplaneten – als Dank für die jahrelangen Unterweisungen; ein Dank für das Ausbringen der Saat, die – wie wir (ihr und ich) heute wissen – die Göttlichkeit in euer DNA darstellt. Einmal im Jahr ging die folgende Botschaft hinaus: *»Es geht uns gut, und wir sind dankbar für alles, was ihr für uns getan habt.«* Die Botschaft besagte: *»Wir sind hier, und wir wissen, wer ihr seid. Wir lieben euch. Wir danken euch, dass ihr uns diese Ahnen gegeben habt, die immer noch unter uns wandeln.«*

Kryon
(Live-Channeling »Seminar zur Probe des Lemurischen Chors«, durchgegeben in Sedona/Arizona, 14. Juni 2011)

Laut Kryon wurde die Übersendung dieser Botschaft (des Lemurischen Chors) vor etwa 26.000 Jahren eingestellt. Am 21. Dezember 2012 sang Todd Ovokaitys zusammen mit 900 Teilnehmenden die Zirbeldrüsentöne in bestimmten Paaren. Dieser Lemurische Chor auf Maui/Hawaii erzeugte ein Quantensignal mit Massenbewusstsein, welches als »Dankeschön« durch die Galaxie an unsere spirituellen Eltern, die Plejadier, geschickt wurde. Kryon beschrieb Dr. Todd Ovokaitys' Erinnerung an die Töne als »erschreckend genau«; diese Veranstaltung drehte den Schlüssel im »Schloss« und stand für die Entscheidung der Menschheit, das Kristallgitter durch Mitgefühl neu zu kalibrieren. Durch das Drehen des Schlüssels im Schloss wurden die zwölf »Zeitkapseln« im Planeten stimuliert und eingeschaltet, um sie darauf vorzubereiten, geöffnet und aktiviert zu werden. Diese Veranstaltung war auch der Katalysator für Kryon, welcher daraufhin Informationen über die Knoten- und Nullpunkte des Planeten durchgab.

Die Knoten- und Nullpunkte des Planeten stehen für *Zeitkapseln* und sind Teil des Gaia-Systems, welches von den Plejadiern errichtet wurde und auch Bestandteil eines Schnellverfahrens des Erwachens ist; und der Chor der Zirbeldrüsentöne, der von Todd Ovokaitys geleitet wird, spielt dabei eine wesentliche Rolle. Der Lemurische Chor 2012 schaltete alle zwölf Zeitkapseln ein und öffnete die erste davon. Seitdem wurden durch weitere Veranstaltungen und Chöre weitere Zeitkapseln identifiziert und geöffnet, bis schließlich der erforderliche Prozentsatz an Zeitkapseln 2014 geöffnet war und diese den kontinuierlich von der Großen Zentralsonne gesendeten Strom an Transmissionen zu übertragen begannen. Man kann sich die Knoten- und Nullpunkte als Rezeptoren mit Antennen vorstellen, die Signale aufnehmen können und dann an die Menschheit versenden.

So wie das Gaia-System stellt das spirituelle Zirbeldrüsensystem ein Schnellverfahren des Erwachens dar; es steht für die Kommunikation mit der anderen Seite des Schleiers. Kryon erzählt uns noch mehr über die Zirbeldrüse:

Die Zirbeldrüse ist das Portal zu eurem Höheren Selbst, und sie spricht zu euch über die Intuition. Die Zirbeldrüse lässt euch wissen, dass ihr in Kontakt seid. Jetzt hört mir für eine Minute gut zu: Wie viele von euch wissen, dass sie in Kontakt sind? Oft lautet die Antwort: *»Na ja, Kryon, manchmal habe ich das Gefühl, in Kontakt mit Spirit zu sein, und manchmal nicht. Manchmal bin ich schlecht gelaunt, und dann bin ich nicht so gut in Kontakt.«* Wie würde es euch gefallen, 24 Stunden am Tag und sieben Tage die Woche ständig in Verbindung zu sein? Wenn ihr dann schlecht drauf seid, übernimmt nicht das Gehirn die Kontrolle, und das Herz rast nicht vor lauter Unsicherheit und Furcht, sondern ihr denkt »kohärent« und der Kommunikationskanal bleibt weit offen.

Was meint ihr wohl, wie die Meister mit Stress umgegangen sind? Und wäre es nicht toll, wenn ihr genauso damit fertigwerden würdet? Damit will ich sagen: Es gibt ein Schnellverfahren mittels der Zirbeldrüse des menschlichen Körpers; es steht bereit, den Wirkungsgrad der DNA zu verbessern, und dieser Prozess bringt euch mehr Stabilität. Wir nennen das *den inneren Gleichgewichtsfaktor*. Der Mensch wird in der Lage sein, sich selbst auf der Stelle ins Gleichgewicht zu bringen, egal, in welcher Situation. Er wird in der Lage sein, zu analysieren und zentriert zu bleiben. Das ist Evolution und Weiterentwicklung. Das ist ein spirituelles System, ihr Lieben, denn die unsichtbare Kraft namens Gott sieht euren Glauben und beginnt, Dinge zu verändern, und zwar auf Basis dessen, was ihr ihr gegeben habt.

Hört sich das nach dem Thema des Tages an? Es steckt in jedem einzelnen Teil der Natur.

Kryon
(Live-Channeling »Die Schnellverfahren«,
durchgegeben am Mount Shasta/Kalifornien, 14. Juni 2012)

Die Aufgabe der Zirbeldrüse besteht darin, als Portal zu Ihrem Höheren Selbst zu fungieren. Die spirituellen Komponenten der Zirbeldrüse und der Intuition sind sehr flüchtig und kaum zu greifen. Wie würden Sie »Intuition« beschreiben? Wie fühlt sich ein intuitiver Gedanke an? Das Wörterbuch *Merriam-Webster* definiert »Intuition« folgendermaßen:

- Eine natürliche Fähigkeit bzw. Kraft, die es ermöglicht, etwas zu wissen, ohne Beweise dafür zu haben; ein Gefühl, welches eine Person zu einem bestimmten Handeln verleitet, ohne ganz zu verstehen, warum sie so handelt;
- etwas, was man weiß oder versteht, ohne Beweise dafür zu haben;
- schnelle und klare Einsicht;
- sofortiges Begreifen bzw. Kognition;
- auf Intuition beruhendes Wissen bzw. Überzeugung;
- die Kraft oder das Vermögen, direktes Wissen bzw. Erkenntnis zu gewinnen ohne ersichtliches rationales Denken bzw. rationales Eingreifen.

Quelle für die Übersetzung:
http://www.merriam-webster.com/dictionary/intuition

Die meisten intuitiven Gedanken sind flüchtig, kommen und gehen gleich wieder; manchmal kann man kaum beschreiben, was denn dieser erste intuitive Gedanke überhaupt war. Manche Menschen sind besser darin, ihre Intuition zu nutzen, als andere, und viele haben von ihrer eigenen intuitiven Fähigkeit keine Ahnung; vielleicht weil Intuition unter anderem dadurch charakterisiert wird, dass sie nicht dem synaptischen Denken entspringt. Das Gehirn ist ein wunderbarer Supercomputer, der uns vergangene Erfahrungen

zur Verfügung stellt, damit wir in Zukunft überleben können. Wer einmal einen heißen Herd anfasst und sich die Finger verbrennt, wird das wahrscheinlich nie wieder tun, denn das Gehirn sendet jedes Mal beim Anblick eines heißen Herdes Signale aus, ihn bloß nicht zu berühren.

All diese vergangenen Erfahrungen werden verstärkt und fließen in Beziehungen, im Geschäftsleben, am Arbeitsplatz und in allen anderen Bereichen ein. Wir leben ein Leben in Balance auf Basis dessen, was uns – wie uns unser Gehirn sagt – als Hilfe zur Verfügung steht oder nicht.

Und ganz plötzlich kommt ein intuitiver Gedanke daher, den wir nicht so ganz verstehen, und auch an die darin enthaltene Botschaft können wir uns nicht erinnern. Wie Kryon herausgestellt hat, ist intuitives Denken kein Spiegelbild der synaptischen Gehirnfunktion. Diese Aussage ist für viele Menschen kontrovers, denn sie meinen, das Gehirn müsse an der Intuition beteiligt sein. Das stimmt auch, aber Intuition hat ihren Ursprung nicht im Gehirn. Wie die Informationen von Kryon andeuten, entsteht unsere Intuition aus der Verbindung zwischen der Zirbeldrüse, also dem intuitiven Teil des Gehirns, und dem synaptischen Denken. Durch diese Verbindung entsteht ein ganzheitlicher Mensch, der das Überlebensbewusstsein hinter sich gelassen hat.

Im Zuge des planetaren Bewusstseinswandels wird die Menschheit intuitives Denken entwickeln. Intuition ist wie eine Antenne, die ausgesendete universale Weisheit und Wissen empfangen kann. So wird erklärbar, warum so viele Menschen an unterschiedlichen geografischen Orten gleichzeitig neue Technologien und Erfindungen entwickeln. Die Brüder Wright sind berühmt geworden, weil sie als Erste im Flugzeug geflogen sind; aber zur selben Zeit arbeiteten bereits viele andere Menschen Konzepte zum Bau eines Flugzeuges aus.

Kryon hat »Intuition« folgendermaßen definiert:

Lasst uns einmal einen Blick auf das werfen, was die Gehirnforscher über Intuition sagen. Sie ist extrem schwierig zu definieren. Manche verstehen darunter »vom Gehirn zu willkürlichen Zeiten erzeugte willkürliche Gedanken«. Intuition zeigt sich willkürlich durch den Intellekt und die Logik. Das ist auch schon das Beste, was sie zu bieten haben.

Das menschliche Bewusstsein hat vier Hauptattribute: Intellekt, Logik, Emotion und Intuition. Das ist die gesamte Ausgangsbasis für menschliches Denken und Handeln. Psychologen verfolgen gern eure Gedankengruppen und legen sie in diese Schubladen. Eine intellektuell veranlagte Person wird bestimmte Arten von Entscheidungen auf Basis intellektuellen Denkens treffen, und eine emotionale Person trifft bestimmte Arten von Entscheidungen, die komplett von Gefühlen geleitet sind. Eine ultralogische Person wird nur Dinge tun, die mit ausschließlich auf Logik basierten Lösungen gefüllt sind. Wo passt da also Intuition hinein? Die Antwort lautet: Eigentlich fast nirgends, bis jetzt. Ihr müsst euch anschauen, was Intuition ist, wo sie herkommt und wie ihr euch damit fühlt ...

Was macht sie angeblich? Wie wird sie im Körper produziert? Warum glaubt ihr nicht an sie, wenn sie passiert? Wir wollen einmal schauen, wo sie herkommt. Das wird für manche nicht als Schock kommen, denn intuitives Denken ist ein Produkt der Zirbeldrüse. Die Zirbeldrüse, die in vielen Kulturen das Dritte Auge repräsentiert, ist Teil eures Bewusstseinsportals, das auf euer Höheres Selbst reagiert. Die kleinen Gedanken, die euch in den Sinn kommen und von manchen Menschen verworfen werden, sind intuitives Handeln. Diese Gedanken kommen und gehen womöglich so schnell, dass ihr nicht einmal genau wisst, worum es dabei ging. Sie kommen über das Portal der Zirbeldrüse, durch euer Höheres Selbst.

Wenn die Menschen die Zellstruktur, von der die Rede war, neu kalibrieren, reagiert die DNA ihres Körpers auf die neuen Anweisungen eines sich weiterentwickelnden Bewusstseins. Wer die Wahrheit sucht und wer ins Licht erwacht, hat in der Zirbeldrüse ein größeres Portal. Die Kommunikation mit dem Höheren Selbst weitet sich aus, und intuitives Denken hat Vorrang vor Logik und Emotionen. Das, meine Lieben, zieht die Linie zwischen euch und anderen Menschen. Denn intuitives Denken scheint keinen Sinn zu ergeben, wenn die Logik es auf den Prüfstand stellt.

Wenn du beschließt, deinen Lebensweg wegen eines momentanen intuitiven Gedankens zu ändern, sagen die Leute vielleicht: *»Moment mal, das macht doch keinen Sinn. Hast du das genau überlegt? Ist es logisch? Was sagt der intellektuelle Geist dazu?«* Und du antwortest, das sei egal, denn: *»Meine intuitiven Gedanken kommen von dort, wo ich Gott bin.«* Jetzt beginnt ihr zu verstehen, warum das Rätsel für den Lichtarbeiter noch größer wird. Ihr empfangt Botschaften von eurem Gottes-Selbst. Jetzt hört gut zu, ihr Menschen, das ist kein Urteil. Aber ihr habt eine ungeheure Tendenz, eure Intuition zu ignorieren, oder gebt nicht einmal zu, dass ihr eine Intuition habt! Wir wollen uns also anschauen, wie sie funktioniert.

Wenn Intuition hauptsächlich multidimensional ist, dann wird sie mit euch nicht linear kommunizieren. Geht mit mir einmal in den Geist eines Künstlers, der ein Musikstück komponiert. Da geschieht etwas, was der Künstler euch niemals erklären kann: Die Komposition, die er schreibt, ist auf einmal in seinem Gehirn entstanden. Alle Phrasen, die Melodie und die Verbindungen zwischen den einzelnen Teilen entstehen nicht so, wie das Ohr es dann schließlich hört, sondern innerhalb von Sekundenbruchteilen, auf einen Schlag, im Gehirn. Dann geht der Künstler hin und überträgt das alles, indem er diese flüchtige, intuitive Idee in Form strukturierter Noten niederschreibt.

Welche musikalische Komposition berührt eure Seele, treibt euch vielleicht sogar Tränen in die Augen und berührt euer Herz? Ich sage euch etwas: Diese wundervolle Musik mag profund sein, wenn ihr sie in der linearen Zeit anhört, aber sie kam dem Komponisten als Geistesblitz und hat doch die Macht, euch innerlich zu berühren. Das ist Channeling!

Ein Künstler weiß um die Quantenintuition. Diejenigen, die Farbe auf die Leinwand auftragen, experimentieren beim Malen nicht oder löschen alles wieder. Die Meisterwerke, die ihr in den Galerien seht, sind nicht das Ergebnis von Farbexperimenten. Die Künstler wussten genau, was sie tun mussten, und zwar innerhalb von Sekundenbruchteilen, intuitiv. Das Gemälde war mit seiner ganzen Schönheit innerhalb von Sekundenbruchteilen in ihrem Kopf, lange bevor sie den Pinsel in die Hand nahmen.

Wie wir ja schon gesagt haben: Der Bildhauer nimmt einen Stein und entfernt, was nicht hingehört, um das zu erschaffen, was – wie er weiß – schon da war. Alles wurde innerhalb eines Sekundenbruchteils geschaffen.

Jetzt übertragt das auf euer Leben! Es gibt einen neuen Prozess, ein neues Paradigma, wo intuitive Gedanken gefühlt, gewusst und erkannt werden müssen. Je mehr ihr das tut, desto besser werdet ihr darin. Doch warum glaubt ihr euren eigenen intuitiven Gedanken nicht? Interessant, oder, wie Emotionen und Intellekt auf Autorität reagieren? Doch die Intuition ist in diesem Szenario nicht einmal mit dabei. Stattdessen müsst ihr eure 3-D-Welt hinter euch und die Intuition als gleichwertigen Mitspieler teilhaben lassen. Wenn ihr das schafft, werden sowohl der Intellekt als auch die Emotionen sich einreihen, zusammenkommen und einen Sinn ergeben.

Stellt euch vor, es gibt ein paar intuitive Menschen, die sich von Quantenintuition leiten lassen. Wenn ihr sie fragt, wie sich das anfühlt, werden sie euch sehr ausgewogene Antworten über ihre intuitiven Gedanken geben. Der Intellekt, der die Logik produziert, ergibt nun einen Sinn, weil er sich der Intuition unterwirft. Auch emotional fühlen sie sich ausgeglichen, nicht ängstlich ...

Wir wollen einen Test machen. Intuition kommt und geht so schnell, dass ihr es nicht glauben könnt. Hier ist der Test. Ich bitte euch, alles, war ihr jemals gelernt habt, zu vergessen und Antworten intuitiv zu erkennen. Wenn ich euch eine Frage stelle, sollt ihr den intuitiven Gedanken dazu fühlen. Dabei geht es um erste Eindrücke.

Nehmt den ersten intuitiven Gedanken, der euch kommt; das ist für euren Geist eine Offenbarung. Intuition ist nicht an euren 3-D-Gedanken festgemacht; wenn ihr das erkennt, zeigt sie euch, was ihr wirklich denkt. Das Portal zum Höheren Selbst lügt euch nicht an. Es wird euch jedes Mal die Wahrheit vermitteln. Die Frage ist, wie ihr sie annehmt. Wenn sie mit dem zu kämpfen hat, was ihr gelernt habt, dann hat euer dreidimensionaler Anteil gewonnen.

Lasst uns für einen Moment sitzen. Manche dieser Fragen sind einfach, manche vielleicht nicht. Ich stelle eine Frage, und

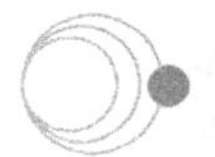

ihr sollt dann den ersten intuitiven Gedanken, der euch kommt, aufgreifen, nicht das, was man euch gesagt hat, und nicht das, was eure Eltern euch gesagt haben oder die Gesellschaft euch aufgezwungen hat. Ihr seid hier ganz allein, mit euren eigenen Gedanken. Wie lauten eure Antworten auf diese Fragen?

Frage: Ist Gott real?

Fühle es. Hast du es gefühlt? Oh, das ist eine einfache Frage. Sonst wärst du nicht hier. Du wärst sonst nicht in dieser Gruppe, nicht wahr? Du kennst also die Antwort auf diese Frage. Es war dein erster intuitiver Gedankenblitz: *»Natürlich, ganz bestimmt.«* Doch dein Intellekt und deine Logik wissen, dass es keinen Beweis dafür gibt. Warum also warst du dir da so sicher? Weil deine Lebenserfahrung mit einem unsichtbaren Gott dir all das mitgegeben hat, was du brauchst, um Ja zu sagen. Deshalb war das dein erster intuitiver Gedanke, und du hast ihn erkannt.

Jetzt pass auf, was passiert, wenn wir dich bitten, Gott zu definieren! Denn die Intuition beginnt, mit dem Intellekt und der Emotion zu kämpfen.

Jetzt wird es schwieriger.

Frage: Kann man mit Gott reden?

Erster intuitiver Gedankenblitz! Bleib dran! Kannst du dich mit dem Schöpfer unterhalten? Ja oder nein? Das geht jetzt gegen das, was du gelernt hast, nicht wahr? Spürst du diesen leichten Konflikt?

Frage: Ist Gott in dir?

Ihr werdet ganz gut mit diesen Dingen. Ich weiß, wer hier ist, und ich gebe euch voller Absicht intuitive Lektionen über Dinge, die ihr schon wisst. Damit soll der intuitive Muskel trainiert werden, damit ihr wisst, wie er sich anfühlt. Keine der von mir gestellten Fragen kann jedoch bewiesen werden; der Intellekt kann euch also nicht voller Autorität gute Informationen darüber geben, sondern nur eine Meinung auf Basis des von euch Gelernten: dass ihr dumm seid oder dass das nicht logisch ist oder dass ihr zu emotional seid. Das sind keine Beweise oder Widerlegungen, sondern Urteile. Das, meine Lieben, zeichnet die Dualität des Menschen aus. Ist Gott in euch? Gebraucht eure Intuition! Lasst euch keine Meinung von eurem Gehirn »aufschwätzen«!

Mein Partner hat euch vorhin eine Antwort gegeben, die von mir war und nicht von ihm. Manche von euch haben sie aufgenommen, und selbst er war sich nicht so ganz sicher, warum er das gesagt hatte. Wie er euch sagte, haben die Menschen eine Neigung, sich selbst zu beurteilen. Das ist der Kampf zwischen göttlichem intuitivem Denken und Emotion und Intellekt. Der Intellekt wird sagen: *»Nun, du hast einen intuitiven Gedanken, und er war nur sehr kurz, nicht wahr? Deshalb war das einfach nur ein kleiner Traum und hatte nichts zu bedeuten. Er war nicht einmal logisch. Du hast noch nicht einmal verstanden, was deine Intuition dir da gesagt hat, also hör auf, über Unsichtbares nachzudenken, und komm auf den Boden zurück!«* Euer eigenes Bewusstsein hat ein Urteil auf Basis einer Meinung gefällt, anstatt eine Schlussfolgerung zu ziehen.

Ist Gott real? Spricht Gott zu euch? Ja. Wenn ihr es schafft, den intuitiven Muskel des Gehirns zu stärken, könnt ihr klarere und längere intuitive Gedanken denken.

Beantworte die folgende *Frage:* Stell dir vor, du bist im Wald oder im Dschungel oder auch in der Wildnis. Du bist völlig allein, es gibt keinen anderen Menschen im Umkreis von Hunderten von Kilometern.

Beantworte bitte die *Frage:* Weiß die Natur, dass du hier bist? Bist du nur ein Beobachter – oder hast du durch dein Hiersein teil an der Natur?

Fast alle hier wissen die Antwort, und sie lautet: Ihr sitzt und badet darin, bekannt zu sein, und ihr seid nicht allein. Die Blätter der Bäume grüßen euch. Die Luft, die ihr in die Lunge aufnehmt, weiß, wer ihr seid, und der Boden der Erde kennt eure Schuhgröße. Es gibt unglaublich viel Kommunikation! Weist das nach!

Wo sind der Intellekt und der Emotionalkörper, wenn ihr sie nachweisen müsst? Sie können nicht nachgewiesen werden, doch der Lichtarbeiter hat keine Zweifel an intuitiver Wahrheit. Ihr betont also intuitives Denken und müsst nichts anhand der anderen Attribute verifizieren. Ihr »wisst« auf intuitiver Ebene und lasst Intellekt und Emotionen später nachkommen. In diesem Fall wisst ihr zuerst durch intuitives Denken um die Wahrheit.

Diese Beispiele sollen euch helfen zu verstehen, wie sich gute intuitive Antworten anfühlen, damit ihr über die Intuition auch Antworten auf die schwierigen Fragen des Lebens finden könnt.

Kryon
(Live-Channeling »Der Buchstabe I im Wort Kundalini«, durchgegeben in Cusco/Peru, 31. Oktober 2012)

Eine der besten Möglichkeiten zur Entwicklung der Intuition ist Üben. Kryon sagt, wir müssen sie anerkennen, mit ihr arbeiten, sie üben und benutzen. Intuitive Anweisungen werden die ganze Zeit im Rahmen des gütigen Systems ausgesandt, das uns unterstützt. In der vorstehenden Durchgabe stellte Kryon ein paar Fragen, um die Intuition antworten zu lassen. Ich habe noch ein paar Fragen für Sie:

Was denken Sie intuitiv über die in diesem Buch vorgelegten Informationen? Was lässt Ihren Blick über diese Seite schweifen? Wer sind die Menschen in Ihrem Leben? Erkennen Sie einige davon aus Ihrer Akasha als Teil Ihrer Geschichte? Glauben Sie daran, dass es einen inneren Gott gibt, der Teil Ihres körperlichen Selbst ist? Wenn ja, dann sind Sie in Gesellschaft all der Meister auf diesem Planeten, die dasselbe glaubten. Wenn Gott in unserem Inneren ist, wo ist die Verbindung? Wo ist Gott, Spirit oder die schöpferische Quelle? Auf die letzte Frage antwortet Kryon folgendermaßen:

Seid gegrüßt, meine Lieben, ich bin Kryon vom Magnetischen Dienst. Manchmal gibt es eine Frage an Gott, und sie lautet: *»Gott, wo bist du wirklich? Wo lebst du? Wenn wir dich verehren, beten und meditieren sollen, dann brauchen wir zumindest eine Vorstellung davon, wo du bist!«*

Für einen Menschen sind das alles vernünftige Fragen, denn sie spiegeln Vorstellungen aus eurer Realität wider. Wir sprechen von der *Großen Zentralsonne,* aber das ist kein Ort. In einer multidimensionalen Realität gibt es so etwas wie einen Ort nicht. Das ist für euch nur deshalb verwirrend, weil ihr euch in einem dreidimensionalen Körper befindet. Auch Kryon ist kein Ort. Wir sind ein *Konzept erkannter Realität,* und die Quantenphysiker wissen, wovon ich da rede. Denn in einem Quantenzustand ist die Realität variabel, und das Bewusstsein spielt eine große Rolle dabei. Ein Atheist wird euch sagen, Gott sei nicht real, und auf eine Weise hat er damit recht. Denn in seinem Bewusstsein gibt es keine Erkenntnis, die die Existenz Gottes zulassen würde. Auf bestimmte Weise erzeugt dieser Atheist tatsächlich eine gottlose Existenz.

Wir sprechen weiterhin von dem, was ihr »quantenhaft« nennt, aber das bezieht sich nicht auf ein atomares Partikel, sondern das ist euer esoterisches Wort für »multidimensional«. Für uns bedeutet »quantenhaft« einfach eine »Realität mit vollständiger Dimensionalität«, eine Realität, in der alle Dimensionen vertreten sind und nichts fehlt. Das ist kein Ort, sondern ein Konzept. Ihr fragt, wo wir denn sind? Konzeptuell sind wir überall. Die Große Zentralquelle ist überall, und sie wird nur »zentral« genannt, weil sie anscheinend im Zentrum von allem ist. Wir sind in euch, und ihr seid in uns.

Auch Bewusstsein ist ein Konzept. Wenn ich frage: *»Wo ist das Bewusstsein der Menschheit?«*, was würdet ihr darauf antworten? Das ist schwierig, denn es gibt keinen Ort, an dem es existiert, außer ihr wollt es auf der Erde lokalisieren. Bewusstsein ist überall. Wo ist Liebe? Ist sie im Zentrum – oder könnte sie überall sein? Warum führe ich für euch diese Beispiele an? Weil ich möchte, dass die Anwesenheit Gottes für euch nichts Unangenehmes ist. Mit zunehmendem Glauben stärkt ihr auch die Realität Gottes in eurem Leben.

Heute habt ihr die Geschichte von Michael Thomas und den Sieben Engeln vernommen [die Rede ist vom Seminar, das vor diesem Channeling stattfand]; sie repräsentiert das gechannelte Buch »Die Reise nach Hause«. Dieses Buch steckt voller Dinge, die etwas anderes meinen, und mit dem menschlichen Leben ist es dasselbe. Ganz oft entspringen Lebenslektionen in 3-D eigentlich den Vorstellungen von Liebe. Vieles, was eurer Meinung nach keinen Sinn ergibt, wirkt in Wirklichkeit im Bewusstsein der Liebe. Es ergibt Sinn auf eine Weise, die ihr noch nicht erkannt habt. Bitte habt Vertrauen und macht einen Schritt nach dem anderen!

Fühlt ihr Gott in euch? Versucht nicht, ihn intellektuell zu lokalisieren oder ihm einen Platz zuzuweisen. Überlegt einmal mit mir: Nichts ist vergleichbar mit dem ersten Kontakt zwischen einer Mutter und ihrem Kind. Mama, als du dieses Kind das erste Mal sahst und deine Augen im Geburtsraum in seine Augen blickten, hüpfte da dein Herz vor lauter Freude? Ich frage dich: *»Wo war diese Liebe? War sie in dir? Oder im Kind? Oder kam sie von woanders?«* Ich sage euch, wo sie war: Sie war in der natürlichen Essenz des Universums. Könnt ihr das spüren? Bitte versteht, dass ihr dabei seid, multidimensionale Konzepte in eurem Leben zu entwickeln und sie anzuwenden. Dazu ist Vertrauen nötig. Liebe entsteht, wenn ihr die Große Zentralsonne anzapft und fühlt, was dort ist.

Darum geht es im Buch »Die Reise nach Hause«. Könnt ihr möglicherweise eure eigene Realität erschaffen? Könnt ihr zurückgehen und euch aus eurer Akasha Informationen ziehen? Die Akasha ist die Energie von allem, was ihr gelernt habt. Könnt ihr womöglich euer Karma fallen lassen, einfach weil ihr den freien Willen habt, euch so zu entscheiden? Kann sich eure Persönlichkeit verändern? Könnt ihr eure Vorstellung von dem, der ihr zu sein meint, umschreiben? Die Antwort auf all diese Fragen lautet: *»Jawohl, ihr habt das Recht dazu.«* All das sind multidimensionale Aufgaben, bei denen man nicht nach dem *Wie* oder *Warum* fragen kann – noch nicht. Sie *sind* einfach.

Wenn ihr von einem Ort zum nächsten geht, erlebt ihr die Schwerkraft. Seid ihr intellektuell davon besessen, zu wissen, warum sie existiert, um einen Schritt machen zu können? Nein. Ihr habt gar keine Wahl, ihr müsst mit ihr mitgehen. Sie ist, was sie ist. Bei jedem Schritt habt ihr damit zu tun, aber ihr analysiert das nicht, und ihr müsst nicht wissen, wie oder warum es so ist. Aber ihr spürt sie, nicht wahr? Ihr wisst immer, dass sie da ist. Warum ist es mit der Liebe Gottes für euch so anders? Sie folgt euch überallhin, und ihr habt immer daran teil. Wusstet ihr, dass sie bei jedem einzelnen Menschen ist? Sie ist bei euch allen mit der gleichen Schönheit und Stärke und wartet auf die freie Entscheidung eines Menschen, sie zu sehen oder nicht. Wusstet ihr, dass euch die Engel mit Liebe umgeben?

Manche von euch sitzen im Dunkeln, entweder weil ihr meint, ihr seid unwürdig, oder weil ihr meint, ihr verdient es nicht. Könnt ihr Liebe sehen? Nein. Könnt ihr Magnetismus sehen? Nein. Könnt ihr Schwerkraft sehen? Nein. Manche Dinge werden nicht gesehen, sind aber sehr machtvoll – und die Liebe Gottes ist eines davon. Unsere Hände sind euch immer entgegengestreckt und laden euch ein, euer Gesicht an das zu schmiegen, was ihr als Gott anseht. Ihr müsst verstehen, welche Rolle ihr in alldem spielt. Steht dazu und erkennt eine neue Realität!

Gestern begann die Veranstaltung, und wir fragten: *»Wer bist du?«* Jetzt sind wir am Ende des zweiten Tages angelangt, die Durchgaben sind gemacht, die Vorträge sind vorbei, und das Studium des Buches ist beendet. Ihr steht im Begriff, aufzustehen und zu gehen. Ist mit euch irgendetwas geschehen? Waren es einfach bloß zwei nette Tage, oder war es mehr? Wie viele von euch sind gewillt, die Hand Gottes zu ergreifen und ihre innere Größe zu entdecken?

Hört gut zu: Jeder Einzelne von euch ist einzigartig. Manche von euch betteln darum, zu erfahren, wie die spirituellen Dinge, über die wir gesprochen haben, zu tun sind. *»Gib uns die Schritte an die Hand, Kryon. Bitte, gib uns einfach eine Liste mit dem, was zu tun ist!«* Ihr Lieben, es ist an der Zeit für euch, die Wahrheit zu erkennen: Es gibt keine Schritte, und es gibt keine Liste. Das kann es nicht geben! In eurer individuellen Einzigartigkeit steckt euer individuelles Lernen. Ihr werdet herausfinden, was als Nächstes *für euch* ansteht, wenn ihr die Intention bekundet. Das ist nicht so schwierig. Könnt ihr euer Herz weich machen und so offen sein, dass ihr sagen könnt: *»Lieber Gott, ich habe keine Ahnung, was ich als Nächstes machen soll, aber könntest du mich an der Hand nehmen und es mir zeigen? Gib mir Synchronizitäten und Signale und Zeichen. Ich werde darauf achten. Ich werde nicht versuchen, es zu kapieren. Ich möchte die Liebe, und das ist für mich gut genug.«*

Das ist der erste Schritt, ihr Lieben. Es könnte auch der letzte Schritt sein, denn von nun an werdet ihr eure Realität verändern. Gott kennt euer Herz. Gott weiß, wann ihr etwas vortäuscht, und Gott weiß, ob ihr es einfach nur ausprobiert. Das solltet ihr wissen, bevor ihr die Erlaubnis zur Veränderung erteilt. Viele werden diesen Ort verlassen und sagen: *»Na ja, ein bisschen was davon hab ich verstanden, aber ich war eigentlich nicht bereit dafür.«* Für diejenigen, die zu diesen Menschen zählen, habe ich eine Botschaft: Gott ist geduldig. Wenn ihr bereit seid, dann sind wir es auch.

Kryon
(Live-Channeling »Wer ihr wirklich seid«,
durchgegeben in Basel/Schweiz, 7. September 2014;
von Lee Carroll für dieses Buch ergänzt und erweitert)

Es gibt ein gütiges System der Liebe und der Unterstützung, welches darauf wartet, dass wir uns über unsere Intuition und Intelligenz (spirituelle Logik) mit ihm verbinden. Wie Kryon uns gesagt hat, besteht dieses System aus Geistführern, Engeln, Helfern, den Gitternetzen des Planeten und dem Höheren Selbst; sie alle sind Teil eines Systems des Erwachens. Und das heißt, Sie haben wahrhaftig die Fähigkeit (mit freiem Willen), Ihr Leben zu verändern. Die Physik des Bewusstseins erschafft alles, wozu Sie sich entscheiden. Das erklärt vielleicht den Satz »Du bist, was du meinst zu sein!«.

FRAGEN AN KRYON

Die Zirbeldrüse sondert angeblich Dimethyltryptamin (DMT) ab, eine chemische Verbindung, die auch als »spirituelles Molekül« bezeichnet wird. Derzeit lautet die Hypothese, die Zirbeldrüse setze DMT während des Träumens frei, während spiritueller und mystischer Erfahrungen und zum Zeitpunkt des Todes. DMT wird auf dem ganzen Planeten auch in Pflanzen und Tieren gefunden, und viele Menschen haben diese chemische Substanz geschluckt und starke Halluzinationen erlebt. Kannst du uns mehr darüber sagen?

Dimethyltryptamin (DMT) ist eine chemische »Wohlfühlsubstanz« für den Körper. Man könnte auch sagen, DMT gehört zur chemischen Familie des Serotonins und Melatonins. Davon gibt es eine Menge im menschlichen Körper, und zwar nicht nur aus der Zirbeldrüse. Tryptophan hat auch damit zu tun, und das ist eine normale Aminosäure – ein Aspekt derselben Art von Chemie auf einer niedrigen Ebene –, und sie steht euch aus denselben Gründen zur Verfügung.

In Wahrheit seht ihr da einfache Körperchemie, die nicht so ungewöhnlich oder besonders ist. Es gibt sie tatsächlich auch in Pflanzen, teilweise aus denselben Gründen (für ihr Wohlbefinden).

Ein gesunder, freudvoller und friedlicher Körper setzt diese chemischen Substanzen sehr ausgewogen frei. Meint ihr, ein ausgewogener, friedlicher Mensch sei ein Wunder? Oh nein! Es ist ein Mensch, in dem das Angeborene so mit der Chemie zusammenarbeitet, dass diese chemischen Stoffe ausgewogen freigesetzt werden und das menschliche Leben um Jahre verlängern. Euer System braucht das, um tiefen Frieden, Freude, Lachen und Liebe zu erfahren. Diese Chemie spielt auch bei der spirituellen Befreiung und der Meditation eine Rolle.

Ältere Energie blockiert oft diese chemischen Substanzen, denn das »Überlebensbewusstsein« hat dafür keine Verwendung. Kennt ihr Leute, die einfach überhaupt kein Mitgefühl hegen? Haben sie die ganze Zeit irgendwelche Probleme oder Schwierigkeiten? Sie sind auf ihre Art nicht im Gleichgewicht.

Jetzt versteht ihr allmählich, wie ihr tatsächlich mit dem Angeborenen arbeiten und die Funktionsweise eures Körpers neu verkabeln könnt. Durch die neue Energie können viel größere Mengen dieser chemischen Stoffe freigesetzt werden, und sie machen euch zu einem ausgewogeneren »neuen Menschen«.

Werden diese chemischen Substanzen isoliert und auf unnatürliche Weise erfahren, erzeugen sie Halluzinationen und vorübergehende Gefühle des Ungleichgewichts. Die Zirbeldrüse aus der Balance zu bringen, macht es nicht besser. Euer Gehirn denkt das vielleicht, aber später weiß es das besser. Das ist so, wie »eine Nacht lang einen draufmachen«. Wenn es vorbei ist, wisst ihr es besser.

Lasst das Angeborene diese Dinge auf natürliche Weise freisetzen, dauerhaft und stimmig! Ergibt das spirituell nicht Sinn?

Als EMF Practitioner habe ich unsichtbare Energien erlebt, ebenso während des Channelns; ich spürte eine Verbindung zu meinem Kern-Selbst, meinem Höheren Selbst und der schöpferischen Quelle. Doch Menschen mit Blockaden und Filtern, durch die sie im Überlebensmodus gehalten werden, hätten große Schwierigkeiten, diese Erfahrung zu verstehen. Beim Versuch, das zu beschreiben, komme ich manchen vielleicht geistig gestört vor, und sie meinen, ich hätte Halluzinationen gehabt. Kannst du den Unterschied zwischen einem Lichtarbeiter, der sich mit dem inneren Gott verbindet, und einem Menschen erklären, der aufgrund eines chemischen Ungleichgewichts Halluzinationen hat?

Das ist überhaupt nicht schwer zu erklären. Der eine ist natürlich und ausgeglichen, der andere nicht. Doch einem Mediziner kommt mitfühlendes Handeln womöglich unausgeglichen vor, wenn er das vorher noch nie gesehen hat. Wenn solche Ärzte an Überlebensreaktionen gewöhnt sind, dann könnte man euch sogar als verrückt betrachten, wenn ihr das »normale« Reaktionsschema nicht befolgt.

Hier ein Beispiel: In bestimmten Notsituationen ist es normal, Furcht und Angst zu empfinden. Das sind »normale« Überlebensszenarien. Aber wie wäre es, wenn ihr so reif wärt, dass ihr keine Angst mehr hättet und in derselben Notsituation von einem logischeren Punkt aus agieren würdet? Dann würdet ihr nicht fliehen, herumrennen, rufen oder schreien, sondern ganz ruhig sein, die Probleme durchdenken und dann langsam, ohne Emotionen auf eine Lösung zusteuern. Die anderen würden sagen, ihr wärt »wie erstarrt« und aus dem Gleichgewicht gewesen ... oder verrückt. Aber in Wahrheit wart ihr einfach reifer. Die Befreiung von den Überlebensblockaden erschafft einen viel friedlicheren Menschen.

Das Angeborene (die Körperintelligenz)

Grundsätzlich kann man das Angeborene als die Brücke bezeichnen, welche die Verbindung zum intelligenten Teil des Körpers herstellt, und damit meine ich nicht das Gehirn. *»Soll das heißen, im Körper sitzt Intelligenz, also nicht nur im Gehirn?«* Genau das! Dies ist der Teil des Körpers, der zu uns spricht, wenn wir zum Beispiel Muskeltests durchführen. Kryon hat das sogar als »zweites Gehirn« bezeichnet.

Jeder Mensch auf dem Planeten verfügt über seine persönliche Körperintelligenz, das sogenannte *Angeborene;* doch ebenso wie die Intuition, das Höhere Selbst und die Akasha ist sie extrem schwer greifbar und sehr flüchtig. Nach wie vor fehlt eine Brücke für eine klare Kommunikation, doch die Kluft verringert sich, denn wir haben die Schwelle des Jahres 2012 überschritten.

Kryon hat unser Verständnis dieses bemerkenswerten inneren Attributes sehr verbessert:

In der Vergangenheit wurde das Angeborene als der »kluge Teil eurer Zellen« beschrieben, was ja andeutet, dass es auch einen »nicht so klugen Teil« gibt oder vielleicht eher einen »unwissenden Teil«, und das ist euer Gehirn. Das Gehirn nimmt vieles wahr und kann äußerst gut rechnen. Es ist der beste Gedächtnisspeicher und relationale »Computer«, den es derzeit auf der Erde gibt. Alle eure Erfahrungen stecken in eurem Gehirn. Es steuert, wie ihr euch verhaltet, was ihr macht, wie ihr handelt, was ihr glaubt und wie ihr Dinge wahrnehmt. Doch es hat auch einen Mangel: Es weiß nichts darüber, was in euren Zellen oder eurem Emotionalkörper los ist. Es schickt zwar Signale, damit der Körper funktioniert, aber es ist blind für das, was danach geschieht. Und es lässt sich leicht verwirren.

Das Gehirn ist »nicht auf dem Laufenden«

Auch wenn ihr viel Zeit investiert, um intellektuell zu begreifen, wie es euren Zellen geht, werdet ihr das über das Gehirn doch nie herausfinden. Habt ihr eine Allergie gegen etwas, was euer Körper noch nicht kennt? Vielleicht gegen ein Lebensmittel, das ihr noch nie gegessen, eine chemische Substanz, die ihr noch nie gesehen habt? Wie findet ihr das heraus? Sollte das Gehirn, wenn ihr diese Stoffe zu euch nehmt, nicht rufen: »Mach das bloß nicht! Du bist dagegen allergisch und wirst dafür büßen müssen!« Aber das tut es nicht. Es hat keine Verbindung zur Zellstruktur. Das Angeborene aber sehr wohl.

Das Angeborene ist der kluge physische Körper, der alles über das gesamte System weiß und genauso clever ist wie das Gehirn, aber auf eine andere Art und Weise. Was also kann ein Mensch tun, um herauszufinden, ob er gegen etwas allergisch ist? Na ja, du könntest dein Gehirn fragen, aber es hat keine Ahnung. Stattdessen nimmst du das Lebensmittel oder die chemische Substanz in die Hand und machst damit einen Muskeltest. Das ist die sogenannte *Kinesiologie* – ein großes Wort für etwas sehr Einfaches. Bei einem Muskeltest gibt das Angeborene des Körpers ein Signal; es beantwortet eine Frage hinsichtlich etwas, was es kennt, mit Ja oder Nein. Das Gehirn kann das nicht.

Habt ihr verstanden, dass ihr bei der Kinesiologie anerkennt, dass ein Teil eures Körpersystems mehr weiß als euer Gehirn? Dieser Prozess wird seit Jahrhunderten genutzt, und er ist sehr genau.

Dieses Angeborene weiß über sehr viel mehr Bescheid als nur über eure Allergien, meine lieben Freunde. Es ist auch komplett auf die Quantenanteile eurer DNA eingestellt, die alles über eure spirituelle und zelluläre Entwicklung wissen. Das Angeborene schüttelt auf allen drei menschlichen Gruppenebenen die Hand eures Höheren Selbst; das ist schwer zu beschreiben. In einem Kreisdiagramm könnte man für diese Informationen zwischen den Gruppen Linien ziehen, dann wüsstet ihr, was ich meine. Das ist euer kluger und intelligenter Körper, und er steht mit allem in Verbindung.

Ihr Lieben, ich frage euch: Findet ihr es nicht seltsam, dass bestimmte Krankheiten in euren Zellen lauern und euch angreifen können, ihr das aber erst wisst, wenn es euch schlecht geht oder ihr daran sterbt? Was ist das denn für ein Gehirn, das euch darüber nichts sagt? Das Gehirn schickt nie Signale darüber, außer Unwohlsein und Schmerzen. Doch das Angeborene weiß Bescheid, sobald es passiert. Das Angeborene weiß, wann das in den Körper gelangt ist. Und eure weißen Blutkörperchen gehen dorthin, wo sie dagegen ankämpfen müssen; euer gesamtes Immunsystem geht in Alarmbereitschaft! Und doch habt ihr keine Ahnung davon, weil euer Gehirn nur das macht, was es immer macht: Es berechnet und erinnert. In diesem Fall hilft es euch allerdings nur sehr schlecht beim Überleben.

Über das Angeborene

Was ist das Angeborene? Wo ist es? Das ist schwer zu erklären. Wie wir euch gesagt haben, ihr lieben Menschen, stecken auch die flüchtigen Akasha-Informationen nicht im Gehirn. Das Gehirn sagt euch nichts darüber, wer ihr in einem früheren Leben gewesen seid. Mit dem Angeborenen ist es das Gleiche. Es sitzt nicht im Gehirn, sondern in jeder einzelnen Zelle eures Körpers und in jedem einzelnen DNA-Molekül. Im Unterschied zur Akasha sitzt das Angeborene oben drauf (ein lineares Konzept für euch) und ist ständig auf Sendung; es ist immer da. Wenn ihr wisst, wie man ihm lauschen kann und wo es ist, könnt ihr euch darauf einstellen. Eine sehr grundlegende Möglichkeit sind Muskeltests. Auch auf Akupunktur reagiert das Angeborene, wie manche von euch wissen. Habt ihr das gewusst? Euer Gehirn reagiert nicht darauf.

Die Merkaba – das Quantenfeld des Angeborenen

Das Angeborene nimmt alles wahr, was auf Zellebene passiert, und sendet ständig Signale aus, welche dank ihrer Stärke in die sogenannte *Merkaba* des Körper gelangen. Die Merkaba ist ein Quantenfeld um den Körper herum; sie pulsiert sehr stark und steckt voller esoterischer Informationen, auch über die körperliche Gesundheit. Viele Menschen können dieses Feld sehen und diese Informationen lesen.

Ein intuitiver Heiler kann vor euch stehen und die Botschaften eures Angeborenen mit mehr oder weniger Erfolg lesen. Diese intuitive Person muss keinen Muskeltest durchführen, um zu wissen, dass in euren Zellen etwas los ist. Sie kann das im Feld um euren Körper herum sehen oder spüren. Ihr habt vielleicht gemeint, ein solcher intuitiver Heiler wirft einen Blick auf eure Leber oder euer Herz und führt dann eine Analyse durch. Das ist sehr linear gedacht, und so funktioniert es auch nicht. Das ist die Denkschublade eurer Überzeugungen, die Überstunden macht. Vielmehr wird die Quantenenergie in eurem Feld erspürt, die das Angeborene über eure Gesundheit, über chemische Abläufe und über das, was sich da womöglich in euch entwickelt, sendet. Das ist anders, als ihr gemeint habt, nicht wahr? Das ist das Angeborene, und das ist nur eine seiner Aufgaben ...

Der nächste Schritt

Der Mensch der Zukunft zeichnet sich unter anderem dadurch aus, dass er eine Brücke zwischen dem menschlichen Bewusstsein und dem Angeborenen baut. Das gehört zur Unterweisung über die neun Attribute, und zwar ist es eines der drei Dinge, die mit den Zellen zu tun haben, nämlich der Teil über die menschlichen Energien.

Es muss eine Brücke mit neuen Werkzeugen gebaut werden, damit ihr keine Muskeltests mehr benötigt. Ihr könnt zu eurem eigenen intuitiven Heiler werden. Das ergibt Sinn, oder nicht?

Wenn dann ein Virus oder Bakterien in euren Körper eindringen – davor kann euch euer Gehirn nicht warnen –, werdet ihr das trotzdem wissen! Diese Brücke wird die Weiterentwicklung des Menschen zum Abschluss bringen und ist ein logischer nächster Schritt hin zu einem längeren Leben. Ich weiß, dass das für euch Sinn ergibt. Ihr solltet in der Lage sein, so etwas zu spüren, wenn es auftritt, anstatt zu einem Arzt gehen zu müssen und Tests machen zu lassen. Das ist zwar nichts Schlechtes, sollte aber eher bestätigen, was ihr bereits wisst, und nicht dazu dienen, es herauszufinden.

Das zweite Gehirn

Das Angeborene tut so viel für euch! Manche von euch erkennen allmählich, wohin diese Diskussion wirklich führt. Es geht um ein Konzept, welches wir bislang noch nicht ausführlich besprochen haben. Wir geben diesem Konzept auch einen Namen, aber bitte versteht das nicht falsch. Ihr habt nur ein Wort für euer intelligentes Kontrollzentrum: das Wort »Gehirn«. Wir vermitteln euch das Konzept des Angeborenen als »zweites Gehirn«. Es funktioniert überhaupt nicht wie euer erstes Gehirn, aber es ist clever und intelligent und weiß, was ihr braucht. Und manchmal kann es sogar eine Aufgabe übernehmen, für die normalerweise euer logisches Gehirn zuständig wäre.

Ich zeige euch, was ich meine – anhand einer Rätselfrage der Medizin: Wenn euer Rückenmark bei einem Unfall komplett durchtrennt wird, könnt ihr vom Hals abwärts nichts mehr spüren, weil aus dem Gehirn keine Signale mehr an die Muskeln geschickt werden können. Die Signalleitung ist abgeschnitten. Ihr verbringt den Rest eures Lebens im Rollstuhl, müsst vielleicht von anderen Menschen gefüttert werden. Doch rätselhafterweise funktioniert einiges nach wie vor, zum Beispiel das Herz oder die Verdauung. Vieles funktioniert weiterhin, obwohl doch – wie man euch gesagt hat – euer Gehirn, das zentrale Nervensystem, also das Organ, welches alle Signale für alle Abläufe schickt, gar keine Signale mehr senden kann. Die Leitungsbahnen für die Signale im Rückenmark sind unterbrochen. Was also sorgt dafür, dass diese ganzen Organe unterhalb des Nackens weiterhin funktionieren?

Damit das Herz funktioniert, braucht es Signale vom Gehirn. Es müssen elektrische Impulse aus bestimmten Teilen des Gehirns geschickt werden, wodurch das Herz in einem synchronisierten Rhythmus schlagen kann. Doch das Gehirn ist abgeschnitten, und trotzdem schlägt das Herz rhythmisch weiter. Wie kann das sein?

Ich sage es euch: Das Angeborene übernimmt die Führung und sendet das Signal. Es ist immer da, denn die Merkaba ist nicht auf einen bestimmten Ort beschränkt wie das Gehirn, sondern deckt den gesamten Körper ab. Die Organe arbeiten weiterhin, doch die Leitung zu den Muskeln besteht nicht mehr. Sogar Fortpflanzung ist noch möglich! Das Herz schlägt weiter, die Verdauung funktioniert immer noch, und all das ohne Verbindung zum Gehirn.

Das Angeborene ist clever! Es ist ein zweites Gehirn. Für die medizinische Wissenschaft ist das immer wieder ein Rätsel, doch ich habe euch gerade die Lösung gegeben. Das Angeborene ist also die Intelligenz eures Körpers, die, was die Zellen angeht, klüger ist als das Gehirn. Und jetzt möchte ich das alles abschließend zusammenfassen.

Was sollt ihr mit all diesen Informationen anfangen? Ich möchte, dass ihr in Kontakt mit dem Angeborenen kommt! Es ist die *Herzverbindung,* meine Lieben. Das Höhere Selbst, das Angeborene und das menschliche Bewusstsein sind die drei Energien des Menschen, die miteinander verschmelzen müssen: das Höhere Selbst, das Angeborene und das menschliche Bewusstsein.

Wenn die DNA mit einer höheren Effizienz arbeitet, entstehen Brücken zwischen diesen dreien. Ihr werdet sie spüren, sobald ihr die Wahrheit erkennt und spürt. Wenn ihr Urteilsvermögen und Einsicht entwickelt und die Dinge als das erkennt, was sie wirklich sind, sucht ihr nicht mehr im Außen nach Antworten. Dann seid ihr viel eigenständiger und unabhängiger, und eure Antworten entsprechen oft denjenigen derer, die dieselbe Einsicht haben. All das kommt jetzt von innen und nicht mehr von einer äußeren Quelle.

Kryon
(Live-Channeling »Das geheimnisvolle Angeborene«, durchgegeben in Gaithersburg/Maryland, 31. August 2013)

Für manche Leser sind die Informationen der obigen Durchgabe nichts Neues. Doch unabhängig vom jeweiligen Wissensstand wünschen sich die meisten Menschen eine bessere Kommunikation mit dem Angeborenen.

Wie können wir lernen, besser auf unsere eigene Zellstruktur zu hören? Haben Sie gesundheitliche Probleme? Womöglich eine Verletzung, ein Leiden oder eine Krankheit? Vielleicht möchten Sie einfach mehr Lebenskraft und Vitalität in Ihren Adern spüren? Wäre es nicht toll, auf eine Lösung zu stoßen, die uns bei der Bewältigung unserer Herausforderungen unterstützt? Genau dabei kann das Angeborene uns helfen, wie Kryon gesagt hat.

An früherer Stelle, im Abschnitt über das menschliche Bewusstsein, gab Kryon uns eine völlig neue Prämisse an die Hand, nämlich wie wir mit dem göttlichen Teil in uns Verbindung aufnehmen können, der eine Kommunikationsleitung zu unseren Zellen herstellt. Dafür nannte Kryon ein neues Akronym: C-A-L *(Cells Are Listening)*. Ihre Zellen sind von Geburt an bei Ihnen und lauschen somit ständig auf das, was Sie wollen. Sie warten auf Anweisungen vom menschlichen Bewusstsein. Aber wie genau geht das?

Manche Menschen tun das zum Beispiel, indem sie ihrer Zellstruktur bestimmte Befehle hinsichtlich ihrer Wünsche erteilen. Oft basiert das auf einer reglementierten Vorgabe dahingehend, wie oft man diese Aussagen aussprechen muss, und es ist ganz wichtig, sie tagtäglich aufzusagen. Laut Kryon wenden wir so ein lineares menschliches Attribut auf ein multidimensionales System an, das jenseits unserer Vorstellungskraft liegt, denn das Angeborene reagiert nicht auf monotone Wiederholungen. *»Moment mal, und wie sieht es mit Affirmationen aus? Kryon hat gesagt, sie seien sehr machtvoll!«* Ja, Affirmationen haben große Kraft, deshalb möchte ich den Unterschied erklären. Es hat mit Intention zu tun.

Kennen Sie das? Jemand sagt, es täte ihm leid, aber Sie spüren hinter diesen Worten keine entsprechende Energie? Genauso sagt eine Person vielleicht, sie liebe Sie, aber ihre Taten beweisen das Gegenteil. Es ist also unwahrscheinlich, dass Aussagen, die man seinen Zellen in der Hoffnung auf eine Änderung immer wieder regelmäßig vorsagt, wirklich beim Angeborenen ankommen, wenn sie von Zweifeln und Emotionen der Angst, Frustration und Ungeduld begleitet werden, weil das Problem nach wie vor besteht. Eine Affirmation dagegen, die Sie selbst aufgestellt haben, mit Worten, die Ihnen Kraft geben und die mit Intention ausgesprochen werden, kann Lebensveränderungen bewirken, insbesondere wenn Sie emotional euphorische Freude und Glück empfinden, wie wenn das gewünschte Resultat bereits eingetreten wäre (unter Einsatz der Vorstellungskraft, um die Gefühle hervorzurufen, als ob das Gewünschte »bereits geschehen« wäre).

Laut Kryon werden laut und mit bewusster Intention ausgesprochene Affirmationen mit den Ohren vernommen, und der Körper versteht, was Sie da machen. Mit Intention gefüllte Aussagen tragen Energie, und Worte schwingen in der Luft mit Frequenzen, die das Angeborene (Ihr intelligentes Körperbewusstsein) versteht. Ihr Angeborenes hört auf alles, was Sie Ihrem Körper mit bewusster Intention sagen, und wirkt mit Ihrem Tun zusammen. Das Angeborene wartet auf das, was Sie tun, um Veränderungen anzuzeigen. Möchten Sie zum Beispiel fitter werden, wird Ihre Intention erheblich verstärkt, indem Sie tatsächlich anfangen, Sport zu betreiben, wie auch immer das für Sie möglich ist.

Affirmationen sollten ausdrücken, *was Sie haben,* und nicht den Wunsch danach. Wünschen Sie sich Liebe im Leben, dann lautet die Affirmation: *Ich bin Liebe.* Wünschen Sie sich Gesundheit, dann lautet die Affirmation: *Ich bin gesund.* Verwenden Sie Sätze mit *Ich bin* oder *Ich habe* und nie etwas wie *Ich wünsche* oder *Ich will.* Affirmationen sind Aussagen der Wahrheit und kein Wunschdenken. Falls es Ihnen schwerfällt, Affirmationen zu kreieren, beginnen Sie mit dem, wofür Sie dankbar sind. Mit zunehmender Dankbarkeit ziehen Sie dann auch immer mehr an, wofür Sie dankbar sind.

Während der Arbeit an diesem Buch bin ich auch gerade am Überlegen, ob ich nicht eine Affirmations-App für Smartphones und Tablets entwickeln könnte. Kryon hat schon oft Botschaften und Intentionen durchgegeben, die laut ausgesprochen werden sollen, und das hat mich inspiriert, affirmative Aussagen aufzuschreiben. Falls Sie an diesen von Kryon inspirierten Affirmationen interessiert sind, können Sie regelmäßig auf meiner Website nachschauen. Momentan weiß ich noch nicht, ob und wie diese App entsteht, aber ich sage weiterhin die folgende Affirmation: *Ich bedanke mich für die perfekte App, die vom perfekten Team entwickelt wurde und alle perfekt zufriedenstellt!*

Wie Kryon sagt, besteht das wahre Geheimnis darin, sich seine eigenen, ganz individuellen Affirmationen zu kreieren. Das Angeborene nimmt das, was Sie sich bewusst als Affirmation gewählt haben, viel eher wahr als die Worte von jemand anderem, die Sie wiederholen. Doch als Ausgangspunkt können Affirmationen von anderen nützlich sein – um damit anzufangen. Es gibt jede Menge Websites mit Affirmationen, darunter auch von der international anerkannten Autorin Louise L. Hay. Sie gilt als eine der Begründerinnen der Selbsthilfebewegung und hat das, was sie gelehrt hat, auch selbst gelebt. Nach einer Krebsdiagnose entschied sie sich für ein Intensivprogramm, bestehend aus Affirmationen, Visualisierungen, Reinigungsdiät und Psychotherapie anstelle von Medikamenten und chirurgischen Eingriffen. Innerhalb von sechs Monaten war sie komplett vom Krebs geheilt.

Für mich ist Louise Hay eine der führenden Affirmations-Expertinnen. Ihre Weisheit und ihr Wissen flossen in eine Affirmations-Meditations-App ein, die auf der Website *www.supermindapps.com* zu finden ist. Diese App enthält die effektivsten »Kraftgedanken« von Louise Hay im Rahmen eines »ganzkörperlichen« Lernprozesses, bei dem Tiefenentspannung (mit lebendigen Meditationsübungen), fortgeschrittene Gehirnwellentechnologie, multisensorisches Lernen (Sehen, Hören, Sprechen und Tippen) sowie multimodaler Input (Hay spricht die Affirmation sowohl in der ersten als auch der zweiten Person Singular) kombiniert werden.

Warum erzähle ich Ihnen von ihrer App, wenn ich doch eigentlich selbst eine entwickeln will? Ich bin der Meinung, jeder sollte die Instrumente und Techniken finden, die ihm am besten helfen. Deshalb freue ich mich, die Arbeit anderer zu fördern. Wir alle können einen Beitrag leisten, es gibt also keine Konkurrenz: Es ist einfach eine Sache der Wahlmöglichkeiten.

Im Hinblick auf Wahlmöglichkeiten fand ich, als ich spirituell erwachte, ein wunderbares Buch von Florence Scovel Shinn. Scovel Shinn war eine wirklich bemerkenswerte Frau; sie wurde 1871 geboren und wusste Bescheid über die Macht der mit Intention ausgesprochenen Worte. Sie schrieb viele Bücher, unter anderem »Your Word is Your Wand« und »The Power of the Spoken Word«, die erstmals 1928 bzw. 1944 veröffentlicht wurden. Weitere Informationen über Florence Scovel Shinn finden sich auf der folgenden Website: *http://www.florence-scovel-shinn.com/.* Meine absolute Lieblings-Affirmation von ihr ist:

Alles, was durch göttliches Recht mein ist, wird jetzt freigesetzt und erreicht mich in großen Lawinen der Fülle, in Gnade und auf wundersame Weise.

Nicht jeder, der diese Affirmation liest, hat dasselbe kraftvolle Gefühl, welches diese Worte in mir hervorrufen. Deshalb ermutige ich Sie, Ihre eigenen Affirmationen zu kreieren. Niemand versteht Sie besser als Sie selbst – und Sie haben ein ganzes Gefolge, das Sie im Reich Ihrer Geistführer, Ihres Angeborenen, Ihres Höheren Selbst und Ihrer Seele vertritt. Haben Sie Spaß beim Ausprobieren – lehnen Sie sich dann zurück und beobachten Sie, welch erstaunliche Resultate sich einstellen!

Okay, nun zurück zum Angeborenen und zu weiteren Informationen von Kryon:

Ihr seid bald so weit, mit einem System zu sprechen, das von euch noch nie gehört hat. Lichtarbeiter! Auf diesem Planeten gibt es eine neue Energie. Alte Seelen, hört mir gut zu! Eure Werkzeuge werden verbessert, deshalb lauscht ihr diesen Worten. Ihr könnt das, ihr Lieben, ich würde euch nichts durchgeben, was ihr nicht vollbringen und erreichen könntet.

Regeln für das »Sprechen« mit den Zellen

Wenn ihr mit euren Zellen Verbindung aufnehmt, werden sie darauf reagieren. Dazu kommen wir gleich. Ich möchte das auf lineare Weise betrachten.

Ihr habt alle einen besten Freund bzw. eine beste Freundin; das kann euer Lebenspartner bzw. eure Lebenspartnerin sein oder auch ein alter Freund, den ihr schon lange kennt. Auf jeden Fall ist es jemand, mit dem ihr einfach zusammensitzen und reden könnt, ganz ohne Regeln. Ihr könnt alles sagen, was ihr möchtet, ihr könnt diesem Freund euer Herz ausschütten, und er wird euch zuhören. Umgekehrt kann auch dieser Freund zu euch kommen. So ist das mit besten Freunden.

Ich frage euch: Angenommen, ihr seid mit diesem besten Freund drei Tage zusammen. Ihr verbringt den ersten Tag miteinander. Am nächsten Morgen steht ihr auf, sitzt zusammen am Tisch und beginnt zu reden. Ihr sagt ihm alles! Und am nächsten Tag wieder – ihr erzählt ihm immer wieder dasselbe. Wie meinst du, wird das funktionieren?

Es funktioniert eben nicht! Wie wird euer Freund das wohl aufnehmen? Er langweilt sich!

Auch mit euren Zellen funktioniert das nicht. Versteht ihr, was ich sage? Eure Zellen – das seid ihr. Was würdet *ihr* zu *euch selbst* sagen? Würdet ihr bereits Bekanntes wiederholen? Nein? Warum macht ihr das dann mit euren Zellen? Eure Zellen hören auf euch (C-A-L!), und zwar seit eurer Geburt, und warten darauf, dass ihr euch der Möglichkeit öffnet, tatsächlich mit ihnen zu sprechen. Also tut das wie mit einem besten Freund.

Was würdet ihr euren Zellen sagen und wie würdet ihr das angehen? Zunächst einmal müsst ihr wissen: Sie verstehen eure Sprache, sie sind ja schließlich ein Teil von euch. Sprecht zu ihnen, wie ihr wollt: laut, über Gedanken, durch Aufschreiben, durch Musik – wie ihr eben wollt. Es ist egal, denn ihr habt ihre Nummer. Ihr Lieben, der Schlüssel ist die *Liebe*. Ihr müsst eure Zellstruktur so sehr lieben, dass ihr sagen könnt: *»Ich liebe dich«,* und alle Zellen wissen, dass ihr sie tatsächlich liebt. Einfacher geht es nicht, aber für manche gibt es nichts Schwierigeres. Setzt euch einen Augenblick hin. Was würdet ihr sagen? Was würde geschehen?

Wenn der Körper auf euch hört, sind Prozesse beteiligt. Ich sage euch welche, und ich führe auch ein Beispiel für diese Kommunikation an. Ihr müsst über einiges Bescheid wissen. Wenn ihr beginnt, mit eurer Zellstruktur zu sprechen, und ihr die richtige Nummer habt [das bezieht sich auf das Beispiel mit der Telefonnummer], dann fröstelt es euch auf einmal ziemlich, und das heißt: Die Verbindung steht, ihr Lieben! Solche Kälteschauer bedeuten: Die Zellen eures Körpers feiern und freuen sich – sie jubeln! Das Angeborene, der intelligente Körper – wie auch immer ihr es nennen wollt – ist ein Teil von euch, und er feiert eine Party. Habt ihr das gehört? Die Kommunikation läuft!

Das alles sind Metaphern, und es klingt vielleicht albern, aber genau das passiert. Der Körper freut sich. Diejenigen, die gesundheitliche Probleme haben: Wisst ihr, wie sich Gesundheit anfühlt? Der ganze Körper freut sich bei jedem Schritt, frohlockt bei jedem Atemzug. Das ist das Angeborene, welches jubelt und feiert. All die Jahre hindurch hat es gelauscht und gehofft, ihr würdet mit ihm kommunizieren, denn wenn es Anleitungen bekommt, macht es einfach, was es eben kann, im Dunkeln. Das wisst ihr, nicht wahr?

Eure ganze Gesundheit läuft einfach im »Automatikmodus«, ohne Richtungsvorgabe – und »automatisch« bringt oft Ungleichgewicht mit sich. Ohne Anweisungen folgt euer Körper einfach dem, was normaler Durchschnitt ist, und macht sein Ding. Doch mit Anweisungen könnt ihr ihn kontrollieren. Ist das für euch logisch?

Zeit ist nach wie vor der Schlüssel

Wenn die Kommunikation steht, dann feiert der Körper zuerst einmal ein Fest. Danach macht er sich an die Arbeit. Je nachdem, was ihr eurer Zellstruktur kommuniziert, braucht sie Zeit für ihre Arbeit. Ob das nun mit Gesundheit oder mit Heilung oder Verjüngung zu tun hat – egal, was es ist, ihr müsst den Zellen ein bisschen Zeit geben.

Bitte versteht: Hier müssen wir praktisch und zweckmäßig vorgehen, denn so etwas kann nur durch dreidimensionale Zellteilung erreicht werden, durch das, was ihr »Verjüngung« nennt. Euer Körper ist auf Verjüngung angelegt. Die meisten Körperorgane, auch die Haut, verjüngen sich innerhalb unterschiedlicher Zeitrahmen. Mit der Zeit habt ihr dann völlig neue Zellen. So bleibt ihr am Leben. Doch wenn ihr zu eurer Zellstruktur sprecht, gehen diese Anweisungen in die Daten der DNA ein und werden im Rahmen des nächsten Verjüngungszyklus implementiert. Ihr werdet also nicht schon morgen Resultate erzielen. Ist das nicht logisch? Ihr werdet das also nach und nach spüren, und das, worum ihr bittet und woran ihr arbeitet, wird sich langsam zeigen. Eigentlich programmiert ihr über euer Angeborenes die DNA um. Laut Wissenschaft bleibt die DNA nach der Geburt unverändert. Doch sie sieht zwar auf der chemischen Ebene gleich aus, aber die esoterischen Anweisungen in der DNA werden umprogrammiert. Ihr verändert sie tatsächlich!

Für das Letzte, was ich euch sagen will, seid ihr vielleicht noch nicht bereit. Wenn ihr mit den Zellen sprecht, dann weiß das Angeborene, ob euer Bewusstsein gütig und wohlgesinnt ist oder nicht. Es weiß, was ihr möchtet. Doch es wird euch nur das geben, was ihr braucht, und nicht das, was ihr wollt. Automatische Systeme werden greifen und Teile eures Körpers verbessern, um deren Verbesserung ihr nie gebeten habt. Ihr startet einen Prozess der Lebensverlängerung. Heilung und Gleichgewicht werden in Bereichen auftreten, von denen euer Bewusstsein keine Ahnung hat, aber euer Angeborenes sehr wohl; es weiß alles darüber. Ihr habt soeben die Brücke zwischen dem menschlichen Bewusstsein und der Zellstruktur zum Leben erweckt. Das ist einfach, aber ihr müsst euch in euch selbst verlieben, verstehen, dass der intelligente Körper weiß, was ihr macht oder nicht macht, und eure Einwilligung erteilen, dass eure Anweisungen so wirken, wie das Angeborene vorgibt.

Stellt euch einmal kurz vor, ihr sitzt da alleine und macht den ersten Kontakt. Es ist egal, wie alt oder wie jung ihr seid, aber ihr erkennt, dass ihr wirklich in den göttlichen Teil in euch verliebt seid. Vielleicht könnt ihr sogar das Gesicht Gottes in euch visualisieren. Ihr könnt die Ewigkeit in jeder einzelnen Körperzelle sehen und erkennt, dass eure Zellstruktur darauf wartet, von euch zu hören. C-A-L!

Langsam fangt ihr an. Und dann erkennt ihr, dass ihr die richtige Nummer habt – ihr könnt es fühlen! Es überläuft euch ein starkes Frösteln, denn die Zellen haben den Telefonhörer abgenommen und hören nun richtig zu. Beim ersten Mal könnt ihr sagen:

»Wir kennen uns, und ich liebe euch! Es tut mir leid, dass ich so lange gebraucht habe, das zu merken. Ich möchte, dass ihr in die Prozesse einsteigt, die ihr ja kennt, ich aber nicht. Ich möchte, dass ihr gemeinsam mit einer Güte und einem Wohlwollen zusammenwirkt, durch die Gesundheit und ein langlebiges menschliches Wesen entstehen – ich! Ich möchte, dass ihr auf jede für euch mögliche Weise zu mir sprecht, damit ich euch erkennen kann. Ich möchte mit euch Händchen halten, für den Rest meines Lebens. Falls in meinem Körper etwas unstimmig und nicht ausgewogen ist, dann möchte ich, dass das mit der Zeit und durch angemessenes Handeln und Wirken verschwindet. Mir ist klar, dass manche meiner Gewohnheiten mich womöglich altern lassen, und die möchte ich verändern. Mir ist klar, dass das Verhältnis zwischen meiner Körpergröße und meinem Gewicht sehr schlecht ist.«

[Lachen.] Soll ich das erklären? Ich bin wohlwollend und gütig.

»Liebe Zellstruktur, ich möchte, dass mein Stoffwechsel ein Widerhall meiner Herrlichkeit ist. Hilf mir, die richtige Größe für größtmögliche Gesundheit zu haben. Verändere, was nötig ist, und greife gegebenenfalls auf die Akasha zu, um dich zu erinnern, wer ich war. Verändere meine Ernährungsvorlieben, wenn es sein muss. Lass meinen Körper nach dem gelüsten, was er braucht, und nicht nach dem, was ich möchte oder an das er gewöhnt ist. Bringe mich an einen Ort ausgewogener Göttlichkeit, und ich verspreche dir, jeden Tag mit dir zu reden, denn ich liebe dich.«

Und dann ... bitte nicht auflegen, niemals auflegen!

Wenn ihr diese Durchgabe analysieren wollt, dann werdet ihr erkennen, dass euer Bewusstsein dem Körper nie Einzelheiten mitgeteilt hat, weil das Angeborene nämlich weiß, was zu tun ist. Es wartet einfach auf den Anruf. Ihr bittet um Gleichgewicht, und das Angeborene weiß, was zu tun ist. Der intelligente Teil eures Körpers kann sogar mit eurer Akasha Verbindung aufnehmen und das Richtige für Gesundheit, für Wandel, für das Aufgeben schädlicher Gewohnheiten daraus ziehen. Das kann etwas so Einfaches sein wie »zu viel essen« oder »für euren verbesserten Stoffwechsel das Falsche essen«. Ihr könnt nichts dagegen tun, weil es eine Gewohnheit ist, aber das kann sich sehr, sehr schnell verändern.

Innerhalb weniger Zyklen der Zellverjüngung kann das Angeborene wirklich bewirken, dass ihr etwas anderes essen *wollt*, sodass ihr keinen Hunger verspürt. Es hat aus eurer Vergangenheit ein Ich gezogen, welches nicht eure heutigen Gewohnheiten hatte. Diese Macht wartet auf euch. C-A-L!

Und zu guter Letzt, ihr alten Seelen: Wie fühlt ihr euch in dem Wissen, dass ihr einen inneren Freund habt? Mit Hilfe dieses Freundes könnt ihr euer Leben um Jahre verlängern, auf stimmige Weise und im Rahmen eines Planes, den ihr für die Erde gestaltet habt. Dazu gehört auch, wer ihr das nächste Mal sein werdet – und wann ihr kommen und gehen sollt. Es geht darum, während eures Lebens hier auf der Erde gesund zu bleiben auf eine Weise, die die Glockenkurve bei Weitem sprengt, und genau das könnt ihr erreichen.

Die heutige Durchgabe erfolgt an einem sehr heiligen Ort, um euch neue Werkzeuge an die Hand zu geben, denn die Zeit ist reif dafür.

Kryon
(Live-Channeling »Kommunikation der Zellen«,
durchgegeben an der Delphi University/Georgia, 12. April 2014;
von Lee Carroll für dieses Buch ergänzt und erweitert)

Finden Sie die Informationen über das Angeborene nicht erstaunlich? Machen Sie sich auf mehr gefasst! Die nachfolgende Durchgabe hebt Sie auf eine neue Ebene, und zwar weil Kryon uns Verblüffendes darüber sagt, wie das Angeborene auf spirituelles

Überleben programmiert ist. Was bedeutet das denn – und warum erfahren wir erst jetzt davon? Man kann es sich so vorstellen: Das Angeborene weiß über all Ihre vergangenen Leben Bescheid und ist sozusagen mit Ihrer Akasha-Energie verknüpft und verkabelt. Tausende von Leben war die Reinkarnation der Motor spirituellen Wachstums, und Karma wurde erzeugt, um jemanden in die eine oder andere Richtung zu »stoßen«. Karma war vor allem in einer älteren Erdenergie nötig, und zwar als Möglichkeit, die Energie des Planeten schwingungsmäßig zu erhöhen oder zu senken. Die Menschen arbeiteten das ihnen gegebene Karma auf, und es fungierte als Katalysator für den Wandel bei freiem Willen und voller Entscheidungsfreiheit.

Beim Karma geht es um Zwischenmenschliches, Unerledigtes und um ein Interaktionssystem. Karmische Energie treibt uns dazu, etwas zu tun. Das betrifft die Menschen, mit denen wir zu tun haben, unseren eigenen Platz und die sich aus dieser Energie entwickelnden emotionalen Energien. Oft treiben uns nicht ganz fertige energetische Puzzles dazu, etwas Bestimmtes zu tun. Karma ist ein altes *Energieantriebssystem,* das der Menschheit mit einer niedrigeren Schwingung gute Dienste geleistet hat; aber in unserer neuen Energie brauchen wir es nicht mehr!

Wenn wir unser Karma aufgeben, setzen wir eine alte kontrollierende Energie frei und wechseln in eine Energie, wo wir die Freiheit haben, den Planeten mit unserem Licht besser zu unterstützen. Das ist unsere freie Entscheidung, und sie wird von unserer Intention getrieben.

Wer mit neuen Attributen reiner spiritueller Intention auf den Planeten kommt, versteht so nach und nach, dass das Karma aus vergangenen Leben, welches Entscheidungen in der neuen Energie nur komplizierter machen würde, nicht mehr gebraucht wird. Im Rahmen dieses Prozesses – wenn das Karma aufgegeben wird – wird auch verstanden, dass wir, wenn wir zu multidimensionalen Wesen werden, die Vergangenheit, Gegenwart und (potenzielle) Zukunft in einer neuen Realität des Jetzt miteinander verschmelzen. Da ist dann kein Platz mehr für »karmische Anweisungen aus vergangenen Leben« in der DNA. Unsere DNA entwickelt sich spirituell weiter.

In der alten Energie wurden wir vom Karma dazu gebracht, an bestimmten Orten bestimmten Menschen zu begegnen und bestimmte Dinge zu tun. In der neuen Energie müssen wir uns nicht mehr vom Karma irgendwohin schubsen lassen, denn wir sind in der Lage, uns genau dorthin zu bringen, wo wir sein sollen. Dieses neue Verständnis bringt auch eine höhere Verantwortung mit sich – die Gesamtverantwortung für alles in unserem Umfeld. Opferhaltung und »Zufälle« haben da nichts mehr zu suchen. Das nennt man »Mitschöpfertum« oder »Co-Kreation«, und diese spirituelle Evolution steht uns allen zu.

Was heißt das alles? Das Angeborene, unser intelligenter Körper, arbeitet nun in der neuen Energie, die seit 2013 wirkt. Und Achtung: Laut Kryon geschieht die Neuanpassung an diese neue Energie nicht automatisch, insbesondere nicht für das Angeborene. Wir müssen das Angeborene also umprogrammieren, und zum Glück sagt uns Kryon auch, wie das geht:

Heute Abend möchte ich euch ein sehr wichtiges System offenbaren. Wir nennen diese Informationen »Erste Informationen über das Angeborene«. Wir haben auch schon früher Botschaften durchgegeben, unter anderem »Das geheimnisvolle Angeborene«; des Weiteren haben wir euch auch einige Attribute eures Körpers genannt. Heute Abend möchten wir näher darauf eingehen.

Das herrliche Angeborene

Ihr Lieben, ich möchte euch von einem Prozess in eurem Körper erzählen, der nicht nur geheimnisvoll ist (da er nicht dreidimensional ist), sondern auch so schwer greifbar und so flüchtig, dass man ihn nicht wirklich definieren kann. Und doch ist er so stark ein Teil von euch, dass er eigentlich das ist, was ihr seid. Nun könntet ihr fragen: *»Wie kann etwas in mir sein, Kryon, und ich weiß eigentlich nichts darüber?«* Und erneut antworte ich euch: Eure DNA arbeitet noch nicht mit voller Kapazität, und darum geht es. Euer Bewusstsein ist noch nicht auf die Realität bestimmter Dinge abgestimmt, die in eurem Körper wirken. Aber irgendwann werdet ihr das erkennen, und zur Neukalibrierung der Menschheit gehört auch ein höher entwickelter Spirit im Menschen, und in dieser Durchgabe werden wir näher darauf eingehen.

Zunächst einmal wollen wir das Angeborene identifizieren. Warum ist das Angeborene so geheimnisvoll? Es ist keine Gehirnfunktion. Und es ist womöglich das einzige System im Körper, welches nicht über eine »Zentrale« arbeitet. Das ist für euch schwer zu begreifen. Dieses System ist noch nicht entdeckt worden, und es gibt auch noch keine medizinisch-wissenschaftliche Definition. Und doch wurde es schon oft beobachtet und erkannt.

Es ist schwer zu erklären, was sich in eurer DNA befindet ... Die Aberbillionen DNA-Moleküle im Körper kommunizieren die ganze Zeit miteinander. So muss es auch sein, wenn man bedenkt, was die DNA macht. Woher weiß euer Körper, welche Art von Zellen an welcher Stelle er braucht? Von Geburt an ist das Angeborene für das alles verantwortlich. Man könnte sagen, die DNA ist in Wahrheit eine *esoterische zentrale Kontrollstelle.* Das Feld um die Billionen DNA-Stückchen versteht sich als eine Gesamtheit. Die gesamte DNA arbeitet über dieses Feld als ein einziges System zusammen, und dieses eine System heißt *das Angeborene.* Es ist also sozusagen die Gesamtheit aller DNA-Moleküle in eurem Körper als ein Ganzes – der sogenannte *intelligente Körper,* das Angeborene. Es ist nicht zentralisiert. Es gibt kein einzelnes Organ bzw. keine einzelne Drüse im Körper, die für das Angeborene verantwortlich ist. Jeder einzelne Teil des Körpers ist an diesem intelligenten Körpersystem beteiligt.

Und obwohl es so schwer greifbar ist, wisst ihr doch, wie ihr durch das Angeborene Lösungen für den Körper finden könnt, zum Beispiel durch Muskeltests bzw. Kinesiologie. Es gibt viele Möglichkeiten (Klopfen, BodyTalk etc.). All diese Verfahren geben euch so etwas wie ein *intelligentes Körper-Feedback.* Sie werden sehr erfolgreich eingesetzt, um herauszufinden, was der intelligente Körper euch sagen will. Diejenigen, die mit diesen Prozessen arbeiten, wissen ganz genau, dass sie zum »intelligenten Feld« im Körper sprechen. Dieses Feld steht für die DNA als Ganzes, nicht für ein bestimmtes Organ oder eine Drüse und auch nicht für das Gehirn.

Das Angeborene ist ein intelligentes Sicherungssystem

Zunächst einmal wollen wir euch Folgendes über das Angeborene sagen: Es ist ein körperweites System, das mehr »weiß«, als euer Nervensystem oder Gehirn jemals wissen könnten. Das Angeborene ist überall: von den Zehennägeln bis zu den Haaren. Das Angeborene ist überall dort, wo DNA, in welcher Form auch immer, vorkommt. Es ist einzigartig; *ihr* seid das Angeborene!

Wie ich euch ja gesagt habe, hat die medizinische Wissenschaft es schon oft beobachtet, aber sie versteht es nicht. Ein Beispiel: Wenn ein Mensch sich bei einem Unfall am Rückenmark verletzt, ist es für immer durchtrennt. Darüber haben wir schon gesprochen und euch damals zu bedenken gegeben: Ist es nicht seltsam, dass die Rückenmarksnerven sich nicht wieder verbinden und nachwachsen? Alles andere im Körper ist auf Regeneration programmiert, doch die Zellen in diesem Bereich können sich nicht so gut erneuern. Abgetrennte Gliedmaßen können das, aber das Rückenmark nicht. Und wie wir euch auch gesagt haben, wird es sich eines Tages erneuern können; das gehört zum hoch entwickelten Menschen der Zukunft. Aber wir wollen darüber sprechen, wie es derzeit ist.

Stellt euch vor, ihr kennt einen querschnittsgelähmten Menschen, der in einem Stuhl sitzt und nur noch seinen Kopf bewegen kann. Die meisten Nerven im Rückenmark sind durchtrennt, und die Person kann sich überhaupt nicht mehr bewegen; aber das, was von den abgetrennten Signalen im Gehirn abhängt, funktioniert trotzdem weiter. Die Herzmuskeln schlagen weiter, und das, obwohl – wie man euch gesagt hat – der Herzrhythmus vom Gehirn gesteuert werden muss, damit die Signale im richtigen Muster auftreten.

Für das Herz hat die Wissenschaft eine Antwort [siehe weiter unten], doch auch die Verdauung funktioniert weiterhin, ebenso die Fortpflanzung; fast alle Körperfunktionen unterhalb des Nackens sind nicht unterbrochen. Aber das Gehirn sendet keine Signale mehr. Wie ist das zu erklären? Die Mediziner haben in Bezug auf das Herz dafür sogar eine ziemlich gute Erklärung, denn sie erleben es die ganze Zeit. Sie sagen, das Herz könne autonom durch spezielle Zellen im Sinusknoten von alleine weiterschlagen. So beschreiben sie das Angeborene! Und sie sehen ein profundes Sicherungssystem am Werk.

Dieses Notversorgungssystem im DNA-Feld hält euch am Leben. Das DNA-Feld eures Körpers steht mit dem Gehirn in Verbindung, und die Signale werden nach wie vor [sozusagen drahtlos, ohne Leitungen] übertragen. Der Sinusknoten ist eine Nervenantenne, die weiterhin die vom Gehirn ausgesendeten Signale über das Feld »auffängt«, und sie kann das so gut, dass es das Muster sogar noch eine Zeit lang »erinnert«, wenn das Gehirn schon tot ist, ähnlich wie eine Notstrombatterie. So mächtig ist das Angeborene.

Euer Quanten-DNA-Feld steht ja immer mit dem ganzen Körper in Verbindung, selbst wenn das Rückenmark durchtrennt ist. Das Gehirn schickt weiterhin die Signale aus, das DNA-Feld empfängt sie und sendet sie an die Herzmuskeln, an die Verdauungsorgane – an alles, außer an die Muskeln in anderen Bereichen.

Bitte betrachtet euch diese Merkwürdigkeit des Körpers im Falle von Rückenmarksverletzungen einmal ganz genau, dann ist euch klar, dass ich recht habe. So habt ihr in der wirklichen Welt einen Beweis für dieses Phänomen.

Das Angeborene, der intelligente Körper, erhält euch am Leben, sogar wenn die Leitungen zum Gehirn durchtrennt sind. Das Angeborene ist intelligent und klug, viel klüger als euer sogenanntes Überlebensorgan – das Gehirn. Das Gehirn ist ein großer Überlebens- und Existenz-Computer, der es euch ermöglicht, hier zu sein. Aber so klug ist es nicht. Es kann euch nicht einmal sagen, ob ihr eine schreckliche Krankheit in eurem Blut tragt. Das Angeborene dagegen kann das.

Die Singularität des Angeborenen

Es ist für euch an der Zeit, eure DNA als *eines* und nicht als Billionen Dinge zu betrachten. Die Wissenschaft erkennt nicht einmal an, dass die DNA mit sich selbst kommunizieren kann; das muss sie aber, damit euer Körper die Dinge ins Reine bringen kann, so, wie er das ja auch macht. Das Schöne an unserer Lehre ist Folgendes: Der physische Körper, der Körper, der vom Gehirn gesteuert wird, ist im Begriff, eine Brücke zum Angeborenen zu bauen, und zwar über die Intuition. Und dadurch werdet ihr eines Tages euch selbst intuitiv heilen können und euer eigener intuitiver Arzt sein! Ihr werdet nicht nur wissen, was in eurem Körper los ist, sondern auch die Energie eurer Akasha viel besser verstehen.

Das Angeborene hat seine eigene Art der Programmierung. Es ist auf etwas programmiert, über das ihr Bescheid wissen solltet, denn mit dieser neuen Energie ist die Zeit gekommen, dieses Programm umzuschreiben.

Die Überlebensprogrammierung

Das menschliche Gehirn ist auf das Überleben des physischen Körpers programmiert, das Angeborene dagegen auf spirituelles Überleben. Da fragt ihr vielleicht: *»Und was ist der Unterschied?«*

Das körperliche Überleben hat mit der Fähigkeit zu tun, dem Tiger zu entkommen, der euch jagt, und Nahrung und Obdach zu finden. Ihr besitzt die logischen Fähigkeiten, das alles herauszubekommen und so am Leben zu bleiben. Spirituelles Überleben ist etwas völlig anderes und etwas sehr Esoterisches. Diese Art des Überlebens ist viel umfassender. Dadurch wird die spirituelle Evolution der Menschheit vorangetrieben und der Wirkungsgrad eurer DNA erhöht. Ich will das erklären.

Das Angeborene weiß, was die Ahnen wussten. Es kennt den großen Plan. Vergesst nicht: Es ist mit dem Höheren Selbst verbunden. Es weiß, wie viel Zeit die Menschheit auf diesem Pla-

neten hat, bevor sie keine Entscheidung mehr hin zur Höherentwicklung bzw. zum Aufstieg des Planeten treffen kann. Das Angeborene weiß das; eure DNA weiß das. Was ist der oberste Grundsatz des Angeborenen? Es soll alles in seiner Macht Stehende für euch tun; es gibt euch immer wieder die Chance der freien Entscheidung, ermöglicht das Erwachen und damit der Menschheit, die Brücke des Überlebens zu überqueren und in den Status eines aufgestiegenen Planeten zu wechseln. Das ist der oberste Grundsatz.

Spirituelles Überleben steht für die potenzielle Evolution der Erde, und alles ist darum herum konzipiert. Das Angeborene soll euch im Rahmen dieses Systems des freien Willens auf jede nur mögliche Art und Weise weiterbringen, hin zu spiritueller Bewusstheit. Dazu ist das Angeborene da. Seht ihr den großen Plan hinter alldem? Ihr verfügt über ein eingebautes Führungssystem, mit dessen Hilfe ihr auf euer Potenzial zusteuert.

In diesem Prozess überquert das Angeborene die Brücke zur Körperchemie auf sehr unterschiedliche Weise. Das Angeborene ist verantwortlich für Spontanremissionen. Jetzt wisst ihr, woher das kommt. Habt ihr wirklich gemeint, es käme aus dem Gehirn? Wie kann ein Mensch eine Krankheit über Nacht verschwinden lassen? Wie sollte es dem physischen Körper möglich sein, sich über Nacht von etwas so Unausgewogenem zu reinigen? Wie kann Gewebe so schnell nachwachsen, um praktisch über Nacht zu heilen? All das wurde in Krankenhäusern immer wieder beobachtet. Diese Menschen wurden geröntgt und überprüft und chemisch getestet. Und dann heißt es womöglich, so etwas könne normalerweise überhaupt nicht geschehen. Spirituelle Menschen meinen, es müsse ein Wunder sein; wissenschaftliche Köpfe finden es unerklärlich. Das Schöne daran ist, dass es durchaus erklärbar ist: Es ist das Wunder des Angeborenen! Es ist euer Körper, der euch am Leben erhält. Es ist ein profundes, wundersames Sicherungssystem.

So viel Macht habt ihr! Wenn das Angeborene schließlich die Brücke zum physischen Selbst baut, wird der Mensch, wie ihr ihn heute kennt, verschwinden. An seine Stelle tritt ein Mensch mit einer viel längeren Lebensspanne, der sich selbst reparieren und sogar Gliedmaßen nachwachsen lassen kann. So ist es geplant und vorgesehen, ihr Lieben, und das sollte so nach und nach einen Sinn für euch ergeben.

Die Programmierung des Angeborenen in der alten Energie

Jetzt wisst ihr also, was das Angeborene ist, und wir wollen nun über die Programmierung des Angeborenen in der Vergangenheit sprechen. Im Kryon-Buch 1, »Das Zeiten-Ende«, sprach ich über etwas, wofür das Angeborene verantwortlich ist. Ich sagte: *»Es ist an der Zeit, euer Karma fallen zu lassen.«* Karma ist Energie, die ihr aufgrund von Erfahrungen in früheren Leben mit euch herumtragt; sie wird durch den Schleier in einen reinkarnierten Körper hineingezogen. Es ist die Energie von Unerledigtem. Das ist Karma – etwas Reales, was ihr in einer älteren Energie gebraucht habt.

Dieses Karma befindet sich in der DNA und wird vom Angeborenen gelenkt und gesteuert. Als ich euch aufforderte, euer Karma aufzugeben, sagte ich euch auch, ihr müsstet mit eurem Körper und mit euren Zellen sprechen. Dabei sagtet ihr: *»Ich habe mit der Energie der Vergangenheit abgeschlossen. Ich gebe mein altes Karma auf. Ich gehe vorwärts.«* Das waren die allerersten Anweisungen von mir über einen Prozess, der die Brücke vom physischen Selbst zum Angeborenen überschreitet. Wir sagten euch, ihr müsstet *reine Intention* anwenden.

Zellen verändern sich nicht automatisch

Reine Intention spricht eure Zellen auf so reine Weise an, dass der Körper das als Wahrheit betrachtet und entsprechend handelt. So wird Karma fallen gelassen. Ihr werdet als der Chef angesehen (so, wie es sein sollte), und daraufhin wird gehandelt.

Jetzt möchte ich euch etwas aufzeigen, was damals nicht gesagt wurde, was aber jetzt offenbart werden soll, denn die Zeit ist reif dafür. Es soll für euch einen Sinn ergeben, deshalb kommt zuerst die dahinterstehende Logik: Egal, wie euer Körper programmiert ist, er wird komplett vom freien Willen gelenkt. Ihr habt die Wahl, auf die Überlebensanweisungen eures Gehirns zu hören oder nicht. Ihr könnt frei entscheiden, zu glauben, dass diese Botschaft wahr ist oder nicht. Deshalb werden die esoterischen Wahlmöglichkeiten in dieser neuen Energie nicht automatisch aus dem Körper heraus getroffen. Freier Wille und Entscheidungsfreiheit bedeuten, ihr müsst das Angeborene mit eurem göttlichen Bewusstsein dazu anleiten, in diese neue Energie hineinzugehen.

Ergibt es für euch wirklich einen Sinn, dass das Angeborene, wenn ihr als alte Seelen in eine neue Energie kommt, in der Karma überflüssig ist, dieses Karma einfach von alleine aufgibt? Die Antwort lautet: Nein. Das Angeborene wartet auf Anweisungen, und euer Bewusstseinswandel ist nicht in eure DNA einprogrammiert. Genau darum geht es beim freien Willen.

Nun hört gut zu, denn das ist die Lehre dieses Tages! Das Angeborene, so klug es auch ist, macht einfach so weiter wie bisher, bis es neue Anweisungen bekommt. Ihr müsst das Angeborene umprogrammieren, denn es neigt zur alten Energie. Schließlich hat es schon immer – seit ihr Menschen seid – auf die gleiche Weise mit euch zusammengearbeitet. Es wurde konzipiert, um bestimmte Dinge auf bestimmte Weise zu tun, und jetzt ist die Zeit gekommen, das zu ändern. Euer Bewusstsein ist der Schlüssel zu dieser Veränderung. Das war es immer, und so wird es immer sein. Eure freie Wahl ist nötig, um die sogenannten *Anweisungen des Angeborenen* umzuprogrammieren.

Die erste Anweisung in der neuen Energie, die ich euch durchgab, war das Aufgeben des Karmas. Und jetzt kommt noch eine: *Programmiert das Angeborene in eurem Körper gleich jetzt um!* Diese Neuprogrammierung geschieht durch freie, bewusste Intention, und es ist nicht schwierig. Euer Bewusstsein ist durch reine Intention der König der körperlichen Veränderung. Dass ihr eure Chemie verändern und euren Körper heilen könnt, habt ihr schon immer gewusst; das Sprechen mit dem Angeborenen ist also der Schlüssel. Jetzt wird es komplizierter. Gleich sage ich euch, was das für ein altes Programm ist.

Ihr habt die Macht

Wie würde es euch gefallen, bei euch selbst Spontanremissionen auszulösen? Denkt einmal darüber nach! Ihr könnt das, denn das ist der nächste Schritt, meine Lieben. Zu einer Zellstruktur zu sprechen und eure Chemie zu steuern, ist *eine* Sache; das Angeborene zu kontrollieren eine *andere*. Damit macht ihr euch an den nächsten evolutionären Schritt.

Vor nicht allzu langer Zeit sagten wir euch in einer Durchgabe, Affirmationen seien wichtig. Affirmationen sind keine ständig wiederholten Sätze ohne Sinn und Konsequenz, und ich weiß, ihr versteht den Unterschied. Wenn ihr euch etwas eingeprägt habt, weil euch das jemand gesagt hat, und das gedankenlos ein paarmal wiederholt, hört niemand zu. Spirit betrachtet das lediglich als wortreiches Selbstgespräch und weiter nichts.

Hinter Bewusstsein mit Fokus steht *reine Intention:* Ihr müsst das wirklich so *meinen.* Affirmationen, insbesondere solche, die ihr selbst aus eurem eigenen Bewusstsein heraus kreiert, stellen die höchste Form reiner Intention dar. Das sind energetische Anweisungen an euren Körper zu regelmäßigen Zeiten und zu einem bestimmten Zweck; das ist fast so etwas wie eine Verabredung mit dem Angeborenen. Es ist etwas Persönliches.

Und so funktioniert es: Ihr müsst zum Angeborenen wie zu eurem besten Freund sprechen, so, als würde ein Mensch vor euch sitzen. Stellt euch vor, ihr habt ein Gespräch mit eurem besten Freund bzw. eurer besten Freundin. Würdet ihr dann ständig immer wieder nur dasselbe sagen? Die Antwort lautet: Nein. Vielmehr würdet ihr einem guten Freund zugestehen, dass er intelligent zuhören und verstehen kann. Genau dieses Vertrauen müsst ihr zum Angeborenen haben. Das Angeborene ist euer intelligenter Körper, und es ist an der Zeit, die Überzeugungen dieses intelligenten Körpers hinsichtlich eures spirituellen Überlebens neu zu programmieren. Denn das Angeborene hat die energetische Schwelle nicht mit euch überschritten. Euer Bewusstsein ist in diese neue Energie übergesiedelt, aber nicht eure alte, ursprüngliche Zellstruktur. Rekalibrierung, ihr Lieben, geschieht nicht automatisch!

Ihr alten Seelen, es gibt da einiges, was ihr verstehen solltet. Das Angeborene weiß alles über eure vergangenen Leben, ihr aber nicht. Ist das nicht interessant? Wie kann das bei einem effizienten System sein? Würdet ihr gerne mehr wissen? Was ist das für eine Energie, die ihr in einem früheren Leben hattet, die ihr euch verdient habt und die ihr heute wieder nutzen könntet? Davon haben wir bereits gesprochen. Das Schürfen in der Akasha geschieht durch freie Entscheidung des Bewusstseins und durch das Sprechen mit eurem Angeborenen. Muskeltests, Klopfen, BodyTalk, Affirmationen – alles, womit ihr die physische Logik des menschlichen Gehirns umgehen könnt, ist Arbeiten mit dem Angeborenen. Ihr müsst in eurer Realität anders denken, um dieses Potenzial voll und ganz zu verwirklichen. Ihr seid an Quantität, Wiederholung und andere lineare Konzepte gewöhnt, um etwas in euch zu verändern. Aber jetzt nicht mehr.

Auch die Homöopathie verlässt sich auf das Angeborene, damit sie funktioniert. Wusstet ihr das? Der Bereich der Homöopathie ist eine Aufgabe des Angeborenen. Eine Tinktur schickt ein Signal an den intelligenten Körper, Veränderungen vorzunehmen, deren Muster von der Tinktur vorgegeben werden. Deshalb wirken homöopathische Mittel tatsächlich. Sie sind so konzipiert, dass sie ein Signal an das Angeborene senden. Wirken sie? Oh ja!

Ihr seht, in euch habt ihr ein ganzes Heilungs- und Überlebenskonzept; es hält sich an einem Ort versteckt, und wir bitten euch, damit in Verbindung zu treten. Wenn ihr mit dem Angeborenen Verbindung aufnehmt, könnt ihr euch daran machen, herauszufinden, wer ihr früher einmal wart und wer ihr heute seid. Das Angeborene gibt euch, was ihr wissen müsst, denn es ist klug. Ihr könnt das Angeborene fragen, wer ihr in einem früheren Leben wart, und es wird euch keine Antwort geben, außer sie ist wichtig für euer spirituelles Überleben.

Jetzt wollen wir darüber reden, was ihr umprogrammieren müsst, und das ist das Schwierigste für das Angeborene.

Den Körper umprogrammieren

Nummer eins: Gebt euer Karma auf! Wir sagen es erneut: Das ist die Nummer eins. Was, ihr Lieben, schubst euch immer noch herum, was ist eure Achillesferse? Was gibt es da, was ihr einfach nicht versteht? Ich sage es euch: Es ist die Energie der Vergangenheit, und sie wird für die Zukunft nicht mehr gebraucht. Werdet sie los! Das Angeborene tut das, was ihr ihm sagt. Wenn es darin eine spirituelle Logik sieht, wird es mitmachen, denn nicht nur ihr, sondern auch das Angeborene lauscht dieser Durchgabe. Es weiß, was ihr wisst, und ihr seid der Bewusstseinsauslöser, um euer eigenes Angeborenes zu verändern.

Nummer zwei: Verändert den obersten Grundsatz des Angeborenen: Wozu ist das Angeborene da, was überhaupt keinen Sinn ergibt? Ich sage es euch gleich, und das ist eine der wichtigsten Offenbarungen bislang: Ihr Lieben, es gibt ein System mit dem Namen *Reinkarnation* – das ist derzeit der Motor der spirituellen Weiterentwicklung auf dem Planeten.

Ein Beispiel: Ihr lebt ein Leben; ihr lernt etwas Bestimmtes, und dann geht ihr. Ihr werdet auf dem Planeten wiedergeboren, und in eurer DNA und eurer Akasha steckt die Weisheit aus dem vergangenen Leben. Mit jedem Leben kommt mehr Weisheit dazu, und ihr habt den freien Willen, zu entscheiden, diese Weisheit zu nutzen oder nicht. Sie wird euch bei der Geburt als neues Potenzial mitgegeben. Eine alte Seele trägt in sich viel mehr esoterisches Wissen als eine neue Seele. Habt ihr das so weit verstanden? Ihr, als alte Seelen, wart hier und da und habt dieses und jenes gemacht. Habt ihr die Neulinge auf dem Planeten einmal beobachtet? Sie werden aus alldem nicht schlau.

Jede einzelne Lebenssituation trägt zu einer Weisheitsbibliothek bei. Ihr wisst, dass ihr alte Seelen seid. Und jetzt ratet mal, was das Angeborene damit macht?

Die alte Programmierung des Angeborenen

Jetzt sage ich euch, was das Angeborene zu tun gelernt hat und was im alten System nötig war. Seid ihr bereit? Tod! Damit ihr euch weiterentwickeln, Weisheit aneignen und euch im nächsten Leben in ein höheres spirituelles Bewusstsein begeben könnt, braucht ihr ein kurzes und produktives Leben. Dann reinkarniert ihr mit dieser Weisheit. Je kürzer die Lernzyklen sind (also je schneller ihr lernt), desto größeres Potenzial hat der Planet, um zu einer höheren Schwingung zu erwachen – das ist spirituelle Evolution.

Seht ihr allmählich, in welche Richtung das geht? Das Angeborene wurde so konzipiert, dass es euch kurze Lebensspannen gibt. Was für ein System! Es ist wichtig, dass ihr den Sinn darin erkennt. In einem älteren Bewusstsein wurde dieses System zum »Motor der Erleuchtung«. Der Schlüssel dazu war das »Recycling«, also die Wiederverwertung alter Seelen. Sie sollten Erfahrung und Weisheit sammeln. Dann wurden sie auf dem Planeten wiederverwertet, damit diese Weisheit genutzt werden konnte. Dabei dürft ihr Folgendes nicht vergessen: In der »alten« Energie konnte die Weisheit aus dem derzeitigen Leben nicht von den Gitternetzen des Planeten verwirklicht (genutzt) werden. Das ging nur durch Wiedergeburt und mit einer DNA, die nur ein Drittel ihres Potenzials wirkungsvoll nutzte.

Doch plötzlich habt ihr im Jahr 2012 die Schwelle überschritten [gemessen an der Präzession der Äquinoktien] und seid bewusstseinsmäßig an dem Punkt angekommen, von dem in den alten Prophezeiungen die Rede war. Ihr Lieben, deshalb bin ich hier! Zum ersten Mal seid ihr fähig, das zu tun, was wir vor 25 Jahren, als ich hier ankam, für möglich erachteten. Eure DNA ist dabei, sich weiterzuentwickeln.

Ich möchte, dass ihr alle hier eurem Angeborenen sagt, ihr müsst nicht mehr durch den Tod gehen, um eure Weisheit weiterzugeben! Es gibt jetzt einen neuen Prozess, und der ist ganz anders als alles, was ihr in der Vergangenheit hattet. Ihr könnt heute nicht nur die Weisheit eures gegenwärtigen Lebens in die Gitternetze des Planeten einspeisen, sondern auch alles, was ihr von Anfang an gelernt habt. Eure gesamte Weisheit und eure ganzen Lernerfahrungen aus eurer Akasha stehen auf einmal der Energie der Erde in Echtzeit zur Verfügung.

Ihr müsst nicht mehr schnell inkarnieren, sondern könnt mit zunehmendem Wirkungsgrad eurer DNA das auch tun, indem ihr hier bleibt. Wenn ihr 36 Prozent erreicht (wendet die Numerologie an!), ist der Prozess vollendet. Dann habt ihr die Fähigkeit, hier zu bleiben – für eine sehr lange Zeit!

Ihr Lieben, das Angeborene weiß das nicht. Jahrtausendelang hat es das potenzielle spirituelle Wachstum auf dem Planeten vorangebracht, indem es für kurze Lebensspannen sorgte. Das Angeborene muss das wissen, und ihr selbst müsst es ihm sagen. Längere Lebensspannen sind der Schlüssel zur Evolution des Planeten!

Ihr Lieben, ist es nicht logisch, dass ihr auf diesem Planeten mehr erreichen könntet, wenn ihr nicht immer wieder von Neuem wiedergeboren und erwachsen werden müsstet? Bleibt hier!

Weitere gute Gründe, das Karma aufzugeben

Einige von euch tragen so etwas wie das Potenzial einer Nahtoderfahrung mit sich herum. Das ist eine Zeit, die eurer karmischen Energie eingeprägt ist und in der ihr potenziell hättet sterben können. Dieses Potenzial existiert als Synchronizität, die euch genau in das hineintreibt, was ihr – wie das Angeborene meint – braucht. Das Angeborene begründet das folgendermaßen: »Es ist Zeit, das Leben zu vollenden, weil ihr wiedergeboren werden und damit weitermachen müsst.« Dies ist der einzige Prozess, den das Angeborene jemals gekannt hat, um die Weisheit durch den Schleier hindurch wieder auf den Planeten zu bringen.

Doch jetzt seid ihr dabei, in dieser neuen Energie mit dem Höheren Selbst in Berührung zu kommen, und damit könnt ihr die Weisheit in euer jetziges Leben einbringen. Das lehren wir seit vielen Jahren. Einige von euch können durch tief greifende Lebenserfahrungen in die Knie gezwungen werden und kommen daraus mit einer völlig anderen Persönlichkeit hervor. Das ist

fast so etwas wie eine Wiedergeburt während des Lebens. Ich frage euch: *»Wer wart ihr vor fünfzehn Jahren? Seid ihr wirklich noch dieselbe Person? Denkt und handelt ihr immer noch so wie damals?«* Überlegt einmal, was geschehen ist!

Viele Menschen auf der Erde werden sagen: *»Das ist doch Blödsinn! Man wird so geboren und bleibt auch so.«* Aber das ist einfach das alte traditionelle Denken. Ihr könnt fast alles in eurem Körper umprogrammieren! Viele von euch wissen, dass ihr eure ganze Persönlichkeit, vielleicht sogar eure menschliche Natur verändert habt. Ihr habt sogar eure physisch-körperliche Struktur verändert. Manche von denen, die diese Worte lesen, altern nicht mehr, und darum geht es hier: um den Beweis, dass das real ist.

Der Schlüssel, um den Alterungsprozess zu stoppen, wie ihr ihn heute kennt, ist die Umprogrammierung des Angeborenen. Euer Körper ist auf Altern ausgelegt, auch wenn das wider den gesunden Menschenverstand ist. Euer zellulärer Körper wurde so konzipiert, dass ihr euch verjüngt, aber das klappt nicht so gut. Versteht ihr? Die Aufgabe des Angeborenen besteht darin, das zu ändern, aber dafür braucht es das entsprechende Signal. Das ist der freie Wille, und ihr seid die Einzigen, die das tun können – kein Vermittler, kein Heiler, kein Medium. Ihr selbst müsst lernen, wie ihr mit dem Angeborenen kommunizieren könnt.

Sagt dem Angeborenen, dass ihr nicht mehr sterben müsst, um spirituelles Wachstum zu bewirken. Das könnt ihr praktisch auf beliebige Weise tun. Lernt, wie ihr *positive* Affirmationen kreieren könnt. Nehmt mit dem Körper so Verbindung auf, wie es euch eben gerade in den Sinn kommt. Ihr seid bereit dafür, mit dem *intelligenten Körper* zu kommunizieren.

Nun, das Schöne daran ist Folgendes: Ihr müsst das Angeborene von nichts überzeugen. Es weiß schon! Es hat auf den Anruf gewartet. Sobald es sieht, welche Fortschritte euer Bewusstsein gemacht hat, ist es eine beschlossene Sache. Habt ihr das gehört? Das Angeborene weiß, wer ihr seid! Es ist ja schließlich der *intelligente Körper.* Aber das weiß es erst, wenn ihr den Anruf getätigt habt.

Das Angeborene ist bereit zur Zusammenarbeit, sobald es den neuen, höher entwickelten Weg spiritueller Evolution sieht.

Und das führt dazu, dass ihr vielleicht viel länger lebt. Manche sagen: *»Ich bin mir nicht sicher, ob ich das überhaupt will.«* Wenn ihr das sagt, glaubt ihr an ein altes Paradigma: Alter = schlechte Gesundheit. Aber das muss nicht so sein! Das ist also der nächste Schritt: Bleibt gesund, während ihr nicht altert! [Kryon lächelt.] Verjüngung ist nichts Kompliziertes. Steckt es womöglich voller Liebe? Jawohl! Ist es etwas Neues? Jawohl. Und es ist auch so intelligent, dass es gut funktioniert.

Ihr Lieben, soeben habe ich euch ein Attribut genannt, das ich der Menschheit bislang noch nie durchgeben konnte; ihr habt es heute Abend das erste Mal vernommen. Damit ich euch diese Informationen übermitteln konnte, musstet ihr die Energieschwelle des Jahres 2012 überschreiten, das Jahr 2013 hinter euch bringen und das Jahr 2014 erreichen. Es ist an der Zeit für euch, die Wahrheit zu erfahren: Ihr habt über viel mehr die Kontrolle, als man euch gelehrt hat. Ihr seid so mächtig! Ihr werdet das sehen, und dann werdet ihr es auch glauben. Ihr alle seid einzigartig, und nicht alle werden das Angeborene mit derselben Kraft erwecken können, denn jeder von euch ist eine Einzelperson auf ihrem ganz persönlichen spirituellen Weg. Ihr Lieben, ich weiß, wer ihr seid!

Ihr alten Seelen auf diesem Planeten, erwacht! Erwacht und öffnet euch einem neuen Prozess und einer neuen Art zu leben! Ihr könnt eure Lebensspanne verdoppeln ... oder sogar noch länger leben! Habt keine Angst vor dem, was um euch herum vorgeht. Manche Leute können all das nicht annehmen, und deshalb können sie es auch nicht anwenden. Sie verstehen es einfach nicht. Nach und nach zeigen sich die Unterschiede zwischen diesen Menschen und euch, weil ihr nicht so schnell altert, und das macht ihnen Angst. Doch das wird nicht auf ewig so sein, denn eines Tages wird die ganze Menschheit wissen, dass das, was ich heute Abend lehre, die Wahrheit ist.

Kryon
(Live-Channeling »Offenbarungen über das Angeborene«, durchgegeben in Portland/Oregon, 22. November 2014; von Lee Carroll für dieses Buch ergänzt und erweitert)

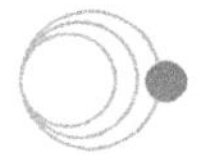

Wow, welch ein großartiges Geschenk von Kryon, damit wir im Leben weiterkommen! Ihr Angeborenes steht bereit und wartet darauf, Ihnen das Gewünschte zu geben.

Ich plane, die Glockenkurve zu unterbrechen und länger zu leben als der Durchschnitt, und das in einem gesunden und aktiven Körper. Und wie steht's mit Ihnen? Es ist nie zu spät, damit anzufangen. Unser Körper verzeiht uns vieles, und es gibt zahllose Beispiele dafür, wie Menschen sich von Krankheit und Leiden befreit haben. Und machen Sie sich keine Sorgen, wenn Sie ab und zu stolpern und fallen – die Hauptsache ist, sich wieder aufzuraffen und weiterzugehen. Und denken Sie daran: Ihre Akasha-Abstammung geht auf Gott den Schöpfer zurück!

FRAGE AN KRYON

Kannst du uns mehr darüber sagen, wie wir erkennen können, was der Körper uns sagt? Kannst du diesen Zyklus beschreiben?

Das ist kein Zyklus; es passiert dauernd, und die Menschen sind einfach nicht daran gewöhnt. Das Angeborene des Körpers hat mehrere Methoden, euch aufmerksam zu machen, damit ihr gute Entscheidungen kreiert.

Erstens: ***Intuition.*** Intuition wird euch im Laufe eures Lebens ständig durchgegeben. Sie entspringt nicht dem Gehirn und nutzt ganz andere Teile eurer Anatomie, um euch zu helfen. Sie ist flüchtig, wird oft als unwichtig betrachtet und meistens einfach verworfen.

Zweitens: ***Emotion.*** Reagiert ihr plötzlich auf etwas emotional? Achtet darauf, denn der Körper will euch damit etwas sagen.

Drittens: ***unerwartetes Frösteln.*** So gewinnt der Körper am besten eure Aufmerksamkeit. Frösteln entsteht ganz leicht, und wenn es euch in bestimmten Situationen fröstelt, dann sagt euch der Körper damit: »Achtung, aufgepasst!«

Das Angeborene hört immer auf euch und ist bereit, euch Feedback zu geben.

Die menschliche
Seele

Kapitel 4

Die Kern-Seelengruppe

Diese Gruppe ist am schwersten zu erklären, denn sie befindet sich nicht in 3-D. Die menschliche Seelengruppe und die Gaia-Seelengruppe verfügen über Attribute, deren Auswirkungen man beobachten kann, beispielsweise durch Muskeltests über das Angeborene und durch Veränderungen am Magnetgitter in Reaktion auf das menschliche Bewusstsein (wie in den vorstehenden Kapiteln besprochen). Doch die Kern-Seelengruppe wird größtenteils erst dann erfahren, wenn wir über das Überlebensbewusstsein hinauswachsen, manchmal auch während einer Rückführung in ein früheres Leben oder während einer Nahtoderfahrung.

Die Kern-Seelengruppe umfasst das Höhere Selbst, Ihre Geistführer und den sogenannten *Seelensplitter:*

- Das Höhere Selbst (welches auf der anderen Seite des Schleiers verbleibt); dies ist das *Kern-Selbst.*

- Ihre Geistführer (Helferenergien); das sind die Anteile von Ihnen, die sich etwas außerhalb von 3-D befinden und für das Mitschöpfertum zuständig sind.
- Der Seelensplitter (das Stück, welches *immer* auf der anderen Seite des Schleiers verbleibt). Ein Teil von Ihnen ist dreidimensional auf der Erde, und ein Teil verbleibt auf der anderen Seite des Schleiers; dadurch entsteht für die Menschheit »Synchronizität«. Ihre Seele auf der anderen Seite sieht das größere Bild, und gemeinsam mit der multidimensionalen »Suppe« *aller* Seelen ist er für das Mitschöpfertum verantwortlich.

Bei der Kern-Seelengruppe geht es um Mitschöpfertum und Synchronizität. Sie erzeugen zusammen mit Ihrem Höheren Selbst, Ihren Geistführern und Ihrem Seelensplitter Synchronizitäten – genauso, wie auch die anderen Menschen mit ihrem Höheren Selbst, ihren Geistführern und Seelensplittern dies tun.

Das Höhere Selbst (das Kern-Selbst)

Das Höhere Selbst in dieser Gruppe nennt Kryon das »Kern-Selbst«. In der Dreidimensionalität sehen wir das Höhere Selbst als das göttliche Selbst und spüren es als den *Gott in uns.* Doch ein Teil des Höheren Selbst verbleibt auf der anderen Seite des Schleiers. Im Rahmen der menschlichen Seelengruppe ist das Höhere Selbst der Kommunikator und wird von der Zirbeldrüse und der Intuition repräsentiert. In der Kern-Seelengruppe dagegen ist es der *Kern* und steht für die Essenz Gottes in unserer DNA. Im Kryon-Buch 10, »Die 12 Stränge der DNA«, wurde das Höhere Selbst als sechste Schicht identifiziert – als die Schicht des »Ich bin, der ich bin«. Wenn Sie durch Gebet oder Meditation den heiligen Ort in sich öffnen, versenken Sie sich in den Kern und spüren den inneren Schöpfer.

Dieser Teil von Ihnen, der auf der anderen Seite des Schleiers ist, verfügt über Existenzschichten, die zusammenkommen und miteinander verschmelzen, wenn Sie das Tor zu Ihrem Höheren

Selbst öffnen, was wiederum die Verbindung zu dem Teil Ihres Selbst unterstützt, der heilig ist. Kryon bittet uns oft, »uns in unseren Kern sinken zu lassen«. Wie können wir uns in unseren Kern versenken? Das ist eine schwer zu beantwortende Frage, denn jeder von uns ist einzigartig. Ich kann nur die damit verbundene Empfindung beschreiben. Wenn ich mein Kern-Selbst fühle, spüre ich eine überwältigende Energie (stärker als die stärkste Emotion), in der ich vollkommen in Frieden bin und mich von nichts mehr getrennt fühle. Lee Carroll beschreibt seine eigene Erfahrung in Kapitel drei des Kryon-Buchs 11, »Recalibration – Eine Neuausrichtung der Menschheit«. Jedes Mal, wenn Lee Carroll auf dem Stuhl sitzt, um zu channeln, verspürt er, wie er sagt, dasselbe Gefühl. Nachfolgend ein Auszug aus Lees Buch, in dem er uns von seinen Erfahrungen erzählt:

> »Ich sitze auf dem Stuhl, und es ist ganz still. Es ist egal, wie viele Menschen sich im Publikum vor mir befinden. Ich habe das schon vor vielen Leuten gemacht, aber auch in der Wildnis, wo nur ein paar wenige Menschen anwesend waren. Ich habe das Gefühl, die Brücke zu überqueren, und immer ist da ein Zögern. Gleich trete ich in einen Realitätsnebel ein, den man nicht beschreiben kann. Klar kann man das Channeln erlernen, aber niemand wird Ihnen das beibringen, was ich fühlen und sehen werde. Der Nebel ist dort, wo die Liebe ist – ein Ort, an dem man bleiben möchte. Der dreidimensionale Geist ist darauf nicht vorbereitet, und ich habe über zehn Jahre gebraucht, um zu dieser Reinheit zu gelangen, zu diesem Platz, wo ich zwischen dem hänge, was ich in 3-D weiß, und dem, was ich als Kind Gottes ›weiß‹.
>
> Wie erkläre ich den Dimensionswechsel jeder Zelle, der mir zugeflüstert wird? Während ich channele, verändert sich meine Zellstruktur – oh, welches Gefühl! Ich halte die Augen geschlossen, doch plötzlich habe ich keine Augen mehr. Manche Menschen können mit offenen Augen channeln, ich aber nicht.
>
> Spirit hat die Filter der Dreidimensionalität weggenommen und mich aus meiner Realität hinausgeführt, aber ich stecke immer noch in meinem Körper. Niemand kann das lehren. Es gibt

keine Möglichkeit, jemandem beizubringen, rein zu werden und alles, was man gelernt hat, hinter sich zu lassen. Man kann nicht lehren, zurückzuschauen und nur eine Seite der Dualität zu sehen. Man hat die Küste verlassen und blickt zurück auf die Essenz des Menschseins, in die man nicht mehr involviert ist. Leserinnen und Leser, spürt die Stille, während ihr dies lest! Dort, wo ich bin, gibt es keinen Klang. Es ist das Gefühl einer Art Brise, ein flüsternder Wind mit einer Botschaft, die ich nicht entschlüsseln kann, und doch kann ich es. Eine vertraute Stimme in einer mir ach so wohlbekannten Sprache, aber ich kann mich nicht so recht daran erinnern. Noch channele ich nicht, oder doch? Es gibt keinen zeitlichen Bezugspunkt, und ich spüre etwas anderes, etwas Großes. Was ist es? Welchen Teil von mir werde ich gleich treffen?

›Wer ist da?‹

Die Botschaft an meine Zellen wird auf einmal überbracht, nicht durch Klang. Spreche ich bereits, dort auf dem Stuhl? Ist das wichtig? Werde ich in meine Realität zurückkehren? Ist das wichtig? Plötzlich höre ich eine Stimme, sie ist von mir getrennt, aber es ist Lees Stimme. Sie klingt seltsam, denn es ist nur eine von vielen Stimmen in mir. Meine Akasha wird von der Wahrheit dessen, was geschieht, zum Klingen gebracht, und die flüsternde Stimme wird lauter.

›Seid gegrüßt, meine Lieben,
ich bin Kryon vom Magnetischen Dienst.‹«

Lees Beschreibung lässt erahnen, wie sich das »Versenken im Kern« anfühlt. Viele Menschen haben das beim Meditieren schon erlebt, manche auch im Gebet. Gebet und Meditation sind die »Kommunikationsmittel« des Menschen für die Kommunikation mit Gott. Kryon beschreibt in einer Durchgabe den Prozess des Betens und des Meditierens, der uns das, was dabei passiert, besser verstehen lässt. Leider konnte ich diese Informationen in dieses Buch nicht mit aufnehmen, da die Wortanzahl begrenzt war; Sie können sie aber kostenlos auf meiner Website *www.monikamuranyi.com* unter dem Reiter »Extras« nachlesen, und zwar im Kapitel »Prayer and Meditation«.

Das Höhere Selbst ist überall gleichzeitig – dies ist eines der Attribute, das für uns so schwer verständlich ist. Es befindet sich nicht an einem bestimmten Ort. Viele Menschen sehen im Höheren Selbst etwas, das höher (also über uns) steht, doch dieses »höher« bezieht sich auf unser eigenes »Schwingen« auf einer höheren Ebene. Dieser unser Gottesteil schwingt höher als alles andere im Körper und ist in unserer DNA zu finden. Kryon erklärt, wo das Höhere Selbst existiert:

Das Höhere Selbst steckt in jedem Molekül eurer DNA; es ist Teil des Angeborenen. Es sitzt nicht in eurem Herzen oder eurem Gehirn, sondern es befindet sich außerhalb von euch und zugleich in euch. Es durchdringt ein Körperquantenfeld, welches durch eure Heiligkeit erzeugt wird. Es wird »Höheres Selbst« genannt, weil es mit einer höheren Vibration schwingt als eure Körperstruktur. Deshalb ist es ein Teil von euch, der sich in einem höheren Schwingungszustand befindet und eine multidimensionale Realität erzeugt. Könntet ihr nur die Tür zwischen eurem *körperlichen Selbst* und eurem *Quantenselbst* öffnen, welches das »Höhere Selbst« genannt wird, dann wäret ihr vollständig. Das ist das, was wir gerade erforschen, nicht wahr?

Es läuft also auf Folgendes hinaus: Habt ihr Helfer? Jawohl! Gibt es Geistführer und Engelwesen? So, wie ihr das spürt – ja! Doch es ist viel mehr als das. Sie repräsentieren eine Energiesuppe, die teilweise *ihr* seid, teilweise das *Höhere*, das *göttliche Selbst*. Alles, was göttlich ist, hat Verbindung zur Quelle, und die schöpferische Quelle des Universums ist ein Teil von euch. Die Verbindung ist immer da.

Ich frage also nochmals: Habt ihr Hilfe? Jawohl! Und woher kommt sie wirklich? Jawohl! [Kryon lächelt.] In einer multidimensionalen Realität gibt es so etwas wie einen Ort nicht. *»Warum nicht, Kryon? Es gibt den Himmel, oder nicht? Das ist ein Ort.«* Wenn ihr so wollt ... Aber ist es ein Ort – oder ist er in jedem Luftmolekül? Ist er im Leben der Natur? Durchdringt er Gaia? Ist er alles, was ihr seht? Ist er Licht? Ja. Das heißt, ihr seid niemals allein. Und das heißt auch, der »Himmel« ist vielleicht näher, als ihr meint.

Die Meister und Schamanen wissen Folgendes: *»Wo immer ich gehe, habe ich Hilfe. Meine Helfer haben alle* mein *Gesicht, und sie sind wunderschön. Ich bin ein Stück Gottes; ich bin quantenhaft. Meine Geistführer helfen mir ohne Ende, und meine Intuition kommt aus der schöpferischen Quelle. Ich habe Hilfe aus der Luft, von den Tieren, den Bäumen und dem Erdboden, auf dem ich gehe. Liebe durchdringt alles um mich herum, und sie ist Teil des Angeborenen. Ich frage nicht* wo, *denn es gibt kein Wo. Ich frage nicht* wer, *denn* wer, *das ist das* eine, *und das bin* ich.«

Das ergibt für euch vielleicht keinen Sinn, denn all das hat nichts mit eurer dreidimensionalen Denkweise zu tun. Doch viele von euch fühlen die Schönheit und das Mitgefühl, wodurch es entstand. Vor allem könnt ihr es in euch spüren. Könnt ihr es nutzen? Das ist die Einladung.

Was ist das Einzige, was ein Tier fühlen kann und was über Nahrung, Nähren und Unterschlupf hinausgeht? Liebe. Tiere können euch in die Augen schauen und euch zurücklieben, stimmt das? Oh ja, das stimmt. Es ist eine universale Quantenenergie, die man nicht leugnen kann. Sie zähmt das wilde Pferd, und sie ist das Einzige, was dies vermag. Sie ist wohlschmeckend, wunderschön und quantenhaft.

Warum das also nicht auf euch selbst anwenden? Sprecht: *»Ich weiß, dass ich auf ewig mit Spirit verbunden bin. Ich bin, wer ich bin.«*

Kryon
(Live-Channeling »Intuition, Führer und Engel«, durchgegeben in Sacramento/Kalifornien, 3. Juli 2011; von Lee Carroll für dieses Buch ergänzt und erweitert)

Abschließend fassen wir zusammen: Das Höhere Selbst ist in jeder Dreiergruppe der neun Attribute des Menschen zu finden. Ihr Höheres Selbst ist Teil Ihres Selbst und steht in direkter Kommunikation mit Gott und dem Teil von Ihnen, der immer mit der Familie »verbunden« ist. Wenn Sie sich in Ihren »Kern versenken«, verbinden Sie sich mit Ihrem *inneren Gott* und kommunizieren mit ihm.

In einer älteren Energie mussten sich die Menschen entsprechend vorbereiten, um diese Kommunikation mit Gott herzustellen, und nicht jeder Mensch konnte das erreichen. Doch in der neuen Energie können wir, wie Kryon uns gesagt hat, diese göttliche Kommunikation immer haben. Sie steht (durch freien Willen) jedem Menschen auf dem Planeten offen. Ihr Höheres Selbst steht direkt neben Ihnen (in jedem Augenblick), ganz egal, was Sie gerade tun.

Ihr Höheres Selbst steht bereit und wartet darauf, dass Sie Ihre Meisterschaft für sich in Anspruch nehmen, und dann verläuft Ihr tagtägliches Leben so liebevoll, friedlich und anders, dass Sie sich weigern, Drama, Wut oder Sorge zuzulassen, egal, womit Sie konfrontiert werden. Jeden Augenblick eines jeden Tages sind Sie »mit der Familie verbunden«, während Sie an ganz gewöhnlichen Orten wandeln. So lebten die Meister ihr Leben, und dadurch haben sie die Menschen um sie herum verändert.

Vielleicht meinen Sie, das sei unmöglich zu erreichen? Manche Tage sind womöglich schwieriger als andere? Warum bitten Sie in einem ersten Schritt nicht in den Momenten um diese Verbindung, wenn Sie in Ruhe und Stille sind? Widmen Sie sich der Meditation, visualisieren Sie diese Verbindung und sagen Sie Ihrem Höheren Selbst, dass Sie diese Verbindung einrichten und am Laufen halten möchten. Nutzen Sie dann das tiefe emotionale Gefühl dieser kostbaren Momente und bewahren Sie sie auch weiterhin! Kommen Sie aus der Meditation heraus und leben Sie in dieser dreidimensionalen Welt in einer multidimensionalen Liebesblase. Sie müssen die Meditation und die Kommunikation niemals unterbrechen.

FRAGEN AN KRYON

Bei den meisten Menschen auf dem Planeten hat die DNA einen Wirkungsgrad von etwa 33 Prozent, doch manche alten und auch neugeborenen Seelen haben eine Effizienz von bis zu 40 Prozent. Die Meister, die auf dem Planeten wandelten, hatten einen sehr hohen DNA-Wirkungsgrad. Ihre Merkaba (das sie umgebende Energiefeld) beeinflusste auch diejenigen, die damit in Kontakt kamen – was oft Wunderheilungen

bewirkte. Kannst du erklären, wie das funktioniert? Besuchen uns die Plejadier deshalb nicht in ihrem physischen Körper, weil ihre Merkaba unsere DNA verändern würde – was der Selbstbewusstwerdung und dem freien Willen zuwiderliefe?

Das ist eine neue Lektion: Die menschliche DNA ist eine »bewusste Energie«, deshalb ist auch das Feld um den Körper herum, die sogenannte *Merkaba,* immer »bewusst«. Das ist der Grund dafür, warum die Evolution im gegebenen Zeitrahmen ablief. Wir werden das als AE (*Aware Energy,* dt. *bewusste Energie*) bezeichnen. Darüber gab es in Sylvan Lake/Kanada am 24. Januar 2015 ein Channeling mit dem Titel »Offenbarungen über die Evolution«.

Kommt ein bestimmtes Lebenssystem in Kontakt mit einer höher entwickelten Version seiner eigenen Art (beispielsweise Mensch mit Mensch), ist es sich dessen bewusst und versucht, es nachzuahmen. Das Leben auf dem Planeten hat sich nicht nur durch »natürliche Auslese« entwickelt, sondern durch eine Art »Schnellverfahren« der bewussten Energie. Die schnelle Evolution des Lebens war also keineswegs eine zufällige Mutation, sondern es hatte mit bewusster Energie zu tun: Es kam jedes Mal zu deutlichen Verbesserungen, die ganze Gruppe »wusste« es, und neue Geburten wurden auf dieses neue Modell hin ausgerichtet. Vergesst nicht, das Angeborene ist klug!

Das ist die »Dunkelkammer«-Metapher, die wir euch vor über 20 Jahren gegeben haben: Wenn viele Menschen sich in einem sehr dunklen Raum befinden und einer ein Streichholz anzündet, können alle besser sehen, nicht nur der eine mit dem Streichholz. Alle lieben die Bewusstheit des neuen Sehens und wollen das auch für sich haben. Deshalb haben auf dem Weg immer mehr Menschen Streichhölzer.

Die Meister des Planeten verfügten über eine hoch entwickelte DNA, und viele Menschen wollten sich ihnen anschließen. Ausgewogenheit erzeugt Ausgewogenheit, und sogar die Natur reagiert auf ihre friedliche Haltung. Das ist das beste Beispiel, das wir anführen können, wie Ausgewogenheit und Weisheit Aufmerksamkeit und Nachahmung erzeugen. Das ist das Haupterzeugnis der Evolution. Aber es muss von alleine passieren, und jawohl ..., deshalb präsentiert sich euch ein höher entwickeltes Bewusstsein nicht in Form von Personen en masse. Das würde den freien Willen beeinträchtigen.

Aber macht euch bewusst, dass dies eine der größten (noch) nicht erkannten Regeln ist, die in der Natur existieren, und alles, auch Pflanzen, beruhen auf dieser Regel.

Viele Lichtarbeiter haben eine gute Kommunikation mit ihrem Höheren Selbst entwickelt. Manchmal verwenden sie eine Technik, um sich mit dem Höheren Selbst anderer Menschen zu verbinden und positive Resultate zu fördern. Eine Lichtarbeiterin hat mir beispielsweise von einer schwierigen Arbeitsbesprechung erzählt. Vor dem Treffen meditierte sie und visualisierte, wie sie mit dem Höheren Selbst aller anderen Besprechungsteilnehmer kommuniziert und um das beste Potenzial bittet. Und das Resultat übertraf all ihre Erwartungen: Alle sprachen von dem positiven Ergebnis, und das Gespräch drehte sich nicht wie erwartet um Drama und Konflikte. Kannst du uns mehr über diesen Prozess sagen?

Das stimmt und beweist, dass Teile eines jeden Menschen auf der »anderen Seite« existieren, zusammen mit den 3-D-Teilen hier auf der Erde.

Überlegt einmal: Wenn es stimmt, dass von jeder menschlichen Seele ein Teil auf der anderen Seite des Schleiers existiert, dann bedeutet das, dass jeder Mensch einen »Engel-Wächter« bzw. die Fähigkeit hat, sich ein umfassenderes Bild von der Realität zu machen. Doch solange der einzelne Mensch nicht mit dem Portal des Höheren Selbst kommunizieren kann, kann er nicht mit dieser wunderbaren Gabe arbeiten.

Und deshalb geschieht etwas, was wahrhaft voller Mitgefühl und Güte ist. Dank der wenigen, die mit ihrem Höheren Selbst kommunizieren können, können *alle* davon profitieren. Anders ausgedrückt: Es gibt eine »Konferenzschaltung«. Das von dir beschriebene »Treffen« könnte auch eine beliebige »Situation« aus dem wirklichen Leben sein. Weil *einer* Informationen darüber erhielt, was zu tun ist, haben sozusagen *alle* die Informationen bekommen. Auf einer bestimmten Ebene wurde allen Menschen durch dieses Treffen bzw. diese Situation geholfen.

Das erfordert Einigkeit und Konsens sowie die freiwillige Entscheidung, an so etwas teilzuhaben – aber ziemlich oft spricht selbst zu Menschen, die keine Vorstellung von einem Höheren Selbst haben, ihr Angeborenes (der intelligente Körper) auf intuitiver Ebene zu ihnen und sagt: *»Gute Idee ..., dieser Person kannst du vertrauen!«*

Das erklärt einiges, wenn du an die Mysterien zwischenmenschlicher Beziehungen denkst und warum sie so gut funktionieren ... oder auch nicht.

Oft brechen Menschen, die eine tiefe Verbindung mit ihrem Kern-Selbst erleben, in unkontrollierbares Weinen aus. Die Emotionen dieser Verbindung sind überwältigend. Kannst du erklären, warum Menschen, die diese göttliche Kommunikation fühlen, ihre Tränen nicht kontrollieren können, insbesondere wo sie doch gar nicht traurig sind?

Das ist einfach: Eure Gedanken könnt ihr ganz leicht kontrollieren, aber eure Emotionen nicht immer. Wenn deine geliebte verstorbene Mutter oder dein Vater plötzlich nicht mehr tot wäre und zu dir zurückkehren würde, könnte dein Körper sich nicht unter Kontrolle halten und würde aus Freude und vor lauter Staunen aufschluchzen. Dein Herz würde überfließen, und du würdest tagelang in Freudentränen ausbrechen.

Wenn der aus Zellen bestehende Mensch seinen esoterischen Teil findet, findet eine ähnliche Wiedervereinigung statt, und die Freude führt oft zu unkontrolliertem Weinen, zu Dankbarkeit und Freude. Denkt daran: Emotionen kommen nicht wirklich aus dem Gehirn.

Oft wird das als das »Erwachen eines Menschen zum Größeren Selbst« bezeichnet. Das kann fast überall passieren, aus allen möglichen Gründen ... und nicht nur unter euch alten Seelen. Manchmal geschieht das durch eine Notsituation oder eine tief greifende persönliche Erfahrung oder einfach im Laufe des Älterwerdens. Menschen sind zu einem bestimmten Zeitpunkt oft bereit für ein »Aha-Erlebnis« über die Realität dessen, wer sie in Wahrheit sind.

Die Geistführer

Ihre Geistführer sind Gefäße, welche das Nebenprodukt der Energie enthalten, die durch Ihre Intention erzeugt wird. Dieser Teil der energetischen Alchemie hat mit dem Kosmischen Gitternetz zu tun. Wie unsere Geistführer wirken, lässt uns verstehen, warum jeder Mensch das Potenzial hat, den Planeten zu verändern, wenn er sein Leben verändert und spirituelle Offenbarungen erlebt.

Die Rolle der Geistführer

Ich möchte euch etwas über die Alchemie der Energie erzählen. Alle Energie muss immer in Balance sein – auch spirituelle Energie. Ich bin hier als Meister vom Magnetischen Dienst, um euch zu sagen, dass es immer ein Gleichgewicht gibt. Selbst im Zentrum eurer Atomstrukturen, in den Atomen – und alle Physiker haben sich gefragt, warum das so ist – ist der Kern so klein und der Elektronennebel so weit von ihm entfernt. Intuitiv ergibt es keinen Sinn, dass die Masse im Zentrum physisch so viel Raum erzeugt. Deshalb haben wir über das Kosmische Gitternetz gesprochen, die Kraft, die aufsteigt und die um euch herum immer in Balance ist.

Ihr Lieben, das ist mit dem, was ihr spirituell erlebt, während ihr auf diesem Planeten wandelt, nicht anders. Denn wenn sich eine Energie in eine andere verwandelt, verschiebt sich die Balance. Verwandelt ihr eine Energie in eine andere, so entsteht ein spirituelles Nebenprodukt. Wir werden euch nun sagen, was das spirituell ist, aber nicht, was es mechanisch oder physisch ist.

Eure Geistführer sind Gefäße und enthalten das Nebenprodukt der Energie, welches durch eure Intention erzeugt wird. Die

Geistführer sind Träger dieser Energie. Diejenigen unter euch, die die Intention bekundet haben, ihr altes Karma aufzugeben und sich auf einen neuen Weg zu begeben, sind im Begriff, eine Leiter schwingungsmäßiger Veränderungen hochzusteigen, wodurch eine Verwandlung nach der anderen stattfindet, sodass Alchemie auf Alchemie folgt. Ihr nehmt das, was *war,* und verwandelt es in das, was sein *wird.* Jedes Mal, wenn ihr das tut, entsteht ein energetisches Nebenprodukt aus dem Nichts, durch eure *Intention.* Das ist so großartig, ihr lieben Freunde, dass im Laufe dieses Prozesses oft ein neuer Geistführer hinzukommt. Deshalb reiht sich der dritte ein, von dem wir vor fast zehn Jahren gesprochen haben.

Energieerzeugung

Jetzt wisst ihr es. Die Geistführer existieren, unter anderem um die Energie zu unterstützen, die ihr scheinbar aus dem Nichts erzeugt; das gehört zu der Balance dessen, was passiert, wenn ihr spirituelle Entscheidungen trefft. Wir wollen über den ersten von dreien sprechen (und es ist stimmig, dass wir drei verwenden).

Intention

Der erste Führer wird wohl für niemanden eine Überraschung sein, denn wir sprechen ständig davon, und wir sind bereits dort angekommen: *Intention* ist der erste. Die durch Intention erzeugte Energie verwandelt Karma. Ich denke, ihr alle verdient es, die Energie hinter der Verwandlung von Karma zu verstehen.

Es ist etwas sehr Tiefgründiges, was von euch durch Intention gelöscht wird und sich in etwas anderes verwandelt. Wir haben euch in anderen Durchgaben schon gesagt, was damit passiert, denn sein Potenzial muss irgendwohin gehen [wegen der

Balance]. Die Energie potenziellen Karmas steht für euer ganzes menschliches Lebenspotenzial! Wenn ihr es verändert, muss das, was Energie *war,* im Laufe des Verwandlungsprozesses irgendwohin gehen. Wie wir geschrieben haben, geht es in Gaia ein – in den Boden der Erde – und der Planet saugt diese Energie auf. Deshalb verwandelt es sich von einem spirituellen Aspekt des Menschen in einen spirituellen Behälter, den ihr »Erde« nennt. Dort befindet es sich. Das Nebenprodukt dieser Alchemie ist der Wandel der Erde. Deshalb bewegt sich die Erde so, wie sie es derzeit tut, und deshalb erwärmen sich eure Ozeane so, wie sie es tun. Genau das findet statt, und das haben wir prophezeit, wie ihr nachschauen könnt. Die schneller verlaufenden Wettersysteme eures Planeten und die geologischen Eigenheiten sind direkt darauf zurückzuführen, dass Menschen zu Lichtträgern werden.

Wenn Menschen ihre Intention bekunden, nun weiterzugehen, passiert noch etwas: Es entsteht eine neue Energie, und zwar scheinbar aus dem Nichts – eine Energie, die dem Kosmischen Gitternetz die Hand schüttelt; eine Energie, die daraufhin von den Führern des Menschen, der die Entscheidung getroffen hat, gespeichert wird. Das erklärt die *Macht* der Intention, wie wir ja schon besprochen haben. Reine Intention schöpft aus dem Kosmischen Gitternetz, um Veränderungen im Leben zu bewirken. Im Rahmen dieses Prozesses wird diese *neue* Energie von der Dreiheit im Menschen aufgenommen, und der Energiequotient des Menschen ist höher als vorher.

Andere Menschen (insbesondere Seher) nehmen plötzlich eure höhere Schwingung und Kraft wahr. Eure Aura verändert sich, und euer Licht scheint so stark wie nie zuvor!

Habt ihr euch schon einmal gefragt, was zu »sehen« ist, wenn ihr euer Licht tragt? Ich sage euch, was es ist: Es ist die Tatsache, dass – metaphorisch gesprochen – eure Führer »Gefäße mit *neuer* Energie« tragen, und diese mit Energie gefüllten Gefäße stehen für die neue Energie, die entstand, als ihr euch entschieden habt, im Leben spirituell weiterzugehen. Es gibt einen Grund dafür, dass diese Führer diese Gefäße tragen. Bevor unsere gemeinsame Zeit diesmal vorbei ist, werden wir euch sagen, warum – und wie es funktioniert.

Und wenn ein Mensch im Laufe einer Lebensspanne keine spirituellen Entscheidungen trifft? Wie wir euch schon gesagt haben, ihr Lieben, wird darüber kein Urteil gefällt. Der Mensch wird für die Reise wertgeschätzt – dafür, dass er überhaupt am Spiel teilnimmt. Und wenn der Vorhang fällt, feiert das ganze Ensemble, auch derjenige, der im Stück scheinbar der Schurke war; auch derjenige, der im Stück den Tod fand. Doch es geht dabei um viel mehr. Wer in diesem neuen Zeitalter der Ermächtigung spirituelle Intention bekundet, erzeugt Energie aus dem Nichts. Das ist Alchemie! Hier passiert etwas, und das Leben verändert sich. Hier ist das »Licht am Wirken«, wie wir schon gesagt haben. Hier geschieht etwas mit einem Menschen, wodurch Co-Kreation stattfinden kann. So kreiert ein Mensch einen neuen Weg – einen Weg, auf dem er für seine Zukunft auf eine Weise Verantwortung übernimmt, wie es früher nicht möglich war. Das ist einer der drei Führer: die Intention.

Das Physische

Jetzt wollen wir über das Physische sprechen. Manche von euch glauben, es gebe viele Erden mit vielen Zukünften und vielen Straßen. Es ist ein esoterischer Gedanke, dass da Realitäten gleichzeitig nebeneinander existieren könnten. *»Na und?«*, könntet ihr da fragen. Ihr liegt gar nicht so weit daneben. Anderen Gruppen wie dieser haben wir von den Potenzialen erzählt, die auf Basis der energetischen »Schnappschüsse« zu einem bestimmten Augenblick in eurer linearen Zeit Schlange stehen. Diese Potenziale des Planeten werden »aufgezeichnet«. So muss es sein, ihr Lieben, denn *wir* sind im Jetzt. Eure Vergangenheit und eure Zukunft sind alle hier im *Jetzt*. Das Potenzial dieses Planeten ist deshalb ein Schnappschuss bzw. eine Momentaufnahme des Jetzt, und wir können euch sagen, wie eure Zukunft, auf Basis der Entscheidungen, die ihr *jetzt* trefft, und der Energie, die *jetzt* ist, aussehen könnte. Sie wird aufgezeichnet und geht niemals weg – sie geht niemals weg. Das alles gehört zu der

Balance, und das heißt, es gibt einen multidimensionalen Ort, an dem diese Potenziale gespeichert werden – so wie viele gleichzeitig existierende Erden –, aber nur die Potenziale gemessener Energie zu unterschiedlichen linearen Zeitpunkten.

Die Physik der Erde ist erstaunlich. Eure Realität verändert sich, und eure Zukunft ist weiterhin eine leere Seite. Fast monatlich wird das, war ihr hier macht, neu umgeschrieben. Die Wunder des physischen Körpers und des physischen Planeten sind Beispiele der Verwandlung. Das hat nichts mit Magie zu tun; solche Dinge geschehen durch spirituelle Weisheit und normale Physik. Ihr schöpft weiterhin aus dem Kosmischen Gitter und erzeugt weiterhin neue Energie für den Planeten, was wiederum eure zukünftigen Potenziale verändert ...

Oh, da ist aber noch mehr. Vor ein paar Wochen [Februar 1998] informierten euch eure besten Wissenschaftler auf Basis der Berechnungen ihrer besten Computer, dass ihr in nicht allzu vielen Jahren von einem Asteroiden getroffen würdet. Und dieselben Wissenschaftler verkündeten zwei Tage später, ebenfalls auf Basis der Berechnungen derselben Computer: *»Irgendwie ist uns ein Fehler unterlaufen ..., es wird keinen Asteroidenaufschlag geben.«* Findet ihr das nicht seltsam? Ihr Lieben, habt ihr jemals überlegt, dass ihr (der Planet) euch womöglich in zwei Tagen auf den Weg eines anderen Potenzials begeben habt? Das Energiepotenzial der Erde vor fünf Wochen lebt jetzt an einem dunklen Ort mit dem Namen »Die Zukunft, wie es sie einmal gab«. Für manche klingt das nach Fantasterei, für die Weisen ist es einfach so.

Die Mathematik sprach für sich selbst. Die Orbitalmechanik ist etwas Absolutes, und doch wurden mysteriöserweise ein paar Tage später erneut Berechnungen angestellt, und es kam etwas anderes dabei heraus [laut Aussage der Wissenschaftler waren das erste Mal Berechnungsfehler aufgetreten, aber die Ergebnisse wurden trotzdem veröffentlicht]. Wir sind hier, um euch zu sagen, dass dies ein Beispiel für eine wundersame Umwandlung von Energie ist, zustande gekommen durch die Intention der Menschheit – was wir als »kritische Masse« bezeichnen. Bei diesem alchemistischen Vorgang wurde Energie erzeugt, die von einem Ort zu einem anderen wechselte. Sie wird nach wie vor im

Planeten aufbewahrt und ist immer noch ein Potenzial, doch die Energie, die als Nebenprodukt des Wunders entstand, wird jetzt von den Führern jedes einzelnen Menschen bewahrt, der seine Intention für die Veränderung bekundete – und jeder auf dem Planeten konnte das mit ansehen. Es war nicht das erste Mal, wo ihr einen solchen »falschen Alarm« erlebt habt. Die Intention kann die Realität verändern!

Das Emotionale

Nun möchte ich euch über die dritte Art der Alchemie erzählen – es ist die tiefgründigste Art. Ihr meint, das Heilen des menschlichen Körpers und das Ausgleichen des Körpers seien etwas Besonderes? Lasst mich euch etwas über die menschliche Emotion erzählen – das ist nämlich das Wunder aller Wunder, durch welches Sorge und Angst durch die Alchemie der Intention in Frieden verwandelt werden können. Darüber haben wir schon oft gesprochen.

Schaut euch nur die Energie an, die es braucht, um Sorge und Angst zu erzeugen – schaut sie euch an! Was geschah mit eurem Körper, wenn ihr beunruhigt und ängstlich wart? Er veränderte sich physiologisch. Die Zellen – jede einzelne Zelle – wussten um die Angst und die Sorge. Ihr habt dabei vielleicht Gewicht verloren, oder womöglich hat sich eure Haut verändert – alles als Reaktion auf eine Emotion, die ihr verspürt habt. Und als ihr eure Intention bekundet habt, mit einer höheren Vibration zu schwingen (durch das Wissen und die Vorbereitung auf das, was euch zu eigen sein kann), habt ihr die Emotion in Frieden verwandelt. Manche der Anwesenden haben genau das immer wieder getan – und Spirit sendet so viel Liebe an diejenigen, die gelernt haben, das zu tun!

Ich möchte euch folgende Frage stellen: *»Wisst ihr, wohin die Energie ging?«* Ich sage euch: Auf verborgene Weise wird durch das Schaffen von Frieden genauso viel Energie erzeugt wie durch das Schaffen von Angst und Furcht. Aber durch das

Übertragen des einen Bereiches in den anderen wurde eine neue Energie erzeugt (wir nennen sie die »dritte Energie«), und sie ist spirituell – und die Führer sammelten diese Energie wie eine andere Farbe, die in eure Merkaba gesponnen wird, denn es war die Farbe des Sieges. Wir haben euch gesagt, was passiert, wenn ihr die Blasen der Furcht durchschreitet und dem Tiger ins Auge schaut. Jetzt wisst ihr, was es ist – die Geistführer nehmen diesen goldenen Ring auf, welcher von diesem Sieg erzeugt wurde. Sie haben ihn (metaphorisch gesprochen) in ihr Gefäß gelegt.

Auch einige von euch haben Sorgen und Kummer in Frieden verwandelt, und diejenigen, die hier in diesem Raum sitzen (und diese Worte lesen), wissen, wovon ich rede. Sie haben gesagt: *»Es ist ein Wunder, dass ich weiß, wie ich früher gefühlt habe, und weiß, wie ich jetzt fühle.«* Das, was passiert ist, ist immer noch da, aber die Energie des Kummers oder der Furcht ist verschwunden. Die Verwandlung ist vollendet, und die Energie des Sieges wurde den Führern übergeben und für euch aufbewahrt. Deshalb sind sie hier, ihr Lieben – deshalb sind sie hier.

Kryon
(Live-Channeling, »Führer und Engel«,
durchgegeben im Coal Creek Canyon/Colorado, 1998)

Jetzt verstehen Sie hoffentlich den Zweck und die Rolle Ihrer Geistführer. Bevor ich mit weiteren Informationen über Ihre Führer weitermache, möchte ich noch auf eine Beobachtung eingehen. Lee Carroll channelt seit über 25 Jahren Botschaften von Kryon. Wer die Kryon-Arbeit von Anfang an verfolgt oder ein paar Kryon-Bücher gelesen hat, hat vielleicht bemerkt, dass die gechannelten Botschaften sich weiterentwickelt haben und sich manche Informationen scheinbar widersprechen – so auch die Informationen über Ihre Führer. Das liegt daran, weil Kryons Botschaften dem Bewusstsein der anwesenden Gruppe entsprechen und in der Energie (der Schwingungsfrequenz) des Planeten durchgegeben werden. Die Durchgaben vor dem Jahr 2012 in der alten Energie und die Botschaften nach 2013 in der neuen Energie sind deutlich voneinander abgegrenzt. Die Menschheit entwickelt sich spirituell beständig weiter, und so entwickeln sich die gechannelten Botschaften ebenfalls weiter.

Vor über zehn Jahren sprach Kryon von drei Führern, doch das war eine Metapher. Wir haben, wie Kryon inzwischen gesagt hat, nicht wirklich drei Führer. Die Drei ist nur die numerologische Entsprechung der Helferenergie. Die Zahl drei wird zum Hinweis auf eine andere Bedeutung. Einige von Kryons Parabeln handelten sogar von Führern, die scheinbar von uns getrennte Wesenheiten sein sollten. Doch Ihre Führer sind in Wirklichkeit ein Teil von Ihnen.

Es ist unglaublich schwer, dieses Attribut zu verstehen, da niemandem die Vorstellung gefällt, er sei sein eigener Führer. Wir hätten lieber von uns getrennte Führer, die herumschweben und uns hilfreich mit ihrem Rat zur Seite stehen.

Unsere Führer erscheinen uns oft als Einzelwesen mit einer einzigartigen Persönlichkeit; das ist ihre Verkleidung, weil unsere Führer sich mit unserer Psychologie auskennen. Eine multidimensionale Suppe aus Führer-Energie können wir uns nur schwer vorstellen, und mit ihr zu kommunizieren ist ebenso schwierig; doch mit einem Geistführer, der wie ein Mensch aussieht, bestimmte Kleider anhat und bestimmte Züge aufweist, können wir viel einfacher in Beziehung treten. Wenn wir selbst also unsere Führer sind, wie funktioniert das?

Wir wollen nun über Führer und Helfer in einem spezielleren, historischen Kontext sprechen. Die Durchgaben [Schriften] der Ahnen passen zu den drei Führern, wie ihr sie euch vorstellt. Doch ihr solltet diese Zahl drei aus einem neuen Blickwinkel wahrnehmen, denn jetzt sage ich euch etwas, was sich von eurer 3-D-Wahrnehmung unterscheidet.

Vor 20 Jahren habe ich eure Wahrnehmung der »drei Führer« einfach stehen lassen; sie war für euch nützlich, und ihr wart nicht weise genug, etwas anderes zu verstehen. Doch jetzt ist diese Weisheit vorhanden. Ich habe Neuigkeiten für euch: Ihr habt nicht drei Führer! Die Drei ist nur die numerologische Entsprechung der Helferenergie. Die Zahl drei wird zu einem Hinweis auf eine andere Bedeutung.

Wie ich heute schon [in einem früheren Channeling] gesagt habe, nehmt ihr alle während meiner Durchgaben zusätzlich noch in einer Dritten Sprache teil. Manche von euch hören überhaupt nicht, was ich mit meinem Partner mache [die Durchgabe, die Sie gerade lesen]. Stattdessen hört ihr eure ganz persönlichen Botschaften, die auch im jetzigen Moment übersandt werden. Das, was wir die »Dritte Sprache« nennen, ist eine multidimensionale Katalysatorsprache. Sie katalysiert die Energie zwischen euch und mir, und wenn ihr vor mir sitzt und euer Drittes Auge öffnet, ist die Zirbeldrüse ganz weit offen. Dann beginnt der Katalysator zu wirken, und ihr empfangt intuitive, kommunikative Botschaften.

Der Katalysator steht zwischen der Energie, die ihr *das Angeborene* oder *euer Höheres Selbst* nennt, und dieser Seite des Schleiers, wo ich mich befinde. Diese Sprache arbeitet mit eurer Intuition zusammen, beschert euch plötzliche Eingebungen, gibt euch Anweisungen, hält euch an der Hand, gibt euch Liebe. Das ist die Dritte Sprache.

Ihr habt keine drei Führer

Es scheint euch, als hättet ihr drei Führer, da Spirit für die Menschheit über drei unterschiedliche göttliche Energien wirkt. Der erste Mensch, der sie sah und darüber öffentlich berichtete, war Elisa, der Schüler des Propheten Elias. Als er den Aufstieg Elias' beobachtete, sah er scheinbar drei weiße Pferde, die den Wagen zogen, in dem Elias bei seinem aus seinem freien Willen erfolgten Aufstieg in die Wolken fuhr. Er nannte das Ganze *die Merkaba,* was auf Hebräisch »fahren« bedeutet.

Das, was Elisa sah, waren drei zu Elias gehörige Energien, und es waren keine von ihm getrennten Führer oder Engel; vielmehr war Elias mit diesen Energien gekommen, und er verließ den Planeten auch wieder mit ihnen.

Ihr Lieben, ihr kommt hier mit einer göttlichen Energie an, die so profund ist, dass ein Teil davon euer Leben lang von euch

getrennt ist. Ihr seid größer, als ihr meint. Eure Führer sind Teil von euch! Sie sind nicht von euch getrennt, sie kommen nicht von anderen Orten, und sie verändern sich nicht. *»Aber Kryon, in früheren Büchern hast du gesagt, sie hätten sich verändert!«* Ja, das stimmt, ich habe das gesagt, damit ihr eine einfachere Realität der Göttlichkeit versteht. Doch jetzt seid ihr Aufgestiegene.

Die dunkle Nacht der Seele – scheinbar veränderte Führer

Nun sage ich euch noch etwas, was ihr hören solltet: Viele von euch haben schon einmal in bestimmten Situationen geglaubt, eure Engel, eure Führer (oder wie immer ihr sie nennen mögt) seien für eine Weile verschwunden. Zu Beginn der Kryon-Arbeit sagten wir euch, dass ihr bis zu 90 Tage lang etwas erleben könntet, was wir jetzt *Rekalibrierung* nennen. Damals nannten wir es »das Implantat«. Es war »das Implantieren eurer Erlaubnis zur Veränderung«. Oft ging das mit der Wahrnehmung einher, die Führer und Engel würden euch bis zu 90 Tage verlassen.

Jeder einzelne Mensch, der sich rekalibriert (und zwar egal, wie oft), wird eine Zeit durchleben, in der ihm scheinbar keinerlei Hilfe gewährt wird und in der Spirit sich scheinbar zurückgezogen hat. Jetzt gebe ich euch diese Informationen durch, weil einige von euch das gerade durchmachen. Andere haben es bereits durchgemacht, und es ist nicht so, wie ihr denkt. Nun hört mir gut zu, denn jetzt erkläre ich endlich, was da passiert:

In der Zeit der Rekalibrierung, wenn ihr das Gefühl habt, Spirit höre euch nicht zu oder eure Führer seien verschwunden, lest ihr am besten einfach ein gutes Buch. Versucht nicht, alles zu verstehen. Trefft keine Entscheidungen. Zieht nicht um. Wenn ihr etwas unternehmen wollt, warum setzt ihr euch nicht einfach auf den Stuhl und sagt: *»Danke, Gott, weil ich dir so wichtig bin, dass ich das jetzt durchmache. Denn wenn ich es hinter mir habe, werde ich ein anderer Mensch sein.«* Und ihr werdet euch verändert haben!

Menschen rekalibrieren sich durch Intention und den freien Willen, höher zu schwingen. Rekalibrierung geht mit göttlicher Sicht, mit mehr Intuition, mit mehr Licht und mit mehr Erkenntnissen darüber, wer man wirklich ist, einher. Und wenn sie rekalibriert daraus hervorgehen, die Treppe eine Stufe höher gestiegen sind und die Energie sich geändert hat, dann sind auf einmal die Führer scheinbar wieder da! Aber ich werde euch jetzt die Wahrheit sagen. Ihr meint, sie hätten sich verändert? Ha, ha, das haben sie nicht! Es sind dieselben Energien, die schon immer da waren, aber jetzt seht ihr sie besser! Versteht ihr, was ich da sage? In 3-D sieht es so aus, als sei ein Satz Energien verschwunden und ein anderer an seine Stelle getreten. In Wirklichkeit habt *ihr* euch so verändert, dass sie euch einfach anders erscheinen. So sehr habt ihr euch verändert. Ihr – und nicht sie – habt euch verändert!

Kryon
(Live-Channeling »Die Vermenschlichung Gottes«,
durchgegeben in Totowa/New Jersey, 16. Juli 2011)

Und noch etwas müssen Sie über Ihre Führer wissen: Wenn Ihre Lieben sterben und von der Erde auf die andere Seite übergehen, werden sie zu einem Teil von Ihnen, zu einem Teil Ihrer Führer. Das ist schwer verständlich, gehört aber zum gütigen System für die Menschen, und alles hat mit der Merkaba zu tun. Kryon sagt erneut, dass Ihre Führer nicht das sind, was Sie meinen:

Ich möchte über Führer sprechen. Wie mein Partner euch gesagt hat, seid ihr eure eigenen Führer. Ich weiß, das ist für euch schwer begreiflich, und ich weiß auch, dass euch diese Vorstellung nicht behagt. Aber ich werde es noch komplizierter machen. Er hat recht, aber ich möchte, dass ihr einen anderen Blickwinkel einnehmt.

Ihr verfügt über die sogenannte *Merkaba;* das ist (eher ungenau ausgedrückt) euer persönliches Quantenenergiefeld, ungefähr acht Meter breit [engl. »26 feet«]. Dieses Feld wird von der Summe der Moleküle eurer DNA erzeugt [welche biologisch miteinander verschränkt sind]. Jeder Mensch hat dieses Feld. Die DNA ist individuell einzigartig, und somit ist auch jede Merkaba einzigartig. Das Feld der Merkaba ist nicht eure Seele, noch nicht einmal euer Höheres Selbst. Ihr selbst seid es! Das Feld eurer DNA hat einzig und allein den Zweck, als Schnittstelle zu eurem physischen Körper zu dienen; das ist seine Aufgabe.

Das ist sehr komplex und schwer zu erklären. Die Merkaba enthält viel von euch, denn sie ist die Brücke zum Angeborenen [dem intelligenten Teil des Körpers]. Sie ist Träger eurer Göttlichkeit, eurer Blaupause der Lebenskraft und auch eurer Akasha. Da eure Akasha-Chronik sich in eurer DNA befindet, ist auch sie Teil der Merkaba. Deshalb könnte man sagen, dass ihr über das Feld eurer Merkaba ständig eure Vergangenheit aussendet. Aus diesem Grund, meine Lieben, können so viele eure früheren Leben lesen. Die Vorlage all dessen, was ihr seid, befindet sich in den geheiligten Mustern eurer Merkaba.

Die Stückchen und Teilchen, die eure Akasha-Chronik ausmachen, sind in der Merkaba und in eurer Dreidimensionalität zu finden. Manche nehmt ihr als eure Führer wahr, aber eigentlich seid ihr das selbst. Doch für eure Wahrnehmung ist es womöglich ein *vergangenes Selbst* mit einem anderen Gesicht. Versteht ihr das? Und es kommt noch mehr: Um es noch komplizierter zu machen, gibt es ein wunderschönes und gütiges System, was wir ja bereits früher erwähnt haben. Die Akasha-Familie, in die ihr hineingeboren werdet, die ihr eure physische Mutter und euren physischen Vater nennt, eure physischen Brüder und Schwestern bzw. das, was ihr hier ganz allgemein als eure Familie oder eure Lieben bezeichnet, sind alle auf die eine oder andere Weise Teil eurer Akasha. Auf der Quantenebene sind sie auf eine Weise real, die ich euch nicht erklären kann, da euch nicht bewusst ist, wie diese Quantensuppe funktioniert. Ich bezeichne das als »Verschränkung mit eurer Seele«, aber auch das werdet ihr nicht verstehen.

Das ist höchst komplex, aber das Resultat ist folgendes: Wenn einer eurer Familienangehörigen stirbt und ihr diesen Menschen verliert, geht ein Teil der Seelenenergie dieser Person (bzw. ihr Gottesteil) in eure Merkaba ein und bleibt euer ganzes Leben lang bei euch. Wenn ihr dann verscheidet, tut ihr dasselbe für eure Kinder, Brüder, Schwestern, euren Partner oder eure Partnerin, euren Ehemann oder eure Ehefrau. Und was bedeutet das? Ich will es euch sagen: Sie gehen nie weg! Hört ihr mich? Sie gehen nie weg. Das ist ein System der Güte, das ihr nicht erwartet habt.

Das ist real, ihr Lieben. Wir geben euch jetzt das komplexe Wissen durch, das ihr verdient. Viele von euch werden das nicht verstehen, aber ihr könnt doch das Konzept begreifen. Jeder einzelne Teil davon gehört zu einem gütigen Design, damit ihr in den Augen Gottes friedvoll seid und geliebt werdet.

Kryon
(Live-Channeling »Entmystifizierung des Neuen Zeitalters – Teil III«, durchgegeben in Edmonton/Kanada, 25. Januar 2014)

Mir gefällt an den Kryon-Channelings unter anderem ihre »Zeitlosigkeit«. Im Jahr 2005 gab Kryon in einem Channeling weitere Informationen durch, wie unsere Lieben zu unseren Führern werden:

Ihr Lieben, wenn es wahr ist, dass ihr in einem multidimensionalen Raum in Fragmenten existiert – also dass ein Teil von euch denjenigen in der Vergangenheit hilft, die vor eurer Reinkarnation eure Familie waren –, dann könntet ihr das auf der Stelle auch auf diejenigen übertragen, die Teil eurer Führergruppe sind.

Diejenigen, die ihr auf diesem Planeten als eure Familie gekannt habt und die verschieden sind, sitzen gerade auf eurer Schulter. Das ist die Wahrheit, ihr Lieben. Ein Stückchen und Teilchen von ihnen (ob sie nun erneut inkarniert sind oder nicht) ist hier und jetzt bei euch. »Jenseits des Raums, jenseits der Zeit« könnte man sagen ..., und doch sind sie hier. Da sind die Mutter, der Vater, die Schwester, der Bruder und das Kind. Sie alle sind hier. Fragt ihr euch jemals, ob diejenigen, die von euch gegangen sind, die ihr so sehr geliebt habt, um die ihr euch solche Sorgen gemacht habt, »von oben auf euch herunterschauen«

und euch sehen können? Nun ja, sie müssen gar nicht »herunterschauen«, sondern einfach nur den Blick nach rechts wenden! Ein Stückchen und Teilchen von ihnen allen ist hier und jetzt bei euch.

Wir laden einige von euch ein, zu fühlen und zu verstehen, was wir da sagen. Es gehört zur Liebe Gottes, euch dies zu geben, damit ihr nicht alleine seid ..., niemals. Es gehört zum Versprechen der Familie, über das wir bislang nicht mit euch gesprochen haben. Das wurde noch nie transkribiert – ein Teil der Energie, die ihr mit euch tragt, besteht aus denjenigen, die in eurem Leben verschieden sind.

Wer, meint ihr wohl, klopft euch auf die Schulter, damit ihr seht, dass es gerade 11:11 Uhr und 12:12 Uhr ist? Warum habt ihr gerade in diesem Moment auf die Uhr geschaut? Warum nicht um 11:10 Uhr? Weil diejenigen, die euch lieben und um euch sind, euch auf die Schulter geklopft haben und euch sagen wollten: *»Ich möchte dir etwas ganz Besonderes und Interessantes zeigen. Schau bitte jetzt auf die Uhr!«* Und wenn euch das wieder einmal passiert, dann habt nicht das Gefühl *»Was soll das denn?«* oder *»Ist das nicht interessant oder komisch?«*, sondern sagt: *»Ich liebe euch auch ..., ich liebe euch auch.«* Denn genau das passiert. Euch wird auf die Schulter geklopft, und eure Lieben teilen euch mit: *»Wir sind wirklich da! Schau auf die Uhr – schau auf die Uhr! Wir sind da, und wenn du das nicht glaubst, dann lassen wir dich das so oft machen, bis du verstehst, dass das kein Zufall ist. Wir möchten dich wissen lassen, dass wir stolz auf dich sind und dich lieben.«*

Kryon
(Live-Channeling »Der interdimensionale Mensch – Teil II«, durchgegeben in New Hampshire/USA, 2000; Kryon-Buch 7, »Der Neuanfang«)

Was für eine wunderschöne Botschaft: Unsere Führer sind *immer* bei uns. Daran sollten wir uns täglich erinnern, anstatt zu meinen, unsere Führer wären nur während der Meditation bei uns oder wenn wir im Stress sind. Ihre Führer freuen sich, von Ihnen zu hören, egal, unter welchen Umständen. Sie tragen aktiv zu den von Ihnen gewünschten Synchronizitäten bei. Je besser die Kommunikation fließt, desto einfacher kann Ihr Leben in einem wunderschönen Tanz aus synchronistischen Geschehnissen dahinfließen.

Kryon rät, die Kommunikation so, wie es für den Einzelnen passt, in die Wege zu leiten. Wenn Sie möchten, können Sie Ihren Führern auch Namen und eine Persönlichkeit geben und laut mit ihnen reden. Sie können jederzeit, ob tagsüber oder nachts, mit ihnen sprechen. Freuen Sie sich am Leben und stellen Sie sich darauf ein, den ganzen Tag über neue Ideen und Gedanken zu »hören« und liebevolle Energie zu empfangen, und zwar dann, wenn Sie es am wenigsten erwarten. Und machen Sie sich bewusst, dass Ihre Führer auch in Ihrem ganz gewöhnlichen Alltag bei Ihnen sind und nicht nur in Ihren »spirituellen Momenten«.

FRAGE AN KRYON

Es ist ganz wunderbar, zu wissen, dass unsere Lieben zu unseren Führern werden, aber es ist extrem schwierig, nicht um sie zu trauern. Wenn ein geliebter Mensch stirbt und die Erde verlässt, dann vermissen wir diese Person auf der physischen Ebene. Das Leben ohne sie fühlt sich manchmal unerträglich an. Werden wir mit zunehmender spiritueller Entwicklung weniger Kummer verspüren?

Nein. Kummer dient oft als Katalysator für die Erleuchtung und ist Teil des »mitfühlenden persönlichen Lernens«. Doch was sich verändern wird, ist die Art und Weise, wie der Mensch den Kummer überwindet. Eine hoch entwickelte Person trauert genauso sehr, aber sie »durchschaut« die Situation und schafft es gemeinsam mit Spirit, die Emotionen auf viel tiefere und reifere Weise aufzulösen.

Aber ihr werdet diejenigen, die gegangen sind, immer vermissen, das bleibt ein Grundattribut der menschlichen Natur und wird immer zu eurer mitfühlenden Natur gehören.

Der Seelensplitter

Ihr Seelensplitter steht für den Teil von Ihnen, der auf der anderen Seite des Schleiers bleibt. Das ist bei jedem Menschen so, und das heißt, es gibt ein kollektives »Reservoir« aller Seelensplitter, die das umfassendere Bild kennen, was uns Synchronizitäten ermöglicht. Ihr Seelensplitter »sieht« aktiv die Potenziale, und Ihre Führer verleihen Ihnen die Fähigkeit, entsprechend dem, was Ihr Seelensplitter sieht, zu handeln.

Das klassische Beispiel, welches Lee Carroll und Kryon anführen, um zu erklären, wie das funktioniert, ist der Parkplatzengel. Sie haben noch nie vom Parkplatzengel gehört? Dann lade ich Sie ein, eines der kostenlosen Kapitel mit dem Titel »Co-creating Your Reality« auf meiner Website *www.monikamuranyi.com* zu lesen; es ist unter dem Reiter »Extras« zu finden.

Wir bleiben beim Beispiel des Parkplatzengels: Ihr Seelensplitter »sieht« den freien Parkplatz 20 Plätze weiter, als Ihre Sicht reicht, und Ihre Führer »sagen« Ihnen, dorthin zu fahren. Das ist der Unterschied zwischen Synchronizität und Mitschöpfertum – das Bindeglied zur menschlichen Seelengruppe, über das Angeborene, die Zirbeldrüse und die Intuition. Sie alle arbeiten folgendermaßen zusammen: Die Zirbeldrüse und die Intuition aktivieren den Seelensplitter, welcher daraufhin den freien Parkplatz sieht; die Führer nehmen das in die Hand, und das Angeborene des Körpers lässt es geschehen.

Beginnen Sie zu erkennen, wie die Energiesuppe im Rahmen der neun Attribute wirkt? Jedes Attribut hat seine ganz besonderen, einmaligen Qualitäten, aber alle sind beteiligt, wenn wir uns aus freiem Willen entscheiden, aus der 3-D-Blase des »Überlebensbewusstseins« auszusteigen.

Synchronizität und Mitschöpfertum sind Bestandteile des Systems des gütigen Designs und stehen jedem zur Verfügung. Die meisten Lichtarbeiter und alten Seelen sind sich dessen mehr bewusst als andere Menschen. Viele Lichtarbeiter haben von ihren »Synchronizitätserlebnissen« erzählt. Wahrscheinlich können Sie aus Ihrem eigenen Leben Dutzende solcher Beispiele anführen, zum Beispiel: Wenn jemand einen Telefonanruf von jemandem erhält, den er seit zehn Jahren nicht mehr gesehen hat, an den er aber gerade gedacht hat; oder wenn jemand eine neue Stelle sucht, und noch bevor er oder sie sich auf die Suche macht, kommt ein Stellenangebot, welches einfach perfekt ist.

Synchronizität geschieht ständig, egal, was Sie glauben oder welcher Religion Sie angehören (wenn Sie denn eine haben). Synchronizität und Mitschöpfertum gemeinsam mit Ihren Führern, Ihrem Seelensplitter und dem Angeborenen sind Bestandteile des Schnellverfahrens, das Ihnen als Hilfe im Leben dient. Es geht einfach darum, sich des Systems bewusst zu sein und zu lernen, wie man aus der Linearität heraustreten kann, um erkennen zu können, wann Ihnen Synchronizitäten über den Weg laufen. Vielen Menschen fällt das nicht einfach so natürlich in den Schoß, und dafür gibt es viele Gründe, beispielsweise Überzeugungen, die uns in der Kindheit eingeimpft wurden, die Struktur unserer Gesellschaft und die Gebote und Vorgaben, wie Träume und Ziele zu erreichen seien.

Wir wollen einmal einen Blick auf zwei Personen werfen: Claire und Alice; beide haben den Wunsch, ihr eigenes Geschäft aufzubauen und einen Schokoladen-Shop zu leiten:

Claire schätzt ihren Traum ab und schreibt eine lange Liste mit allem, was sie braucht, um ihr Ziel zu erreichen. Sie schreibt sich in einer Schokoladen-Schule ein, um sich zur qualifizierten Chocolatière ausbilden zu lassen. Sie besucht Kurse für Kleinunternehmer und investiert all ihre Ersparnisse in den Kauf eines Schokoladengeschäfts. Claire freut sich, dass sie ihren Traum wahr gemacht hat. Doch innerhalb von drei Jahren läuft das Geschäft nicht mehr, weil nebenan ein neues Kaufhaus aufgemacht hat, in dem Schokolade und Pralinen billiger verkauft werden. Claires Pralinen und Schokoladen sind viel hochwertiger als die der Kaufhauskonkurrenz, aber die Verbraucher kaufen lieber die billigeren Pralinen aus dem Kaufhaus.

Alice dagegen kennt sich mit Synchronizitäten aus. Sie erzeugt eine starke, klare Intention ihres Wunsches, ihren eigenen Schokoladen-Shop aufzubauen und zu leiten. Im Gespräch mit Freunden erfährt sie von einem alten Bekannten, der einen Schokoladenladen leitet. Sie ruft dort an und wird zu einem Bewerbungsgespräch als Lehrling eingeladen. Sie bekommt die Stelle, und nach

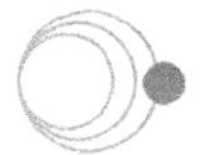

drei Jahren weiß sie alles darüber, wie man einen Schokoladen-Shop zu managen hat. Alice hat ihren Traum zwar noch nicht wahr gemacht, aber ihre Intention erhält sie noch immer aufrecht und wartet auf Synchronizität, denn sie versteht, dass es keinen Zeitrahmen gibt. Nach weiteren zwei Jahren geht der Geschäftsführer in den Ruhestand, und Alice wird zur Geschäftsführerin ernannt – zur selben Zeit, als der Schokoladenladen von einem neuen Eigentümer erworben wird. Als Alice sich mit dem neuen Besitzer trifft, stimmt die Chemie zwischen ihnen, und der Funke sprinkt über; für beide ist es Liebe auf den ersten Blick. Nach sechs Monaten verloben sie sich, und schon bald darauf heiraten sie; dadurch ist Alices Traum, Besitzerin und Geschäftsführerin eines Schokoladen-Shops zu sein, in Erfüllung gegangen und Wirklichkeit geworden!

Okay, ich gebe zu, ich habe die Geschichte der beiden Frauen ziemlich frei erfunden, und na klar, ich habe eine romantische Ader, aber hoffentlich haben Sie trotzdem die Unterschiede zwischen Claire und Alice bemerkt: Claire hat versucht, alles durch eine logische, lineare Vorgehensweise zu erreichen. Alice dagegen hat an Türen geklopft und wartete dann auf eine synchronistische Reaktion.

Die meisten Menschen sind auf das Gewünschte fixiert und versuchen dann die ganze Zeit, herauszubekommen, wie es funktionieren könnte. Ihre Führer, Ihr Seelensplitter und Ihr Angeborenes wissen aber bereits ganz genau, was Sie sich wünschen. In dem Augenblick, in dem Sie Ihre Intention bekunden, kommt ein Prozess in Gang. Das Schwierige ist, Ihre Vorstellungen davon, »wie« es Ihrer Meinung nach geschehen soll, loszulassen.

Im obigen Beispiel dachte Claire, sie müsste alles selber machen, und preschte vor, ohne einen Gedanken an etwas anderes als ihr Ziel zu verschwenden. Alice dagegen wartete auf die Synchronizität und vertraute darauf, dass sie ihr Ziel erreichen würde, versuchte aber nicht herauszufinden, wie das passieren könnte, und setzte auch keinen Zeitrahmen dafür fest, wann es geschehen sollte. Alice hätte nie vorhersagen können, dass die von ihr mitgeschaffene Manifestation ihr auch den Mann ihrer Träume bescheren würde.

Ich habe schon oft eine Intention bekundet, mein Vertrauen in Spirit gesetzt und auf Synchronizität gewartet. Die Resultate übertrafen stets alles, was ich alleine hätte kreieren können.

Denken Sie doch einmal zurück und erinnern Sie sich an synchronistische Ereignisse in Ihrem Leben. Ich bin ganz sicher, dass Sie welche erlebt haben. Wissen Sie noch, wie sich das angefühlt hat? Wie mühelos und sorgenlos es war? Sobald wir darauf vertrauen, dass *Spirit* einen *Plan* hat, uns entspannen und uns mit etwas beschäftigen, was uns schön ablenkt, geht es schneller. Indem wir uns Sorgen machen, verlangsamen wir den Prozess und berauben uns der Freude.

Sie sind mächtiger, als Sie wissen, also entspannen Sie sich und vertrauen Sie darauf, dass all Ihre göttlichen Anteile auf der anderen Seite des Schleiers ständig daran arbeiten, das Resultat zu kreieren, das zu Ihrem Besten ist. Ihr Höheres Selbst, Ihre Führer und Ihr Seelensplitter arbeiten gemeinsam daran, das zu erreichen, und Kryon erklärt, wie es funktioniert:

Ihr Menschen, ihr seid nicht ganz hier! [Lachen.] Das habt ihr schon vermutet, nicht wahr? Hört gut zu: Es gibt Stückchen und Teilchen von euch, die zu dem, was ihr als den vollständigen Menschen betrachtet, nicht dazugehören. In einem vierdimensionalen Raum, der »eure Realität« genannt wird, habt ihr einem Geschöpf eine Haut übergezogen, es auf der Erdenebene zur Welt kommen lassen, ihm einen Namen gegeben und es den »vollständigen Menschen« genannt. Aber das ist nicht der vollständige Mensch. In der Mehrdimensionalität ist er noch nicht einmal ansatzweise vollständig.

Jetzt kommen Informationen, die manche von euch schon vermutet haben. Sie erklären, wie vieles funktioniert; sie erklären die magnetischen Ranken und Stränge zwischen den Stücken und Teilen dessen, wer ihr als individuelle Person seid. Individuell seid ihr nicht ganz hier! Ein Anteil jedes einzelnen Menschen in diesem Raum reicht in den multidimensionalen Raum hinein ..., und die Teile haben viele Aufgaben.

1. Wir wollen vom ersten multidimensionalen Teil sprechen, der euren Körper bewohnt. Das Göttliche, das ihr *das Höhere Selbst* nennt, ist nicht das A und O eures spirituellen Teils, sondern einfach der Teil, der bei euch in eurem Körper bleibt und den ihr

spüren könnt. An diesem Höheren Selbst klammert ihr euch fest; er ist etwas Magisches, der spirituelle Teil, der Teil, mit dem ihr versucht, zu sprechen und zu kommunizieren. Aber das ist nur ein Teil dessen, was ihr *euer Selbst* nennt.

Ich möchte euch die anderen Teile nennen und euch erzählen, wo sie sind und was sie tun. Wenn ihr am Ende sagt: *»Das ist unglaublich!«,* habe ich mein Ziel erreicht. Die Liebe Gottes hat diese Kommunikation in der Dritten Sprache möglich gemacht, und manche werden es »sehen«. Irgendwann werden viele verstehen, dass alles, was heute Abend auf dieser Bühne gesagt wird, wahr ist – dass ihr spirituell so viel größer seid, als ihr meint.

2. Ein Stückchen und Teilchen von euch befindet sich in diesem Augenblick als euer Führer auf der anderen Seite des Schleiers. *»Wie bitte? Soll das heißen, ich bin mein eigener Führer, Kryon?«* Genau! Ein Teil von euch ist das. Wir haben die Führer ja schon früher beschrieben, und wir werden noch einmal darauf eingehen. Ein Teil eures »Selbst« ist Teil der Energie, die wir die »Führer-Suppe« nennen. Und noch einmal sagen wir euch über Führer und Engel: Ihr möchtet sie mit Zahlen belegen, ihnen Haut und Flügel und einen Namen verleihen und sagen: *»Es gibt drei, es gibt vier, es gibt acht ...«* Doch in Wirklichkeit sind sie unendlich und zahllos, und doch sind sie eins – so, wie ein Ozean ein Ozean ist, aber mit Abermillionen von Wasserteilchen gefüllt ist. Eure Führer und Engel sind Energieformen, nicht Teile eurer 4-D-Existenz. Wir haben euch schon früher gesagt: Ein Teil von euch befindet sich in eurer eigenen Führergruppe. Wer könnte euch besser beraten als ein Stückchen und Teilchen des Engels, der ihr seid, welches als euer Führer auf der anderen Seite des Schleiers sitzt? Dieser Führer ist fest mit euch verkittet, wo immer ihr auf diesem Planeten wandelt, und er kennt euch in- und auswendig – er weiß, warum ihr hier seid, er kennt die Verträge und eure Neigungen und Veranlagungen. Welche Energie könnte für euch besser sein als *ihr selbst?* Gewöhnt euch daran. Das ist der zweite Teil von euch. Sprecht ihr je mit euch selbst?

Doch genug geredet. Vor langer Zeit haben wir euch sogar die Möglichkeit beschrieben, dass eure Führer sich zeitweilig von euch zurückziehen. Wenn das geschieht, seid ihr einen Moment lang am Boden zerstört. Denn *ihr* habt *euch selbst* verlassen!

3. Nun zum dritten Teil von euch. Ein Teil von euch auf der anderen Seite des Schleiers sitzt in einer Planungsbesprechung mit dem ganzen Rest von euch. Wie kann das sein? Überlegt einmal. Ihr Menschen, habt ihr euch jemals gefragt, wie Mitschöpfertum funktioniert? Oder wie Synchronizität funktioniert? Ist euch bewusst, dass ihr nicht für euch allein Synchronizitäten haben könnt? Es hat immer mit anderen Menschen in eurem Umfeld zu tun. Und seid ihr euch darüber im Klaren, dass ihr zu den Synchronizitäten von anderen Menschen gehört? Dazu ist eine komplexe Planung nötig.

Co-Kreation bzw. Mitschöpfertum geschieht nicht im stillen Kämmerlein, sondern ihr müsst dazu durchs Leben gehen, Intentionen bekunden und euch energetisch mit allen Menschen, mit denen ihr in Berührung kommt, verbinden – mit allen, mit denen ihr in Kontakt kommt, mit denjenigen, um die herum ihr euer Licht scheinen lasst. Welche Planung ist eurer Meinung nach dazu erforderlich? Eine Planung ohne Zeit und doch mit aller Zeit. Ein Teil von euch (ebenso wie von allen anderen Menschen auf der Erde) ist ein planender Teil auf der anderen Seite des Schleiers. Vielleicht hattet ihr die Vorstellung, es hätte eine Planungssitzung stattgefunden, bevor ihr hierhergekommen seid, und jetzt seid ihr auf euch selbst gestellt? Nein! Was gibt dir das für ein Gefühl, du Mensch – Engel – göttliches Wesen? Ein Teil von euch auf der anderen Seite des Schleiers koordiniert mit anderen Mitschöpfertum, Synchronizitäten und eure Intention.

Habt ihr gemeint, ihr würdet euch in einem Vakuum befinden und um euch herum würde alles nur einfach so »geschehen«? Oh nein! Führung und Planung laufen weiter, und ihr selbst und die anderen um euch herum machen das – all das – und warten darauf, dass eure Suche euch an den Ort führt, an dem ihr erkennt, dass das Eis [bezieht sich auf die weiter vorne erwähnte Eisberg-Metapher] überhaupt kein bisschen seltsam ist. [Lachen.]

Wie wir euch gesagt haben, ist eure Herausforderung im Leben eine Art Prüfung oder Test. Und wir haben euch gesagt, es gebe einen goldenen Teller mit Lösungen, ebenso einen mit euren Herausforderungen. Wir sagten euch, alles sei im Gleichgewicht, und früher haben wir euch bereits gesagt, dass ihr eure Lösungen im selben Moment kreiert, in dem ihr eure Herausforderungen kreiert – lange bevor ihr hierherkommt. Jetzt wisst ihr, dass die Herausforderungen vierdimensional, die Lösungen dagegen multidimensional sind!

Und wie meint ihr wohl, wird das für euch möglich gemacht, während ihr hier seid? Und wie steht es bei den anderen Menschen? Manche von euch beten in 4-D: Ihr werft euch vor Spirit auf die Knie und sagt: *»Bitte, lieber Gott, mach, dass sie sich verändern. Mach, dass die anderen dies und das tun!«* Ich möchte euch sagen, wie es auf multidimensionale Weise geht: Anstatt Gott darum zu bitten, andere zu verändern, beginnt bei euch selbst! Verändert euch so sehr, wie ihr das von den anderen verlangt. Wenn ihr so euer Licht zeigt, startet auch eine Planungssitzung für die anderen!

Ich sage euch, was dann passiert. Auch wenn die Menschen um euch herum das persönlich frei entscheiden müssen, erzeugt euer Wandel Energie. Manche in den Planungssitzungen sehen das und geben diesen anderen die Wahlfreiheit der Intention. Denn ihr erzeugt eure eigene Realität durch eure Göttlichkeit, mit Hilfe des Höheren Selbst, der Selbste der Führer und des Planungs-Selbst, und alle Menschen um euch herum werden potenziell davon beeinflusst. Sie werden nicht verändert; vielmehr wird ihnen die Energie neuer Wahlmöglichkeiten gegeben, manchmal eine Herausforderung ..., und das nur, weil ihr euch selbst verändert habt. Oft kommt es dadurch zur Suche, zu Mitgefühl und zu Veränderungen in euer aller Leben, die einen wirklichen Unterschied bewirken.

Und ihr wollt den Menschen in eine Haut stecken, ihm einen Namen geben und ihn allein auf der Erde herumlaufen lassen? Wohl eher nicht! So funktioniert es nicht, ihr Lieben. Ich habe euch noch nicht alles erzählt.

4. Das wird sich jetzt komisch anhören, unglaublich und sehr seltsam. Auf lineare Weise kann man es wohl am besten so beschreiben: Ein Teil eures Vertrages hier besteht darin, bei denen eurer letzten Menschenfamilie auf Erden zu sein, die ihr verlassen habt, bevor ihr in euren jetzigen Körper inkarniert seid. Wusstet ihr das? Einfach ausgedrückt: Ihr gehört zur Führergruppe derjenigen, die ihr in eurem letzten Leben verlassen habt! Vielleicht sagt ihr jetzt: *»Na ja, Kryon, das ergibt zeitlich keinen Sinn.«* Da habt ihr recht. Gewöhnt euch daran. Es ergibt keinen Sinn. Im Jetzt ist all das möglich.

»Willst du damit sagen, ich kann an zwei Orten gleichzeitig in unterschiedlichen Zeitfenstern sein?« Jawohl. Und solange ihr Menschen seid, werdet ihr das niemals verstehen. Doch auf der Ebene der Dritten Sprache verleiht euch die Liebe Gottes dieses Geschenk des Verstehens, und gleich versteht ihr besser, was das wirklich für ein Geschenk ist.

Also, ihr Menschen, ihr seid woanders eifrig damit beschäftigt, Familienmitgliedern aus eurer Vergangenheit zu helfen! Überlegt einmal, wie tiefgründig das ist! Manche werden diesen Worten lauschen und diese Zeilen lesen und sagen: *»Ich verstehe noch immer kein Wort von dem, was er sagt.«* Doch die Sprache der *Drei* zeigt euch, was wir sagen, auf multidimensionale Weise: Ihr arbeitet, während ihr hier sitzt, und ihr dachtet, ihr tut nichts. Vielleicht habt ihr euch gefragt, wann es denn wohl mit dem weitergeht, weswegen ihr hierhergekommen seid? Ihr habt das alles an einem anderen Ort und in einer anderen Zeit getan. Einige von euch hatten Träume, in denen euch gezeigt wurde, was ihr tatet. Ihr habt sie als Einbildung verworfen, aber jetzt wisst ihr, dass sie real waren. Der Traumzustand ist also oft ein multidimensionaler Ort, wo euer Gehirn sich ausklinkt und frei herumschwebt. Dann kommen womöglich die Energien des Jetzt herein, und ihr seht und fühlt sie. Deshalb ergeben so viele eurer Träume auf der linearen Ebene keinen Sinn, nicht wahr? Sie stehen jenseits von Ort und Zeit, hüpfen von einer Verkleidung in die andere – ist euch das aufgefallen? Wenn ihr träumt, seid ihr eurer tatsächlichen Realität näher, als wenn ihr wach seid.

Die »Sehnsucht nach Verbundenheit«

Ich werde euch noch ein Attribut nennen, das vielen von euch nicht in den Sinn gekommen ist, und es ist an der Zeit, es euch darzulegen. Wie wir euch gerade gesagt haben, ist die Struktur des Menschen nicht nur im physischen Körper zu finden – dieser Teil davon befindet sich auf der anderen Seite des Schleiers, ein Teil davon in der Führergruppe und ein Teil davon sogar in der Vergangenheit. Wenn ihr also so aufgeteilt seid, wirklich so verteilt, würdet ihr dann nicht etwas fühlen? Jawohl.

Ich möchte euch gern von einem Attribut erzählen, das Lichtarbeiter so nach und nach hören, erkennen und verstehen. Manche von euch haben Ausschau gehalten in der Hoffnung, eines Tages würde eure »Zwillingsflamme« hereinspazieren, eines Tages würde der Seelenpartner, der – wie ihr wisst – irgendwo da draußen ist, »zurückkehren«. Oh, wenn ihr doch bloß wüsstet, was das bedeutet! Hier ist die Wahrheit: Ihr wartet nicht auf einen anderen Menschen, ihr Lieben, sondern bittet vielmehr um die Rückkehr dieser multidimensionalen Teile und Stücke eurer selbst, damit sie mit eurem vierdimensionalen Selbst zusammenkommen. Ihr spürt die Sehnsucht und die Liebe, und ihr wünscht euch das so sehr! Und wir sagen euch, das ist die Sehnsucht danach, dass die Teile *eurer selbst* zusammenkommen!

Nun ..., was sagt das über unsere Lehren der letzten elf Jahre aus? Wir haben euch gesagt, ihr sollt euch selbst entdecken – dort liegt die Magie, dort ist die Liebe! Und jetzt seid ihr in der Energie, die diese Wiedervereinigung fördert, und dieses Wiedertreffen ist so großartig, dass diese Stücke sich auf multidimensionale Weise gegenseitig berühren können. Sie können sich begrüßen und sagen: *»Es ist ja auch höchste Zeit, dass wir unser Selbstwertgefühl entdecken, Zeit, uns in uns selbst zu verlieben. Zeit, aufrecht, selbstbewusst, in Fülle auf der Erde zu wandeln und stolz darauf zu sein, dass wir zusammen sind.«* Darum geht es bei diesem Gefühl schon immer, und jetzt, in dieser Energie, können wir euch diese Informationen durchgeben. Die Sehnsucht nach der Liebe eures Lebens ist oft die Sehnsucht danach, sich mit all den Teilen, die *ihr* seid und die verteilt sind, zu verbinden. Gesegnet ist der Mensch, der sich selbst entdeckt, denn dieser Mensch hat die Liebe in seinem Inneren – er ist unabhängig, hat kein Verlangen mehr, ist mit seinem Leben zufrieden und ein Leuchtturm an Energie.

Kryon
(Live-Channeling »Der interdimensionale Mensch – Teil II«, durchgegeben in New Hampshire/USA, 2000; Kryon-Buch 7, »Der Neuanfang«)
[Anmerkung der Autorin: In der Originaldurchgabe dieses Channelings war ursprünglich von »interdimensional« die Rede; dies wurde durch »multidimensional« ersetzt, was der weiterentwickelten Sprache derzeitiger Kryon-Channelings entspricht.]

Es gilt, ein weiteres charakteristisches Merkmal der Kern-Seelengruppe zu verstehen. Wenn Sie daran glauben, dass ein Teil Ihrer Seele sich auf der anderen Seite des Schleiers befindet, was macht dieser Teil denn da genau? Ihre Seele versucht, Sie durch die Intuition so gut wie möglich zu lenken, damit Sie zur rechten Zeit am rechten Ort sind, um Güte in Ihr Leben zu bringen. Wie erkennen wir diese Güte? Durch Synchronizität. Ihre Seele möchte, dass Sie (durch Synchronizität) diejenigen Menschen treffen, die Sie treffen sollen, dass Sie in Situationen geraten, in die Sie geraten sollen, und dadurch Ihr Leben schneller voranbringen. Sie führt Sie dorthin, wo Sie die Realität manifestieren können, deren Mitschöpfer Sie sind.

Und wie ist das mit Menschen, die komplett unbewusst sind, keine Ahnung von diesen esoterischen Konzepten haben (und das auch gar nicht wollen)?

Stellen wir uns beispielsweise einmal einen Vergewaltiger und Mörder vor, der im Gefängnis sitzt und der sich höchstwahrscheinlich nie auf die Suche nach seinem inneren Gott begeben wird. Haben auch solche Leute ein Höheres Selbst? Ja! Und was macht es? Hier ist die Antwort, und manchen wird sie nicht gefallen: Es sucht nach einem offenen Portal – von irgendjemandem! Wenn Ihr Portal zu Ihrem Höheren Selbst auch nur ein klein wenig offen steht, kommt das Höhere Selbst von jedem anderen Menschen (und insbesondere denjenigen, deren Portal geschlossen ist und die nie nach dem inneren Schöpfer Ausschau halten) durch Ihr Portal,

um Ihnen die höchstmögliche Güte zukommen zu lassen, damit Sie den Planeten verändern können. Haben Sie das verstanden?

Die Höheren Selbste aller Menschen suchen nur das eine: Menschen, die das Portal zu ihrem Höheren Selbst geöffnet haben, damit sie mit dazu beitragen können, diesen Planeten zu verändern. Und die Hilfe von der anderen Seite des Schleiers steigt exponentiell an. Nicht Sie arbeiten für sich daran, sondern alle arbeiten für Sie mit, damit Sie am rechten Ort sind, das Rechte hören, die rechten Veränderungen bewirken und dadurch diesen Planeten verändern und uns alle dem Aufstieg näher bringen. Deshalb spricht Kryon meiner Meinung nach so oft davon, wie wunderschön und elegant dieses System ist, und ich neige dazu, ihm beizupflichten.

FRAGEN AN KRYON

Der Katalysator für mein persönliches spirituelles Erwachen war das Ende meiner Ehe. Schon oft hatte ich das Gefühl, meine Seele hätte das als Potenzial für mein Erwachen so geplant. Ich verstehe, dass ich mich selbst, aus freiem Willen, für das Erwachen entschieden habe. Ich spüre auch, dass ich erneut eine Chance dazu hätte, wenn ich diesmal nicht erwachen würde. Hat jeder Mensch diese Erweckungschancen? Sind die Chancen für alte Seelen größer? Es gibt auch das Versprechen, dass wir in unserer nächsten Inkarnation mit unserem spirituellen Wissen hierherkommen und hoffentlich nicht mehr diese katalytischen Zeiten brauchen, in denen uns ein »Tritt in den Hintern« verpasst wird. Kannst du uns mehr über diesen Aspekt der Seelenplanung sagen?

Deine Frage, ob alte Seelen mehr Chancen auf spirituelles Wachstum hätten, war ziemlich scharfsinnig. Sie haben tatsächlich eine größere Chance, denn sie befinden sich in einem höher entwickelten Lernzyklus. Jeder Mensch hat die Chance, eine alte Seele zu werden, so, wie jeder Mensch die Chance hat, ein Kind zu sein und zum Erwachsenen heranzuwachsen. Es gibt also keine »privilegierten« Seelen, nur ältere.

Doch auch wenn alte Seelen mehr Chancen haben, bleibt doch der freie Wille der Schlüssel zu dem, was passiert. Selbst die ältesten Seelen lernen oft gar nichts dazu, durchlaufen das alles einfach nur und überleben. Bei anderen wiederum kommt es zu Lebensveränderungen.

Je mehr diese alten Seelen durch solche Erweckungserfahrungen lernen, desto reifer wird die Akasha, und so neigt die Seele dazu, das nächste Mal früher zu »erwachen«, mit angeborenen Erinnerungen bzw. instinktiver größerer Weisheit und einem höheren spirituellen Reifegrad. Hier ist ein neuer Gedanke für die alte Seele: Einmal gelernt, immer gewusst.

Gibt es einen Unterschied zwischen den Lichtarbeitern, die vor 2012 verstarben, und denjenigen von uns, die über das Jahr 2013 hinaus weitergelebt haben und die neuen Gaben und Werkzeuge der neuen Energie nun zur Anwendung bringen?

Ja. Ihr müsst euch Folgendes klarmachen: Es gibt ein paar generische Attribute in der neuen Energie, die für die ganze Menschheit gelten und mehr Bewusstheit und Weisheit ermöglichen als vor 2012. Doch wir möchten euch auch daran erinnern, dass es kein »Erwachungsversprechen« für das nächste Mal gibt, nur ein höheres Potenzial. Alle, die diese Zeilen lesen, dürfen nicht vergessen, dass sie immer die freie Wahl haben, und diese wird sehr respektiert. Nichts wird »automatisch« passieren. Es muss bei allem die Wahlfreiheit geben.

Seit 2012 entwickelt sich auf dem Planeten eine ungeheure neue Energie. Menschen, die in der alten Energie verstarben und jetzt zurückkommen, sind dabei sogar im Vorteil. Denn für sie ist diese Energie, der sie ausgesetzt sind, »normal«, und sie wachsen darin auf.

Menschen, die in diese neue Energie gewechselt sind, haben damit mehr Probleme, denn sie versuchen ständig, sich an das anzupassen, was sie erinnern und womit sie aufgewachsen sind. Man könnte also sagen, die jüngeren »alten Seelen«, die gerade erst auf dem Planeten ankommen, haben da einen Vorteil.

Kapitel 5

Seelenkommunikation

Das Wörterbuch *Merriam-Webster* definiert »Kommunikation« wie folgt:

> Akt bzw. Prozess, bei dem anhand von Wörtern, Klängen, Zeichen oder Verhaltensweisen Informationen zum Ausdruck gebracht bzw. ausgetauscht werden bzw. bei dem Vorstellungen, Gedanken, Gefühle etc. jemand anderem gegenüber ausgedrückt werden.
>
> *Quelle für die Übersetzung:*
> *http://www.merriam-webster.com/dictionary/communication*

Normalerweise wird von »verbaler« und »nonverbaler« Kommunikation gesprochen, wobei laut Fachleuten die verbale Kommunikation nicht einmal zehn Prozent der Gesamtkommunikation ausmacht. Der Rest geschieht nonverbal, also durch Gesichtsausdruck, Gesten, sprachbegleitendes Verhalten (Tonfall, Lautstärke und Tonhöhe), Körpersprache und Körperhaltung, durch Blicke und Aussehen.

Ich schaue mir gerne die amerikanische Krimiserie »Lie to Me« an. Dabei geht es um einen weltweit anerkannten Experten für Körpersprache und Mikroexpressionen (also sehr kurze, nur Sekundenbruchteile sich zeigende Gesichtsausdrücke): Dr. Cal Lightman hilft allen möglichen Behörden bei ihren Untersuchungen dabei, die Wahrheit hinter Lügen aufzudecken. Inspiriert wurde die Serie von Paul Ekman, Professor Emeritus der Psychologie an der University of California, San Francisco. Paul Ekman ist die weltweit größte Koryphäe für Mimik und ein hervorragender Psychologe sowie Mitentdecker der sogenannten Mikroexpressionen. Gemeinsam mit Wallace V. Friesen entwickelte er das *Facial Action Coding System* – ein umfassendes Werkzeug für die objektive Messung von Gesichtsbewegungen. Später befasste er sich zudem mit Täuschung und Betrug und begann seine Studien mit Patienten, die fälschlicherweise behaupteten, keine Depressionen zu haben, um Selbstmord begehen zu können, wenn sie nicht unter Aufsicht standen.

Paul Ekman ist Autor mehrerer Bücher, unter anderem »Telling Lies« (»Ich weiß, dass du lügst: Was Gesichter verraten«); insbesondere dieses Buch veranlasste Strafverfolgungsbehörden auf nationaler und regionaler Ebene, ihn um seine Hilfe zu bitten. Im Jahr 2009 wurde er vom »TIME Magazine« zu einer der 100 einflussreichsten Persönlichkeiten gewählt. Eines seiner neueren Projekte namens *Developing Global Compassion* wird als Webserie auf seiner Website präsentiert. Darin diskutiert Paul Ekman mit dem Dalai Lama über Mitgefühl. Unter *http://www.paulekman.com/webisodes/* können diese Webisoden angeschaut werden.

Paul Ekman hat sicherlich unser Wissen und Verständnis erweitert; doch es gibt weitere Arten nonverbaler Kommunikation, die weniger gut verstanden werden, und zwar hauptsächlich, weil sie quantenhafter Natur sind. In den frühen Jahren meines spirituellen Erwachungsprozesses beschäftigte ich mich mit der Arbeit von Peggy Phoenix Dubro, Begründerin der EMF (Electro Magnetic Field) Balancing Technique®. Als EMF Practitioner arbeitete ich mit einem System, welches in der menschlichen Energieanatomie existiert: dem *Universal Calibration Lattice (UCL).* Wie Peggy Phoenix Dubro lehrt, verfügt jeder Mensch über ein solches »universelles Kalibrierungsgitter«; es ist die persönliche Verbindung mit der unendlichen universellen Energiequelle, dem »Cosmic Lattice« bzw. »Kosmischen Gitter«. Wir sind in jedem Augenblick energetisch mit dem Kosmischen Gitter und miteinander verbunden.

Die menschliche Energieanatomie arbeitet auf unterschiedliche Art und Weise. Bevor ich das Überlebensbewusstsein hinter mir ließ, hatte ich keine Ahnung, dass mein Energiefeld ständig Worte, Gedanken und Emotionen aussandte – auch das ist aber eine Art der nonverbalen Kommunikation. Die meisten Menschen sind sich der »energetischen Verfassung« der Menschen um sie herum bewusst. Ich weiß noch, wie ich die schlechte Laune von anderen spürte, auch wenn sie ein aufgesetztes Lächeln im Gesicht zur Schau trugen; aber mir war nicht klar, dass das von ihrem Energiefeld ausgesandt wurde.

Jeder Mensch sendet ständig nonverbale quantenhafte Signale aus, ebenso wie unsere DNA, die Akasha und das Angeborene. Wie Kryon erwähnt hat, ist die Intuition über die Zirbeldrüse die Brücke zu dieser Kommunikation, was erklärt, wie ein intuitiver Heiler Botschaften über den Gesundheitszustand einer Person erhält. Er erspürt die vom Angeborenen versendete Quantenenergie im Feld der betreffenden Person, die Informationen über die Gesundheit, die Körperchemie und sich eventuell entwickelnde Krankheiten enthält.

Und noch etwas ist immer für uns da: die Energie unserer Seele! Seelenkommunikation geschieht, wenn Sie sich mit Ihrem Höheren Selbst verbinden. Sie können sich Ihre Seele wie einen Radioempfänger vorstellen, der ständig Signale empfängt; Sie müssen sich nur auf die richtige Frequenz einstellen. Und wie geht das? Die Antwort auf diese Frage ist sehr komplex; im Wesentlichen geht es darum, zunächst einmal an die Existenz der Seele zu *glauben.* Das Höhere Selbst wird zur Leitung für diese Kommunikation, wenn wir durch unseren *freien Willen* die *Intention* bekunden, uns mit unserer Seele verbinden zu wollen.

Viele Menschen haben aus freiem Wille entschieden, weiterhin in der Dualität zu leben, und haben kein Verlangen danach, sich mit

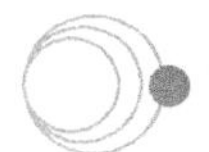

ihrem Höheren Selbst zu verbinden. Auch viele Lichtarbeiter haben ihre »frühere Verbindung« verloren (oder erleben das gerade); laut Kryon gehört das zum Prozess der Rekalibrierung. Kryons Empfehlung lautet: *»Verzweifelt nicht!«* Sie haben nichts falsch gemacht! Ihre Verbindung wird sich wieder einstellen, also tun Sie alles, was in Ihrer Macht steht, um nicht in Furcht zu verfallen, und entspannen Sie sich. Laut Kryon kommt die Verbindung zweifach zurück! Der Rekalibrierungsprozess dauert einfach seine Zeit, und alle Zellen im Körper arbeiten am Verjüngungsprozess mit, damit Ihrem alten Energiekörper ein neues Bewusstsein eingeprägt werden kann. Deshalb geschieht eine solche Rekalibrierung nicht über Nacht – aber sie passiert.

Die Verbindung zum Höheren Selbst erfolgt multidimensional mit Quantenenergie. Kryon beschreibt das als nicht lineare Kommunikation. Wir müssen quantenhafter werden, um die Seelenkommunikation zu verstehen, um multidimensionale Botschaften empfangen und übersetzen zu können (was Lee Carroll bei jedem Kryon-Channeling tut). Lee spricht oft über die Anfangszeiten seiner Channeling-Tätigkeit. Kryon gab ihm alles auf einmal durch, und Lee musste versuchen, sich an alles zu erinnern und das dann als prägnante Botschaft zu überliefern. Doch über die Jahre und mit ständiger Übung hat Lee gelernt, Kryons multidimensionale Botschaften als lineare Kommunikation weiterzugeben und ein Wort nach dem anderen live zu übertragen.

Sind Sie frustriert, weil die Verbindung zu Ihrem Höheren Selbst nicht stark und klar ist? Dann seien Sie bitte geduldig und gütig mit sich!

Lee Carroll brauchte vier Jahre, bis er schließlich in der Lage war, die Kryon-Botschaften zu channeln. Lee beschreibt seine allererste Erfahrung mit Kryon folgendermaßen: Er saß auf dem Stuhl und sagte: *»Okay, Kryon, oder wer immer du bist, wenn du wirklich da bist, dann zeig es mir!«* Und im nächsten Augenblick spürte Lee eine überwältigende, pulsierende Welle der Liebe, die ihn überschwemmte und zum Weinen brachte. Das war das Letzte, was er erwartet hatte, und er sprang auf der Stelle vom Stuhl auf und rief: *»Mach das nie wieder!«* Gott sei Dank siegte Lees Neugierde, und er bat weiter um die Verbindung.

Es ist wie mit jeder Fertigkeit: Durch Übung werden wir besser. Lee hat gelernt, beiseitezutreten und seine menschlichen Filter und seine Neigung zur Singularität zu entfernen. So kann die Kryon-Gefolgschaft einen stetigen Strom an wunderbaren, liebevollen und lehrreichen Botschaften kommunizieren. Kryon sagt über die Arten der Seelenkommunikation Folgendes:

Seelenkommunikation – Teil 1: Arten der Seelenkommunikation

Der Versuch, die Kommunikation hin zu und ausgehend von dieser »lebendigen Physik« zu beschreiben, überschreitet jegliches wissenschaftliche Verständnis. Ihr seid gefordert, über alles anders zu denken! Grundsätzlich gibt es zwei Möglichkeiten, sich Seelenkommunikation vorzustellen: erstens, Kommunikation von multidimensionalen Quellen *zu euch;* und zweitens, Kommunikation eurer multidimensionalen Teile *zu ihnen* zurück.

Wie wir anerkennen, seid ihr zu solch multidimensionaler Kommunikation fähig, aber das ist euch womöglich nicht klar.

Zwischen linearer und nicht linearer Kommunikation gibt es einen großen Unterschied. Das habe ich schon früher gesagt, aber nicht alle verstehen es. Deshalb werde ich es jetzt noch einmal, so gut ich vermag, auf eine Weise zu erklären versuchen, wie ich das noch nie getan habe.

Stellt euch einmal kurz vor, ihr hättet eine uralte Schreibmaschine, in die man Papier einspannen muss und die mit einem Kohlefarbband arbeitet, auf dem beim Schreiben die Buchstaben sichtbar werden. Ihr schlagt die Buchstabentasten an, und die Maschine erzeugt über das Farbband einen sichtbaren Abdruck auf dem Papier.

Ihr schreibt also mit der Schreibmaschine, und beim Tippen seht ihr dann die Buchstaben auf dem Papier in einer Zeile, einen nach dem anderen. Schon bald ergeben sich aus den Buchstaben Wörter, dann Sätze und Absätze, die Gedanken zusammenbringen. Das ist *lineare Kommunikation,* und für euch ist sie normal.

 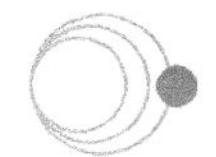

Genau so wird diese Botschaft für euch aufgeschrieben, und so lest ihr sie auch – auf sehr lineare Weise ..., Wörter in Zeilen auf einer Seite. Egal, ob ihr nun lest oder zuhört – ihr nehmt ein Wort nach dem anderen in der Sprachstruktur meines Partners auf [im Original-Channeling also auf Englisch]. Linear also – ein Wort nach dem anderen, wie die getippten Wörter auf dieser Seite. Das ist lineare Kommunikation. Das ist menschliche Kommunikation, und so funktioniert euer Gehirn.

Nicht lineare Kommunikation ginge folgendermaßen. Passt gut auf, denn was jetzt kommt, ist, wie mein Partner sagt, weit hergeholt und erfordert einiges an Vorstellungskraft. Tut einmal so, als ob die Schreibmaschine so festgestellt ist, dass ihr den ganzen Tag tippen könnt, aber der Wagen beim Tippen nie nach links läuft. Egal, wie viele Buchstaben ihr tippt, es ergibt sich nur ein einziges unleserliches Bild – eigentlich ein großer Klecks. Die einzelnen Buchstaben prägen sich übereinander ein. Was, ihr Lieben, würdet ihr, wenn ihr einen langen Brief an einen Freund beendet habt, auf der Seite sehen? Einen einzigen Buchstabenklecks! Alle Buchstaben wären übereinander getürmt und verschmiert, und ihr hättet keine Ahnung, was da kommuniziert wurde. Ihr würdet euch das anschauen und fändet es schade, dass die Schreibmaschine kaputt war und ihr es nicht bemerkt habt.

Und jetzt stellt euch vor, es käme jemand vorbei, der zu nicht linearer Kommunikation fähig wäre. Diese Person würde einen Blick auf den Klecks werfen und könnte die ganze Botschaft klar und deutlich sehen. Diese Person ist nicht linear und begreift das Ganze, würde die Gedanken sehen, die in die Nachricht geflossen sind, und wäre in der Lage, im Klecks etwas zu erkennen. Schließlich sind ja die Buchstaben und Sätze nach wie vor vorhanden, ihr Lieben. Erinnert ihr euch? Ihr habt das alles getippt. Aber sie existieren nicht in linearer Form, sondern alle zusammen als eine Gruppe [als ein Klecks]. Jemand, der nicht linear kommuniziert, wird den Klecks sehen und die gesamte Botschaft wahrnehmen.

Es gibt bei der Sache ein Attribut, das ich euch nur schwer beschreiben kann. Es steht außerhalb eurer gewohnten Logik;

ich will versuchen, es zu erklären. Mach langsam, mein Partner, damit das verstanden wird [an Lee gewandt]. Wenn die begreifende, nicht lineare Person den Klecks betrachtet, sieht sie etwas, was bereits existiert. Eine Nachricht wurde geschrieben. Sie denkt sich also nichts aus und rät auch nicht herum, sondern liest einfach etwas, was nicht linear bereits existiert. Die Nachricht wurde geschrieben, und alle Buchstaben sind da – komisch dargestellt in einem Klecks –, aber sie wurde in eurer Echtzeit vermittelt.

Ein nicht linearer Geist hat ein Attribut, welches ihr als *Autismus* bezeichnet und mit dem ihr euch genauer beschäftigen solltet. Es gibt viele autistische Menschen, die euch genau sagen können, was für ein Wochentag an einem bestimmten Datum in irgendeinem Jahr war oder ist. Wenn ihr so jemanden fragt: *»Was für ein Wochentag ist der 15. Mai 2035?«,* würden viele den Wochentag sofort benennen können. Die meisten Menschen wären ob dieser scheinbaren rechnerischen Leistung sehr verblüfft. Doch in Wahrheit hat das nichts mit Rechnen zu tun. Denn es ist keine Formel, und es ist keine Mathematik. Die Antwort existiert bereits, sie ist also bekannt. Auf fast jedem kalenderfreundlichen PC sind diese Informationen zu finden, denn sie existieren als Konzept, welches bereits entwickelt, produziert und gespeichert wurde.

So funktioniert der nicht lineare Geist. Viele Menschen mit einem autistischen Geist sind in der Lage, diese Informationen praktisch auf der Stelle zu interpretieren, weil sie das Konzept sehen. Sie berechnen gar nichts.

Jetzt kennt ihr den Unterschied zwischen »linear« und »nicht linear«. Der autistische Geist ist der Vorläufer dessen, was kommt, und eine Anomalie der zukünftigen menschlichen Entwicklung. Heutzutage sind das die sogenannten *Savants,* und viele ihrer Schwierigkeiten sind auf ihre Unfähigkeit zurückzuführen, in einer linearen Welt zu funktionieren.

Wie es funktioniert: Von nicht linearer zu linearer Kommunikation

Aus allen möglichen Quellen wollen Informationen zu euch durchkommen; ich zähle das jetzt einmal auf: Zunächst über Channelings, also auch das, was ihr gerade hört (und mein Partner macht das seit 23 Jahren). Am Anfang war es scheußlich [so hat er es genannt], aber inzwischen ist es in Ordnung. Ihr solltet aber wissen, dass wir nicht auf lineare Weise zu euch sprechen. Ihr hört zwar von ihm lineare Worte, aber so geben wir sie nicht durch. Er ist ein Meisterdolmetscher nicht linearer Konzepte, welche durch seine Zirbeldrüse kommen.

Gerade in diesem Moment gebe ich die gesamte Botschaft auf einmal durch – *unseren Klecks* –, und er dolmetscht das sozusagen für euch, damit es sich wie ein Strom linearer Wörter anhört. Aber es ist eine einzige Gedankengruppe, die ich ihm immer wieder durchgebe. Wir haben das gemeinsam geübt, und wir mussten uns beide entsprechend anpassen.

Am Anfang gab ich ihm das Konzept, das gesamte Channeling, in Form eines einzigen Kleckses durch [Lee macht das Geräusch einer einzelnen Silbe]. Genau so! Dann musste er sich alles merken und euch die Durchgabe übermitteln. Das mit dem Erinnern hat nicht so gut geklappt, also probierten wir etwas anderes aus. Wenn wir ihm denselben Klecks immer wieder durchgaben, konnte er ihn linear dolmetschen.

Übrigens habe ich euch gerade das Geheimnis zum *Meistern intuitiven Denkens* verraten. Bittet Spirit darum, die intuitive Botschaft immer wieder von Neuem zu wiederholen. Darum solltet ihr Spirit bitten, wenn ihr eine Botschaft nicht versteht: Bittet noch einmal! Lasst euch diesen intuitiven Gedanken wiederholen, damit ihr ihn begreifen und seine Schönheit und Klarheit erkennen könnt. Das scheint offensichtlich zu sein, aber denkt daran: Der freie Wille lässt uns nichts unternehmen, solange ihr nicht darum bittet. Von Natur aus wiederholt Spirit nichts. Wiederholung ist ein komplett *lineares Konzept, um das ihr bitten müsst.*

Wir möchten euch sozusagen auf halbem Weg zwischen dem Linearen und dem Nichtlinearen treffen, ihr Lieben. Ist euch klar, dass Spirit deshalb von Anfang an zur Menschheit in Vierzeilern und Metaphern gesprochen hat? Das ist alles, was wir haben – Metaphern, um euch zu helfen, eine Botschaft zu erkennen, denn bei uns läuft das in Gedankengruppen und *Klecksen* ab. Doch die Interpretation dieser Metaphern wird oft zu einem Rätsel.

Manchmal lesen Leute in der Heiligen Schrift und fragen: *»Warum kannst du denn nicht normal reden, Spirit?«* Die Antwort auf diese Frage lautet: Wir sind nicht linear wie ihr, und für uns ist diese Art zu sprechen »normal«. Auch dieses Channeling wird so durchgegeben. Auch wenn es eine Zeit lang dauert, es auszusprechen, so wurde doch alles meinem Partner auf einmal durchgegeben – ein nicht linearer Klecks, immer wieder. Er übersetzt das dann für euch in lineare Sprache. Hat er euch schon mal zu Beginn eines Channelings gesagt, wie viele Teile es geben würde? Er tut das oft. Und das geht nur, weil er bereits die ganze Botschaft kennt, auch wenn er gerade erst damit anfängt. Versteht ihr? Er *liest* den Klecks.

Was ist Channeling?

Diese Belehrung wollen wir damit anfangen: Was ist Channeling? Beim Channeln öffnet sich die Zirbeldrüse des Menschen und übermittelt Kommunikation von dem, was ihr *die Quelle* nennt. Natürlich muss das jeweilige Medium dabei die menschliche Kultur und Erfahrungswelt berücksichtigen, wenn es zu euch spricht oder darüber schreibt. Jegliche Wesenheit, Energie oder wahre Kommunikation durch die Zirbeldrüse kommt aus der Quelle. Ihr belegt sie vielleicht mit allen möglichen Namen oder Persönlichkeiten, aber all das kommt aus der Quelle. Der Unterschied besteht darin, wie die verschiedenen Medien das interpretieren und inwieweit die Zirbeldrüse frei ist von menschlichen Filtern [dazu mehr in einer anderen Durchgabe].

Channeln ist eine Form der Kommunikation, die den Menschen offensteht, und ihr müsst das auch nicht »Channeln« nennen, sondern könnt einen beliebigen Namen vergeben; aber ihr solltet wissen: Jeder Mensch kann es erlernen, wenn er das möchte. Viele Menschen sind aus eigener freier Entscheidung nicht daran interessiert, aber wie wär's, wenn ihr das einfach für euch selbst machen würdet? Es muss keine Engelenergie oder eine Wesenheit sein, sondern es kann einfach euer Höheres Selbst sein. Das wird auch als *automatisches Schreiben* bezeichnet.

Diese Kommunikation erfolgt durch ein multidimensionales Portal, das sich über die Zirbeldrüse öffnet. Diese Informationen kommen nicht durch das Gehirn, wie wir ja schon gesagt haben. Es ist multidimensionale *Seelenkommunikation* und hat nichts mit Synapsen zu tun – gar nichts. Intuition ist Seelenkommunikation und ist keine Gehirnfunktion, deshalb ist sie so schwer »festzumachen«, denn ihr seid synaptisches lineares Denken gewöhnt; so seid ihr »verdrahtet«.

Wir wollen noch einmal davon sprechen, was daran so schwierig ist. Alles, was ich von jetzt an in diesem Abschnitt sagen werde, hat damit zu tun, wie andere mit euch nicht linear kommunizieren. Diese Art der Kommunikation von anderen muss irgendwie interpretiert und ins Lineare »gedolmetscht« werden. Diese Art der Kommunikation hat viele Attribute; ich werde meinem Partner also eine Liste durchgeben, und er kann entscheiden, worüber er in der ihm zur Verfügung stehenden Zeit reden will.

Persönliche Kommunikation. Wir wollen über die persönliche Kommunikation sprechen. Wie könnt ihr hören, was Spirit oder eine andere multidimensionale Quelle euch zu sagen hat, wenn es nicht auf lineare Weise bei euch ankommt? Das ist schwierig! Mein Partner hat euch heute schon ein paar Antworten gegeben, und die Hauptantwort lautet: Indem ihr übt, intuitive Gedanken zu erkennen, und versteht, was aus eurem Gehirn kommt und was nicht. Das ist schwierig ... am Anfang. Die Menschen wollen das analysieren bzw. intellektuell interpretieren.

Ihr Lieben, lasst nicht zu, dass die Synapsen eures Gehirns Gott im Weg stehen! Muss ich es noch einmal sagen? Bei der Intuition müsst ihr lernen, die lineare Logik außen vor zu lassen und der Schönheit nicht linearer Vorstellungen Spielraum auf der Bühne eures Bewusstseins zu gewähren. Das passt vielleicht eurem Überlebensdenken nicht, und auch eure Freunde können nichts mit dem anfangen, was ihr da macht, aber es wird euer Leben verbessern. Es ist schwierig, die eigene Denkweise zu verändern.

Was also musste mein Partner, der Ingenieur, lernen, um channeln zu können? Er wollte einfach alles analysieren! Und er hat Jahre gebraucht, bis er zwischen Zirbeldrüse und Gehirn unterscheiden konnte, um dem nicht linearen intuitiven Denken nicht mehr im Weg zu stehen. Am Anfang fragte er sich immer, ob er sich das womöglich »ausdachte«. Kam es aus seinem Gehirn – oder war es etwas Größeres? Intuition ist auch zuständig für das sogenannte *kreative Denken* (Malen, Musik, Poesie etc.). Kein Wunder also, dass er sich das fragte. Die Frage ist durchaus gerechtfertigt. Persönlich, ihr Lieben, müsst ihr also üben, den Unterschied zu erkennen.

Es gibt außer Channeln viele weitere Quellen – ihr nennt das »Botschaften von Gott«; sie werden nicht linear übertragen [eine nicht lineare Kommunikation über die Intuition und nicht über die Synapsen]. Was als Nächstes kommt, ist vielleicht eine Überraschung für euch.

Kommunikation mit Tieren. Ihr liebt sie, nicht wahr? Was wisst ihr über Tiere, insbesondere über diejenigen, um die ihr euch kümmert und die ihr liebt, eure sogenannten Haustiere? Sie haben eine Persönlichkeit, nicht wahr? Sie können zu euch sprechen. Und wie klingt das, wenn sie mit euch kommunizieren? Wie hören sich ihre Stimmen an? *»Na ja, Kryon, du weißt doch, dass sie eigentlich keine Stimme haben.«* Wirklich? Und wie »sprechen« sie dann zu euch? Jetzt wird's wirklich interessant, nicht wahr? Sie kommunizieren über konzeptuelle Vorstellungen. Ihre konzeptuellen Gedankengruppen können von euch aufgeschnappt werden. Und nun ratet mal, wo ihr diese Gedanken aufgreift? Das geschieht über die Zirbeldrüse; sie ist der Dolmetscher für alles Multidimensionale in eurem Körper. Nicht euer Gehirn empfängt die tierischen Signale, ihr Lieben.

Manche von euch können gut auf diese Art kommunizieren. Manche derjenigen, die gerade zuhören, sind sogenannte Tierflüsterer, und sie wissen genau, wovon ich hier spreche. Warum nennen sie das »flüstern«? Ich sage euch, wie ich das interpretiere: Weil die Kommunikation nicht auf lineare Weise geschieht, und sie flüstern euch durch die Zirbeldrüse und nicht durch die Gehirnsynapsen zu. Die Kommunikation erfolgt in Gedankengruppen, ganz sanft und alles auf einmal, wie der Klecks. Wenn ihr das aufnehmt, dann wisst ihr, was der Hund oder die Katze oder das Pferd oder der Hamster oder das Kaninchen euch zu sagen versuchen. Dann wisst ihr, worum sie bitten, in welcher Notlage sie womöglich sind, und vielleicht erfahrt ihr auch ihre Freude und ihre Liebe.

Nun, diese Art der Kommunikation mit Tieren ist einfach für euch, weil ihr das alle schon einmal gefühlt habt. Ich glaube, ihr wisst, wovon ich hier spreche. Wendet dieses Wissen an, denn das, was ich euch heute lehre, ist nichts anderes und basiert auf demselben Prozess, den ihr im wirklichen Leben und in der Meditation nutzt, wenn ihr auf Gott hört.

»Kryon, stimmt es, dass die Kommunikation mit Tieren Seelenkommunikation ist?« Ja, es stimmt – ihre Seele mit eurer Seele, und wenn ihr gut darin seid, ihre Gedanken zu interpretieren, warum habt ihr dann Zweifel bezüglich des nächsten Schrittes? Übt euch in dieser Kommunikation mit eurem Höheren Selbst. Euer Höheres Selbst schwingt höher als eure Zellendimensionalität und gehört zu eurer »Seelengruppe«, die wiederum zu den neun Attributen des Menschen gehört und euren Kern darstellt – den Teil, der euch Informationen von der anderen Seite des Schleiers übermittelt, von dem, was ihr *Gott* nennt.

Kommunikation durch Taten. Auch Taten sind Kommunikation. Mein Partner spricht vom Kristallgitter und davon, wie es menschliches Handeln erinnert, zum Beispiel das, was in der Vergangenheit auf dem Schlachtfeld geschah. Die Energie der Schlacht ist immer noch da, wird auf euch übertragen, und viele Menschen können sie fühlen. Was meint ihr, wie das funktioniert? Die Kommunikation dessen, was in der Vergangenheit passiert ist, umfasst Vorstellungen von Tod, Drama und Furcht. Die Energie wird vom Kristallgitter direkt zu eurer Zirbeldrüse übertragen, und ihr empfangt sie über emotionale Vorstellungen und nicht linear. Viele Menschen können sie spüren, und viele Menschen spüren sie nicht. Diejenigen, die daran gewöhnt sind, Energie zu fühlen, verstehen und fühlen das als Erste.

Manche von euch können das gut und sind stolz darauf, Energie spüren zu können, egal wo. Ihr könnt die Energie der Gruppe fühlen; ihr könnt die Energie des Landes und des Kristallgitters spüren, und ihr könnt die Energie von Situationen fühlen. Doch was genau fühlt ihr? Das ist Seelenkommunikation vom Feinsten!

Das Gitter spricht dabei zu eurem *intuitiven* Selbst. Das kommt nicht aus dem Gehirn und hat auch nichts mit dem Intellekt zu tun. Das ist Physik. Es erreicht euch über die Zirbeldrüse, interpretiert es und empfängt Informationen in nicht linearer Form. Im Fall des Schlachtfeldes ist etwas mit dem Boden passiert, auf dem ihr steht, und die Energie zwingt euch womöglich in die Knie. Das ist Kommunikation! Doch warum ist so persönliche Kommunikation am schwierigsten zu interpretieren? Weil es Kommunikation *von euch selbst zu euch selbst* ist. Darum geht es bei der heutigen Unterweisung. Wir wollen dieses Konzept verständlich machen.

Universale Kommunikation. Wenn ihr in den Wald geht und die Bäume zu euch sprechen, worum geht es da? Gaia spricht zu euch! Und wie klingt diese Stimme? Komme ich zu euch durch? Versteht ihr, was ich sage?

Ihr könnt diese Dinge auf eure eigene Weise hören, aber nichts davon hat mit Synapsen zu tun. Haben die Bäume ein Problem? Weinen sie? Oder feiern sie womöglich? All diese Informationen stehen denjenigen zur Verfügung, die sie hören können.

»Kryon, stimmt es, dass es im Wald sogenannte Devas gibt?« Hier ist meine Antwort: Wollt ihr mich auf den Arm nehmen? Natürlich gibt es welche! Oh ja! Ihr fragt, was sie sind. Es sind multidimensionale Aspekte von Gaia.

Ich finde es toll, wie Menschen mit multidimensionalen Energien umgehen. Sie »dreidimensionalisieren« sie. Wenn Menschen eine multidimensionale Energie nicht verstehen können, machen sie sie zu Wesenheiten, kleiden sie an [legen ihnen im Geist Kleider an], geben ihnen Namen und lassen sie in menschlichen Kinofilmen auftreten. Sie sind wunderschön! Das wisst ihr, und sie sind überall.

Geht in den Wald, und sie werden zu euch sprechen. Setzt euch ins Gras und lasst sie mit euch kommunizieren. Sie sind Teil

der *Energiesuppe, die Gaia ist,* also Mutter Natur, die Persönlichkeit, welche die Liebe Gottes in der Natur ist.

Ihr Lieben, von einem Deva wird euch nichts Schlechtes widerfahren. Wenn ihr einen Baum umarmt, werden keine schlechten Informationen übertragen. Das wisst ihr, nicht wahr? Und was sagt das darüber aus, welche Gefühle Gaia für euch hat? Das sind nur ein paar Dinge im Hinblick auf die Kommunikation von anderen zu euch.

Die andere Richtung: Von linearer zu nicht linearer Kommunikation

Ein Mensch hat einen linearen Geist und kommuniziert linear. Deshalb gehen euch die Instrumente für multidimensionale Kommunikation ab. Ihr könnt sie aber entwickeln, wenn ihr das wollt, und viele Menschen haben das getan. Aber als Mensch steht euch im Allgemeinen nur die lineare Kommunikation zur Verfügung. Und wenn ihr mit Spirit kommuniziert?

Ihr Lieben, hier ist die Wahrheit: Wir haben überhaupt kein Problem damit, euch zu verstehen. Denn wir sind die »Meisterdolmetscher«. Wir wissen genau, was ihr sagt, und es ist egal, ob ihr es nur denkt oder aussprecht. Wir wissen, was ihr kommuniziert, weil wir die ganze Zeit bei euch sind. Euer Höheres Selbst, welches höher schwingt als das körperliche Selbst, kennt die Psyche eures Geistes. Wenn ihr euch zum Meditieren hinsetzt, wissen wir, was ihr gleich tun werdet, denn die Potenziale sind da. Ihr denkt bereits daran, bevor ihr es tut, und das sehen wir.

Ich will euch ein paar Tipps zur Kommunikation mit uns sagen: Hört auf, uns Listen mit euren Wünschen durchzugeben! Wir wissen bereits, was ihr wollt. Setzt euch lieber hin und sagt zu uns: *»Lieber Spirit, sag mir, was du mich wissen lassen möchtest!«*

Ihr Lieben, wir sind bereits über alles in eurem Leben auf dem Laufenden. Muss ich das noch einmal sagen? Wir sind bereits über alles in eurem Leben auf dem Laufenden! Kommt zu uns und lasst *uns* zu euch sprechen! Lasst uns einfach sprechen und versucht, die Gedankengruppen, die als Erstes hochkommen, zu interpretieren, ohne irgendetwas zu analysieren. Gewöhnt euch daran. Doch was euer Reden mit uns betrifft – da ist es egal, wie ihr das macht.

Gut, manche werden sagen: *»Nun ja, Kryon, es muss auch falsche Wege der Kommunikation mit Gott geben ...«* Nein, die gibt es nicht! *»Also, was hältst du von religiösen Gruppierungen, die eine bestimmte Richtung vorgeben und auf einem Gebetsteppich bestehen oder verlangen, beim Beten bestimmte Kleidung zu tragen?«* Ihr Lieben, lasst sie das machen, was in ihrer Kultur traditionellerweise getan wird, denn es geschieht zur Ehre Gottes. Gibt es etwas Besseres als das, um sie darauf vorzubereiten, mit uns zu sprechen? In ihre Kommunikation fließt dieselbe Liebe ein wie in die eure. Kulturelle Unterschiede zwischen Menschen spielen auf der anderen Seite des Schleiers keine Rolle, denn wir sehen einen Menschen als *physisch-körperlichen Vertreter eines Stückes von Gott.* Alle Menschen! Es ist egal, was ihr anhabt oder worauf ihr sitzt. Ist das klar? Es gibt keinen falschen Weg, zur schöpferischen Quelle zu sprechen.

»Na ja, Kryon, vielleicht gibt es keinen falschen Weg, aber ich habe Gott schon öfters mal angeschrien. Was ist damit? Ist das kein falscher Weg?« Ihr Lieben, wir haben euch gehört, aber den Schrei haben wir nicht gehört. Der Schrei war linear. Das ist schwer zu erklären. Wir hörten liebevolle Verzweiflung. Liebevolle Verzweiflung. Wir sahen nicht die Wut. Ihr wart nicht wütend, ihr wart verzweifelt, und in solchen Momenten haben wir das stärkste Bedürfnis, um euch zu sein. Je mehr ihr Gott anschreit, desto mehr Engel umgeben euch und wollen eure Hand halten.

Wenn ihr wieder einmal beschließt, Gott anzuschreien, würdet ihr dann bitte auch euer Herz öffnen und euch von uns eine Weile in den Arm nehmen lassen? Ist das okay? In Augenblicken größter Verzweiflung, wenn ihr auf nichts eine Antwort habt und ihr keine Antworten herausbekommt, könnt ihr euch dann einfach halten lassen? Ist das in Ordnung? Dazu sind wir hier. Ihr alten Seelen, ihr müsst euch an diese Kommunikation gewöhnen! Sie ist so leicht verfügbar.

Taten sind tatsächlich eine Sprache. Euer Verhalten *spricht* zum Kristallgitter und *spricht* zum Gaia-Gitter. Eure Gedanken sprechen zum Magnetgitter, das wir als den *Sitz des menschlichen Bewusstseins* bezeichnet haben. Eure Taten sind eine weitere Art der Kommunikation mit allem und jedem um euch herum, ohne dass ein Wort gesagt wird. Das, was ihr auf lineare Weise mit dem Mund aussprecht, wird von eurem physischen Körper gehört. Wie viele Selbsthilfe-Gurus mussten euch sagen, dass ihr das, was ihr laut aussprecht, *zu euch zieht?* Warum ziehen Hypochonder genau die Krankheiten an, vor denen sie am meisten Angst haben und über die sie ständig reden? Weil der Körper sie hört und ihnen gibt, worum sie bitten!

Der Körper lauscht, die Gitter lauschen, und auch die Menschen um euch herum hören zu. Seid ihr in ein Drama verwickelt? Erneut stellen wir diese Frage. Meint ihr, das sei für andere Menschen anziehend? Habt ihr je darüber nachgedacht? Was wollt ihr anderen Menschen über euer Glaubenssystem, euren »inneren Gott« zeigen? Wollt ihr ihnen zeigen, wie sehr ihr aus dem Gleichgewicht seid, und ihnen damit sagen, dass sie auch so unausgeglichen sein sollten? Denkt ihr darüber nach? Wie präsentiert ihr der Menschheit eure Meisterschaft?

Ihr alten Seelen, was habt ihr im Laufe all der Zeitalter gelernt, was ihr heute auf die Party mitgebracht habt? Die Verwicklung im Drama – oder Liebe? *»Na ja, Kryon, das ist einfacher gesagt als getan. Wie kann man das Drama beenden? Wie schaffe ich es, nicht mehr auf eine ungerechte Welt zu reagieren?«*

Die Antwort habe ich euch gerade gegeben. Wenn ihr euer Herz öffnet und heilige Kommunikation zulasst, wird euch dadurch eine friedliche Haltung gezeigt und auch ihr verhaltet euch friedlich. Das nennen wir *spirituelles Erwachen*. Das heißt, ihr gebt alte Gewohnheiten, alte Ängste auf und fordert den Teil eurer alten Seele ein, der euer *innerer Gott* ist und euch, der Menschheit und den Menschen um euch herum zur Verfügung steht.

Multidimensionale Kommunikation. Wer von euch gut darin ist, mit Tieren zu sprechen, hat *Gedankengruppenkommunikation* entwickelt. Ihr seid bereits bei der besten Seelenkommunikation, die es gibt, und ihr seid dabei, euer Schubladendenken aufzugeben. Ihr schaut den Tieren in die Augen und übermittelt ihnen Bilder, nicht wahr? Und sie verstehen es, oder etwa nicht? Das sollte euch zeigen, dass es funktioniert! Menschen können multidimensionale Attribute und Merkmale entwickeln, die komplett vom Bewusstsein getrieben sind und durch die Zirbeldrüse nach Wunsch überall hingeschickt werden können.

Ihr seid außerdem von Helfern umgeben – das haben wir euch ja schon gesagt. Muss ich sie erneut aufzählen? Überall um euch herum sind wohlmeinende, gütige Wesenheiten und Gruppen. Manche sind von hier [von der Erde] und manche nicht. Es gibt nicht nur die Plejadier, Arkturianer, Hathoren und diejenigen von Orion und Sirius [um ein paar der Bekannteren aufzuführen]. Es gibt unendlich viele. Und wisst ihr, was ihnen allen gemein ist? Nicht lineare Gedankenkommunikation! Ihr könnt mit ihnen auf dieselbe Art und Weise kommunizieren wie mit Tieren.

Ihr lieben Menschen, wir werden das Tor zur vollständigen Kommunikation öffnen, bevor wir diese Durchgabe beenden. Es gibt da etwas, das wir euch wissen und erkennen lassen wollen. Macht aus unserer Kommunikation nichts Geheimnisvolles, nichts Seltsames! Soeben habe ich euch gesagt, wie die Kommunikation zu und von Spirit funktioniert. Im nächsten Channeling werde ich mit einem anderen Thema weitermachen: Was blockiert und hemmt diese Kommunikation? Was sind *Filter?* Wodurch könnt ihr die Kommunikation verbessern?

Seelenkommunikation ist etwas, was die alte Seele lernen muss, um Gleichgewicht und Frieden auf der Erde zu erschaffen. Es beginnt hier und jetzt. Es beginnt damit, die Schönheit eurer Beziehung zu Spirit zu verstehen und zu entmystifizieren. Diese heiligen Dinge haben eine Struktur; dahinter steht ein gütiges System und *gesunder spiritueller Verstand.* Wir laden euch ein, es selbst herauszufinden, denn diese Kommunikation wird auf dem Planeten zu einer spirituellen Weiterentwicklung führen, und sie wird angeführt von genau denjenigen, die diese Zeilen lesen und gerade zuhören. Familie, das ist die Lektion des heutigen Tages. Wunderschön, nicht wahr? Wunderschön!

Wir wollen einfach nur kommunizieren, und es ist an der Zeit, damit weiterzukommen. In diesem Channeling wurde erklärt, wie

es funktioniert. Und wir haben Vorschläge gemacht, wie die Kommunikation verbessert werden kann. Eure Aufgabe besteht nun darin, das, was manche als »gespenstisch«, »unnatürlich« und »unheimlich« bezeichnen, zu entmystifizieren. Nur weil es nicht linear ist, ist es nichts Seltsames. Das Größte dabei ist die Liebe. Könnt ihr sie erklären? Vielleicht nicht. Aber ihr könnt sie nachahmen. Geht hin und ahmt die Liebe Gottes, die in euch ist, für die Menschen um euch herum nach.

Kryon
(Live-Channeling »Seelenkommunikation – Teil I«, durchgegeben in San Antonio/Texas, 22. Februar 2014)

Kryon hat von der Kommunikation mit Tieren gesprochen, und das ist etwas, was mich sehr interessiert, denn ich liebe Tiere und bin sehr gerne in der Natur. Ich möchte Ihnen Anna Breytenbach vorstellen, eine professionelle Tierkommunikatorin, die seit über zwölf Jahren in Südafrika, Europa und in den USA mit gezähmten und wilden Tieren arbeitet. Eines ihrer Videos auf YouTube wurde über eine Million Mal angeschaut. Es zeigt die unglaubliche Geschichte, wie ein schwarzer Leopard namens Diablo nach einer Interaktion mit Anna Breytenbach zu Spirit wurde. Dieses 13-minütige Video können Sie unter folgender Adresse finden: *https://www.youtube.com/watch?v=gvwHHMEDdT0*

Ich habe mir dieses Video unzählige Male angeschaut und bin jedes Mal von Neuem sehr berührt, wenn ich Zeugin werde, wie jemand, der nicht an die Kommunikation mit Tieren glaubt, sich in jemanden verwandelt, der seine angeborene Fähigkeit, mit Tieren zu kommunizieren, die ihm am Herzen liegen, für sich in Anspruch nimmt. Einzelheiten über den ganzen Dokumentarfilm, aus dem dieser eindringliche 13-minütige Clip stammt, findet sich auf Anna Breytenbachs Website *http://www.animalspirit.org* im Abschnitt »Media & Articles«.

Anna bietet auf der ganzen Welt Workshops an, die immer schnell ausverkauft sind, was zeigt, wie sehr immer mehr Menschen sich wünschen, mit Tieren zu kommunizieren. Es gibt viele Tierkommunikatoren, die uns engagiert helfen, zu lernen, besser mit Tieren zu kommunizieren. Auf der ganzen Welt gibt es allerdings auch viele Haushalte mit Haustieren, die von Tierkommunikation keine Ahnung haben. Doch alle Haustierbesitzer empfinden für ihre Tiere durch die bedingungslose Liebe, die diese ihnen schenken, eine tiefe Liebe und Bindung.

Und es gibt jede Menge Geschichten über Tiere, die Menschen gerettet haben, und auch über die Heilerqualitäten, die Tiere auf Menschen ausüben. Es gibt alle möglichen Programme, wo Tiere für therapeutische Zwecke eingesetzt werden (beispielsweise therapeutisches Reiten, Schwimmen mit Delfinen oder Tiere, die Pflegeheime, Krankenhäuser und behinderte Kinder besuchen). Die heilende Liebe von Tieren empfangen wir auch, wenn wir sie einfach bei ihren Possen beobachten. Immer wenn ich einen schnellen Muntermacher brauche, finde ich ganz bestimmt Filme über Katzen oder Hunde auf YouTube, die mich sofort in gute Laune versetzen.

Spaß zu haben und sich mit Tieren zu verbinden, ist vielleicht ein guter Ausgangspunkt für die Kommunikation mit der Seele. Ihr Gespräch mit Ihrem Höheren Selbst muss nicht total ernst und gestresst sein, weil Sie es unbedingt richtig machen wollen. Entspannen Sie sich und vertrauen Sie darauf, dass die Verbindung immer da ist und bereit, wenn Sie darum bitten. Und denken Sie daran: Spirit sieht Ihre Intention! Wenn Sie eine Botschaft empfangen, über die Sie sich nicht ganz sicher sind, bitten Sie darum, dass sie noch einmal durchgegeben wird. Im nachfolgenden Channeling offenbart Kryon weitere Informationen über den Prozess.

Seelenkommunikation – Teil 2

Ihr seid heute hierhergekommen, um zu erfahren, wie ihr euch spirituell verbessern könnt. Doch die Unterweisung geht darüber hinaus. Sie enthüllt euch womöglich Dinge, die ihr bislang nicht erkannt habt. Seelenkommunikation kann man auch definieren als »Du mit dir selbst«, und deshalb heißt das Thema auch »In Kontakt mit der eigenen Göttlichkeit kommen«. Stimmt es nicht,

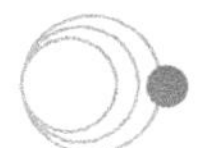

ihr Lieben, dass der gesamte Zweck der heutigen Lektion darin besteht, mit den nicht linearen Teilen eurer selbst in Kontakt zu kommen? Das ist Seelenkommunikation.

Könnt ihr euch die Möglichkeit, dass ihr in viele multidimensionale Teile aufgespalten seid, überhaupt vorstellen? Wie wir euch schon früher gesagt haben, seid ihr tatsächlich an vielen Orten gleichzeitig, doch ein beträchtlicher Teil eures Selbst schwingt höher als eure Bewusstheit und wird deshalb euer »Höheres Selbst« genannt. Das alles im Gleichgewicht zu halten und wie die Meister des Planeten zu werden, bedeutet eigentlich, in Kontakt mit euren anderen Teilen zu kommen, die heilig sind. Das ist Seelenkommunikation. Alles, was wir von nun an sagen, bezieht sich auch darauf – es geht um euch, die ihr mit dem »Höheren Ich« kommuniziert.

Spirituelles Überleben

Ich will euch ein Stück zurückführen. Wie viele Lebzeiten habt ihr euch durch alte Energie geschleppt? Euch durchgekämpft? Ihr habt euch aufgerappelt, und die alte Energie des Planeten hat euch wieder in die Knie gezwungen. Das ist eine Metapher für die alte Seele, die sich der Erkenntnis ihrer göttlichen Aufgabe sich selbst und dem Planeten gegenüber öffnet, nur um ignoriert oder – noch schlimmer – »entdeckt« und dann gefürchtet zu werden.

Ihr alten Seelen, ihr macht scheinbar gerade die ersten Schritte auf einem spirituellen Weg, und das bringt euch um. Ihr kommt zurück, und dann werdet ihr für einen Krieg rekrutiert und wieder getötet. Ihr kommt erneut hierher, erwacht, werdet sogar zu einem Schamanen oder einer Schamanin und werdet getötet, weil ihr erleuchtet seid. Wie viele Leben wart ihr auf euch selbst angewiesen in dem Versuch, in einer Welt sehr alten, dunklen Denkens zu überleben? »Überleben« wird zu einem Wort, welches für die alte Seele etwas ganz anderes bedeutet. Hohes Bewusstsein in einer alten Energie ist wie ein eckiger Stöpsel in einem runden Loch, und genau daran ist die alte Seele gewöhnt.

Ihr Lieben, damit ist bald Schluss – mit allem –, und darum ging es in der Prophezeiung der Ureinwohner des Planeten für diese Zeit. Und hier seid ihr, bereit dazu. Doch der Planet erhöht nicht ganz plötzlich sein Bewusstsein, ihr Lieben. Stattdessen werden die euch umgebenden Systeme und die euch umgebende Energie leichter, und damit können Menschen wie ihr viel leichter überleben. Viele Menschen werden viel weniger Widerstand leisten und viel offener sein als jemals zuvor. Das ist der Beginn eines sehr langsamen Wandels.

Das heißt auch, dass es für euch leichter wird, im Gleichgewicht zu bleiben. Dieses Wort, »Gleichgewicht«, haben wir immer wieder verwendet. Oft führen Menschen, die einem esoterischen Glaubenssystem anhängen, ein ganz bestimmtes Leben, weil es ums reine Überleben geht. Es fällt euch leicht, ein Einsiedler zu sein, und ich spreche auch zu meinem Partner. Wenn ihr euer Licht nicht zeigen müsst, ist es einfacher. In der Vergangenheit wurdet ihr gejagt, wenn ihr euer Licht gezeigt habt! Ihr versteht, was ich da sage, nicht wahr? Denn wenn ihr die Tür öffnet und das Licht sich daraus hervorgießt, werden euch alle anschauen, denn ihr seid anders.

Was ist falsch an diesem Bild? In der Vergangenheit bedeutete das für euch euren Untergang. Und das verändert sich.

Nichteinmischung

Wir haben also in dieser Energie nach der Präzession der Äquinoktien ein paar Neuigkeiten für euch. Als Erstes möchten wir euch sehr gerne die »Regeln des Schöpfers« durchgeben. Das sind keine Regeln, wie ihr sie euch vorstellt. Wir wollen konkreter darauf eingehen und werden sie *die Gesetze Gottes für die Menschheit* nennen.

Diese Gesetze können nicht gebrochen werden, und das würden wir auch nicht wollen. Wir würden sie ganz bestimmt niemals verletzen. Spirit ist nicht wie ein Mensch. Er hat kein lineares Bewusstsein mit Gesetzen, die man befolgen muss oder nicht. Hier geht es um eine ganz andere Art von Gesetzen. Die Gesetzmäßigkeiten der Physik beispielsweise sind etwas Absolutes und haben mit dem Verhalten von Materie in eurer Realität zu tun. Diese physikalischen Gesetze werden nicht von einem Bewusstsein befolgt; sie sind Gesetze der Materie. Ähnlich gibt es auch Gesetze der Spiritualität: die Art, wie Gott wirkt.

Ich möchte euch ein paar davon vorstellen. Zunächst einmal respektieren sie die Menschheit, sind wunderschön und gütig. Hättet ihr von der schöpferischen Quelle auch etwas anderes erwartet? Hier ist ein Gesetz: *Wir halten uns von euch fern, bis ihr uns einladet.* Dabei geht es um mehr als den *freien Willen* der Menschheit; es ist das Gesetz des Schöpfers. Gefällt uns das? Eigentlich nicht, denn unsere Liebe möchte euch zurufen, dass wir hier sind, aber das können wir nicht. Auf diese Weise respektieren wir den freien Willen und die Entscheidungsfreiheit des Menschen. Wenn ihr wirklich wüsstet, dass wir hier sind, würdet ihr euch auf der Stelle verändern und es gäbe keine Prüfung. Nein. Die Entscheidung dafür, uns zu finden, muss allein von euch getroffen werden!

Ihr Lieben, die alte Energie dieses Planeten war für uns alle schwierig. Ihr erwachtet und wart im Überlebensmodus, und in der alten Energie war der Großteil der Menschheit einfach nicht an uns interessiert und ließ uns nicht herein. Könnt ihr euch vorstellen, wie das wäre, wenn eure Kinder sich plötzlich verändern und euch nicht mehr erkennen würden? Könnt ihr euch vorstellen, wie es wäre, wenn sie herumlaufen und gegen Wände rennen würden, weil sie nicht sehen können? Stellt euch vor, ihr hättet die einzige Taschenlampe weit und breit und sie wären in der Dunkelheit und voller Angst ... Aber ihr könnt die Lampe nicht benutzen, bis sie darum bitten. Sie rufen euch nie um Hilfe an, weil sie nicht einmal euren Namen kennen! Sie erinnern sich nicht, wer ihr seid. Ihr habt sie geboren, und sie liegen euch am Herzen, doch sie wissen nicht, dass es euch gibt. Könnt ihr euch das vorstellen? Das ist unser Gesetz.

Noch ein Gesetz: *Wenn ihr als Menschen Hand und Herz einer spirituellen Suche öffnet, passiert etwas.* Viele von euch verfügen sogar über eine Abstammungslinie voller Akasha-Erinnerungen dahingehend, wie sich genau das anfühlt (und vielleicht auch dahingehend, welchen Ärger das in einer alten Energie mit sich brachte). Wenn ihr euch dranmacht, diese innere spirituelle Frage *»Ist da mehr?«* zu beantworten, dann lasst ihr uns herein. In diesem Moment verändert sich alles, und wir beginnen zu kommunizieren. Das ist unser Gesetz. Doch in dem Maße, wie immer mehr Menschen das tun, gilt das Gesetz auch für andere Attribute um euch herum, und dann verändern sich auch diese Attribute. Wenn genug Menschen in diesen Prozess einsteigen, verändert sich der ganze Planet. Das nennt sich dann »das Schnellverfahren«.

Und hier wendet es sich zum Guten. Dieser Wandel betrifft auch das, was ihr *die Energiesensitivität des Menschen* nennt. Wenn ihr auf einem Schlachtfeld steht, dessen Geschehnisse das Kristallgitter *erinnert,* spürt ihr das Drama, das sich dort abgespielt hat. Das verändert sich gerade, und wir haben euch das schon gesagt. Doch stellt euch einmal vor, eine andere Person steht auch mit auf dem Schlachtfeld. Ihr spürt das, aber diese Person nicht. Dann könnte sich so etwas wie der folgende Dialog entspinnen.

»Was fehlt dir denn?«

Eure Antwort könnte lauten: *»Spürst du nicht die Energie hier?«*

»Welche Energie denn?«

»Hier ist etwas passiert. Fühlst du das nicht?«

»Nein.«

Dann schaut euch diese Person an und meint vielleicht, ihr würdet etwas vortäuschen oder ihr möchtet Aufmerksamkeit erhalten oder ihr »macht einen auf überempfänglich und spirituell«.

Was ist der Unterschied zwischen euch und diesem anderen Menschen? Ihr lasst dieses Gewahrwerden zu, und er sperrt sich dagegen. Von Blockaden wird gleich noch die Rede sein.

Manche von euch werden in den Wald gehen und ihn spüren. Er umgibt euch mit seiner Liebe und Schönheit. Gaia spricht zu euch. Die Bäume geben Sauerstoff ab, und ihr führt ihnen Kohlendioxid zu. Was für ein System! Schaut euch um! Eure Wissenschaftler werden sagen, dieses System habe sich durch Zufall entwickelt und sei willkürlich entstanden. Glaubt ihr das? Was für ein wunderschönes System!

Die Bäume wissen, wer ihr seid. Ihr geht in den Wald und spürt seine Umarmung, aber jemand anderes hat vielleicht eine Kettensäge dabei. Solchen Menschen ist es egal, und sie spüren es nicht. Für sie ist der Wald nur eine Rohstoffquelle. Was ist der Unterschied zwischen euch beiden? Das ist eine Frage, kein Urteil ... Was meint ihr, was der Unterschied ist? Die Antwort: Ihr lasst multidimensionales Gewahrsein herein und der andere nicht. Ihr werdet euch zunehmend der multidimensionalen Seelenkommunikation bewusst. In diesem Fall kommuniziert eure ungeheure Seelenenergie mit den anderen, ebenfalls multidimensionalen Teilen des Planeten.

Wenn ihr euch entscheidet, dass es okay ist, diese Energien zu spüren, dann werden sie da sein. Bislang hat die überwiegende Mehrheit der Menschheit diese Entscheidung noch nicht getroffen und blockiert sie. Das Gesetz lautet: *Diese Kommunikation mit euch wird nur mit eurer Erlaubnis bzw. Zustimmung stattfinden.* Sobald ihr eure Erlaubnis gebt und die Tür öffnet, spürt ihr sie vielleicht. Das sind unsere Regeln.

Damit erlaubt ihr nicht nur die Kommunikation aus der schöpferischen Quelle, sondern auch die Kommunikation von vielen anderen *gütigen Energien,* wie wir das nennen würden; sie werden von Gruppen repräsentiert, denen ihr bestimmte Namen gegeben habt. Auch sie können nicht durchkommen, bis ihr es *erlaubt.* Auch für sie gilt diese Regel. Ihr nennt sie Plejadier, Arkturianer, Sirianer, Hathoren und diejenigen von Orion. Es gibt noch viel mehr, aber solange ihr euch der Möglichkeit ihrer Existenz nicht öffnet, können auch sie nicht mit euch kommunizieren.

Die meisten Menschen stehen bei dieser Kommunikation neben euch und denken, es ginge euch nicht gut. So sieht es für sie aus. Hört gut zu, ihr Lieben: Es gibt viele dieser gütigen, wohlmeinenden Gruppen, die eure DNA-Essenz repräsentieren [eure biologische Saat] und die wissen, wer ihr seid. Ihr habt auf diesem Planeten atemberaubend viel Unterstützung, doch die meisten Menschen lassen das Gewahrsein dieser Hilfe nicht zu bzw. gestehen sich diese Möglichkeit in ihrer Wirklichkeit nicht zu.

Die alten Seelen

An dieser Stelle kommen die alten Seelen ins Spiel. Ihr Lieben, ihr seid bereits darauf eingestellt! Wenn ihr meine Stimme vernehmt oder diese Worte lest, dann habt ihr eure Zustimmung gegeben und lasst es zu. Ich will euch sagen, was da vor sich geht, ihr Lieben, denn es gibt verschiedene Grade der Zustimmung. Als Erstes müsst ihr die Tür öffnen – und dann fängt es an ...

Die Energie des Jahres 2014 und darüber hinaus wird neue Paradigmen auf dem Planeten erschaffen – Paradigmen der Entdeckung, des Erwachens, der Erkenntnis und der »Aha-Erlebnisse«. Nicht alles davon ist spirituell. Die Wissenschaft wird vieles entdecken, was neue Fragen aufwirft. Diese Fragen und Antworten werden wiederum Türen öffnen, die auf den ersten Blick nicht spirituell erscheinen, aber sie alle werden in diese eine Richtung führen. Die neuen Entdeckungen der Quantenphysik und des Bewusstseins, welche verborgen waren, werden die Regeln verändern und eine seltsame Beziehung zwischen Biologie und Physik erzwingen; dadurch kommt es zu einem Umdenken über das Leben, und schließlich wird der Beweis einer multidimensionalen Realität mit anderen »Bewusstseinen« um euch herum erbracht.

Neue Entdeckung – neue Realität

Der Arzt operiert einen Patienten. Auf der chemischen Ebene ist der Patient nicht bei sich. Vielleicht wurde sein Herz entfernt, und ein anderes Herz liegt bereit, um in den klaffenden Hohlraum seiner Brust eingesetzt zu werden. Eine Maschine pumpt sein Blut durch den Körper und erhält ihn am Leben. Seine Lebensessenz schwebt über dem Operationstisch, und irgendwie schaut er bei dem Ganzen zu. Manche Patienten haben berichtet, sie hätten Dinge gesehen, die nur den Ärzten bekannt waren, andere nicht. Diejenigen, die sich operieren ließen und ihre Zustimmung erteilt hatten, sahen sich auf dem Tisch liegen. Das ist »Seelenkommunikation«. Ihr multidimensionaler Anteil hat bei alldem zugesehen.

Hier gibt es so viel zu betrachten, und manches wird mit der Zeit beweisbar werden. Wenn das erst einmal ernsthaft erforscht wird, wird sich euch manches davon erschließen. Die Menschheit muss völlig neuen Vorstellungen über das Leben ihre Zustimmung erteilen und sie zulassen. Eine dieser Vorstellungen ist folgende: Multidimensionales Leben ist ewig und vollständig vom physisch-körperlichen Leben getrennt. Bewusstsein ist etwas Ewiges, und die Seele kommt tatsächlich immer wieder zurück. Wird man das je beweisen können? Oh ja! Aber viele Menschen werden es leugnen. Sobald einmal immer mehr Kinder sich an ihre unmittelbar vorausgehenden Tode erinnern und Tatsachen wiedergeben, die sie nicht wissen können, wird das auch von der etablierten Wissenschaft erforscht werden. Immer mehr Kinder werden ihre Geschichten erzählen, und dann werdet ihr wissen, dass in der Geschichte der spirituellen Bewusstheit auf diesem Planeten ein neues Kapitel aufgeschlagen wurde. Viele werden das, was da herausgefunden wird, abstreiten und leugnen, denn es passt nicht zu ihrer Wahrheit.

Wenn die Erde sich das anschaut, wird sie alle spirituellen Glaubensüberzeugungen hinter sich lassen. Wie weit ist das noch weg? Sehr, sehr weit. Doch macht euch deswegen keine Sorgen, ihr Lieben, ihr werdet dabei sein. Das nächste Mal, wenn ihr in diesem [zukünftigen] Leben erwacht, werdet ihr euch auf vielen Ebenen daran erinnern, wer ihr seid, und zwar auf eine viel großartigere Weise als dieses Mal. Es wird nicht erst später im Leben geschehen, sondern bereits in der Kindheit. Vielleicht seid ihr dann solche Beispielkinder.

Blockaden und Filter, welche die Seelenkommunikation behindern

Ich möchte nun über Blockaden und Filter sprechen. Die stärkste Blockade gegen das Zulassen und eure Erlaubnis, diese multidimensionalen Dinge zu fühlen bzw. sie zu glauben, ist die Tradition. Darunter verstehen wir »das, was euch gelehrt worden ist«.

Das, was man euch beigebracht hat, hat Macht über euch, die ihr nicht wirklich als so mächtig betrachtet ..., aber sie ist es! Um eure Art und Weise des Glaubens zu verändern, müsst ihr umdenken, was Dinge betrifft, die für euch bisher heilig oder kostbar waren, weil jemand oder irgendeine Organisation, dem/der ihr vertraut habt, euch das gelehrt hat – vielleicht eure Eltern oder eure Lehrer oder andere Menschen, die ihr liebt, bewundert und verehrt? Wahrheit bedeutete, die Vorstellungen, die euch gelehrt wurden, anzuerkennen. Als das passierte, machte euer Bewusstsein sich diese Konzepte zu eigen, und alles, was nicht dieser Wahrheit entsprach, wurde von euch als nicht real betrachtet. Ihr habt euch damit auf ein Bekenntnis festgelegt, und dadurch steckt ihr in einer Schublade und wisst nicht einmal, dass ihr da drinsteckt.

Wie kann ein Mensch diese unglaubliche Blockade überwinden? Wie könnt ihr Tradition verändern? Die Antwort lautet: *Ihr müsst das, was euch gelehrt wurde, außer Kraft setzen und die Erlaubnis für etwas anderes geben und dies zulassen.* Das ist so schwierig, dass manche das nie schaffen. Sie können nicht, und damit bleibt eine dauerhafte Blockade bestehen. Experten haben tendenziell starke Blockaden, denn sie haben die längste Ausbildung durchlaufen, um damit dorthin zu kommen, wo sie jetzt stehen. Informationen zuzulassen, die das Gelernte infrage stellen, ist für sie in ihrer Realität schwierig, wenn nicht sogar unmöglich, denn das würde ihr intellektuelles Überleben ins Chaos stürzen.

Filter: Manchmal können Lichtarbeiter es erlauben und zulassen, dass *manche* Informationen zu ihrer Wahrheit werden; aber nicht *alle*. Nehmt einmal an, dass das, was euch gelehrt wurde, im Widerspruch zu ein oder zwei Aspekten des von Kryon gelehrten esoterischen Systems steht. Ihr seid für manches davon offen, für andere Aspekte dagegen nicht. Ist das ein Problem? Nein. Wieder einmal ist es die freie Wahl eures freien Willens, das »Fenster eurer Seele zu säubern« und zu sehen, was immer ihr sehen wollt. Eure menschliche Psyche ist in lineare Teile aufgespalten, deshalb seid ihr für das eine vielleicht ganz offen und etwas anderem steht ihr noch unentschlossen gegenüber. Das ist ein sogenannter *Filter,* und wir verstehen, dass die Offenbarung der Wahrheit für Menschen ein kontinuierlicher Prozess ist.

Ein Filter hält euch davon ab, das gesamte Bild zu sehen, aber er lässt andere Dinge zu, die stimmen. Man könnte also sagen, er verzerrt, was ihr tut und wie ihr es tut. Am besten kann man das an Heilern und Channel-Medien beobachten, die alte Energien mit neuen vermischen.

Nehmt zum Beispiel einen Channeler. [Kryon lächelt.] Er sitzt vielleicht vor euch und hat das Gefühl, er hätte gute und echte Informationen. Doch wie seine Leistungsbilanz zeigt, ist er in manchen Bereichen besser als in anderen. Er macht Prophezeiungen über die Zukunft, die nicht eintreten. Er nennt euch einen Zeitpunkt und ein Datum, aber nichts passiert. Was würdet ihr von einem solchen Channeler halten? Ihr würdet denken: *»Na ja, vielleicht channelt er ja gar nicht wirklich …?«* Es gibt viele solcher Channeler, die wirklich channeln, aber noch damit beschäftigt sind, das »Fenster zu säubern«, um herauszubekommen, wie sie das, was sie sehen, übertragen und interpretieren können.

Sie haben einen Filter, und der könnte lauten, ihnen sei beigebracht worden, dass die Zukunft voller Unheil und Verderben steckt. Danach halten sie also Ausschau, wenn sie sich im Channel-Modus befinden. Daran ist für sie schwer zu rütteln, und sie channeln tatsächlich; sie suchen da draußen nach den Potenzialen, was auf diesem Planeten geschehen wird, aber in der »Suppe der Möglichkeiten« sehen sie nicht die stärksten Potenziale, sondern berichten von den allerdramatischsten – auch von den Potenzialen, die ganz weit weg sind. Versteht ihr? Ihr Filter zieht sie zum Negativen, ganz egal, was es sonst noch so gibt.

Seit 25 Jahren sage ich euch durch meinen Partner: Die höchsten Potenziale für euren Planeten bestehen darin, dass ihr so nach und nach Dinge bereinigt. Die neue Energie ist über euch gekommen, und ihr steuert auf einen friedlichen Planeten zu. Wie ich euch gesagt habe, würde es mit der Jahrtausendwende keine Probleme geben, und es gab auch keine. Ich sagte euch auch, der Kalte Krieg würde beendet werden, und so war es. Entgegen jeder Wahrscheinlichkeit und entgegen den Aussagen alter Prophezeiungen sagte ich euch damals im Jahr 1989, dass ihr die Kurve kriegen würdet, und ihr habt es tatsächlich geschafft! Das bleibt das größte Potenzial eurer Zukunft. Und jetzt sage ich euch, dass die alte Energie dagegen ankämpfen wird, und das tut sie [ihr braucht nur einen Blick auf eure Nachrichten zu werfen]. Sie will euch zurückziehen, damit sie weiterhin die Kontrolle hat. Aber das kann sie nicht.

Friede auf der Erde und ein höheres Gesamtbewusstsein bleiben das stärkste Potenzial, und deshalb bin ich hier, ihr Lieben. Ich hoffe, das ist euch klar. Aber das heißt nicht, dass es keine anderen Potenziale gäbe. Es gibt ein paar Potenziale, die wahrscheinlich in einer Million Jahren nicht geschehen werden. Es gibt auch alte Potenziale, und sie sind immer noch »da draußen«, und der Channeler sieht sie durch einen dunklen Filter und wird nie das gesamte Bild sehen. Ihr Filter besteht darin, dass der Untergang bevorsteht, und egal, was passiert, sie werden zurückkommen und euch diese Botschaft übermitteln. Das ist ein Filter.

Und noch ein Filter: Wie wäre es, wenn ich euch jetzt einmal eine persönliche Frage stellen würde? Ich kenne euch, also frage ich euch: Glaubt ihr, dass das real ist? Glaubt ihr, dass dieses Channeling das Echte, Wahre ist?

»Ja, natürlich!«, sagt ihr.

Ihr Lieben, glaubt ihr, dass ihr eine Akasha habt, in der viele verschiedene Leben vertreten sind, und dass ihr alte Seelen seid?

»Ja, das glaube ich!«

Das ist gut! Ihr seid gut dabei und lasst vieles zu, nicht wahr? Ihr beginnt mit der Seelenkommunikation. Ihr Lieben, seid ihr bereit für die nächste Ebene?

»Ja, das sind wir.«

Ja, tatsächlich! Ihr geht also weiter, und als Erstes fährt eure Zirbeldrüse hoch und übermittelt euch intuitive Gedanken. Ihr habt eine gute Kommunikation.

Doch plötzlich ist Schluss damit, denn da ist der Filter. Und der Filter besagt, ihr hättet dieses Geschenk der Kommunikation nicht verdient. Ihr seid dessen nicht würdig ...

Warum betrachten die Menschen das Leben eines Meisters, und anstatt auf das zu hören, was der Meister sie gelehrt hat,

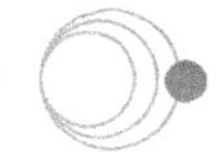

entscheiden sie sich, sie müssten das Leiden des Meisters nachmachen, um ihn anzubeten und zu verehren? Das ist ein Filter! Seht ihr das? Anstatt also die Botschaft aufzunehmen, nehmt ihr auf, dass ihr nicht würdig seid, denn ihr habt nicht das durchgemacht, was der Meister durchgemacht hat ...

Deshalb – seid ihr bereit? – müsst ihr also leiden, um die Liebe Gottes zu empfangen und Anspruch auf eure innere Göttlichkeit zu erheben? Das ist ein Filter! Das ist kein Urteil, ihr Lieben, sondern einfach die Offenbarung, wie Menschen in einer älteren Energie, die dies nicht zuließ, Entscheidungen getroffen haben. Die Menschheit betrachtet manches ohne die Struktur bzw. das Wissen oder die Weisheit dahingehend, was es wirklich bedeutet. Dieser Filter beeinflusst deshalb all euer spirituelles Tun und zieht es in die Richtung, die euch gelehrt wurde.

Wisst ihr, wie viele Prozesse des Neuen Zeitalters auf dem Gefühl des Nicht-würdig-Seins beruhen? Vielleicht ist es an der Zeit, ein paar Sachen einmal zu überdenken und stattdessen damit zu beginnen: Ihr seid großartig und herrlich! Macht also weiter damit, herrliche Seelenkommunikation herzustellen! Ihr verdient es!

Fangt von vorne an! Fragt euch: *»Werde ich geliebt?«* Und lasst euch dann von uns an der Hand nehmen und geht von da aus weiter. Spürt die Schauer, die euch bei der Antwort auf diese Frage überlaufen, wenn ihr sie wirklich mit reiner Intention stellt. Lasst uns in den spirituellen Kindergarten gehen und dort anfangen, ihr alten Seelen, damit die Blockaden und Filter verschwinden und der Intellekt aus dem Weg geht.

Um euch die heutige Botschaft zu übermitteln, musste mein Partner lernen, seine Filter abzulegen, und diese Filter waren stark. Sie sagten ihm: *»So kann es nicht gehen! Das ergibt wissenschaftlich keinen Sinn, und in der Dreidimensionalität funktioniert das so nicht.«* In den frühen Tagen sagte er zu sich selbst: *»Lee, du tust nur so, als ob du channelst; du denkst dir das aus; das kann einfach nicht wahr sein!«* Dann wurden seine Filter nach und nach von der Wahrheit, die er sah, überrumpelt. Der stärkste Filter war sein mangelndes Selbstwertgefühl. Mein Partner sagte: *»Wenn ich den Mund aufmache, mache ich mich zum Narren.«* Und genau das hat er gemacht! Dann hat er das überwunden, und es wurde besser. Dann gab er seine Erlaubnis und ließ uns ein, und es wurde noch besser. Wir gelangten zu ihm über sein Herz, nicht über seinen Intellekt. Dann, und erst dann, musste er den Unterschied zwischen seinem Kopf und seinem Herzen abwägen, und sein Herz hat gewonnen.

Ihr Lieben, das ist unsere Einladung an euch, jetzt, wo ihr die Regeln kennt. Wir sind immer hier. Wie sehr glaubt ihr das? Wir sind bereit, euch bei allem zu helfen. Wie sehr glaubt ihr das?

Jetzt kennt ihr also die Blockaden: Tradition, Lehren der Vergangenheit und das Denken der alten Energie. Es wird nicht veroder beurteilt, was ihr auf Basis einer alten Energie *nicht* gewusst habt, die euch dieses Wissen nie zugestanden hat bzw. zuteilwerden ließ. Wie könnten wir jemals einen Menschen verurteilen? Wie könnten wir euch jemals dafür tadeln, dass ihr kein Licht seht, wenn ihr doch in einem dunklen Raum eingesperrt wart?

Mit dieser Botschaft wollen wir euch nicht sagen, dass ihr etwas Falsches getan habt und jetzt das Richtige tut. Mit dieser Botschaft wollen wir euch vielmehr sagen, ihr wart in der Dunkelheit und jetzt wird das Licht eingeschaltet! Diese Botschaft besagt: Es ist an der Zeit für euch, mit dem, was ihr meintet zu wissen, von vorne anzufangen – auf Basis all des Neuen, was ihr nun seht und von dem ihr nichts wusstet!

Ihr alten Seelen, ihr seid Lichtträger! Vielleicht müsst ihr bei dem, was ihr für die Wahrheit haltet, von vorne anfangen. Ihr Heiler, hört ihr das? Ich weiß, wer hier ist. Ihr wollt wissen, warum es nicht so gut läuft? Ich weiß, wer das liest. Weil die alte Energie euch dazu gebracht hat, Dinge zu tun, die jetzt einfach nicht mehr funktionieren. Oh, ihr könnt damit weitermachen, aber ihr habt so viel Macht, und wir möchten, dass ihr Resultate erzeugt, und zwar doppelt so viele, dreimal so viele ...! Euer Potenzial, der Menschheit zu helfen, ist ungeheuer groß!

Du, der du anderen hilfst, hör gut zu und interpretiere das nicht falsch: Du musst nicht arm sein, um Gott zu kennen! Ist das für euch in Ordnung? Ihr könnt euren Lebensunterhalt verdienen, für euch einstehen und sagen: *»Ich bin ein Heiler, ich bin ein Medium«,* und ihr habt es verdient, dafür Energie einzu-

tauschen. Es kann ein Tauschgeschäft sein oder ein gesetzliches Zahlungsmittel, welches ihr für eure Dienste erhaltet, und das ist stimmig. Wer hat gesagt, ihr könntet das so nicht machen? Die Antwort lautet: die Tradition. Wenn es spirituell ist, dann ist es angeblich umsonst ... Habt ihr das gehört? Wenn ihr eine Dienstleistung anbietet, könnt ihr damit auch euren Lebensunterhalt verdienen, und keine spirituelle Regel wird dadurch gebrochen.

Lasst gesunden spirituellen Verstand walten! Es gibt Möglichkeiten, die »Bilanz auszugleichen«, indem ihr das kostenlos weggebt, was euch nicht gehört, und für das, was das Eure ist, eine Bezahlung fordert.

Ihr müsst nicht leiden und auch nicht arm sein. Ihr könnt für euch einstehen, ihr alten Seelen. Es ist an der Zeit, in diesen Dingen Ausgewogenheit walten zu lassen. Lasst andere sehen, wie das Göttliche in euch ins Gleichgewicht kommt. Erkennt und beseitigt die Blockaden und Filter, die eurer Größe und Herrlichkeit im Wege stehen. Wenn ihr die Hand von Spirit ergreift, beginnt euer Höheres Selbst, zu euch zu sprechen. Und wenn das geschieht, gibt es euch Informationen durch, mit deren Hilfe ihr euer Leben verlängern und eure Gesundheit bewahren könnt. Ihr Lieben, ihr müsst euch keine Sorgen über das Überleben in einer alten Energie machen, wenn ihr die Blockaden beiseiteräumt und die Filter wegnehmt.

Das ist die heutige Botschaft, aber auch die gestrige und die morgige Botschaft. Ihr seid so viele, und für viele ist diese Arbeit neu, deshalb müsst ihr sie euch immer wieder anhören. Noch einmal sage ich euch: Ich weiß, wer hier ist. Ich weiß, wer zuhört, liest und zuschaut. Ich weiß, wie störrisch das menschliche Gehirn ist, deshalb sage ich euch: *»Wenn nicht in diesem Leben, dann im nächsten. Wir sind sehr geduldig, ebenso wie die Erde.«*

Auf diesem Weg werdet ihr vor Herausforderungen stehen, ihr Lieben, und manche von euch sagen dann: *»Die Zivilisation bewegt sich zurück.«* Nutzt bitte euren gesunden Menschenverstand. Wenn die gesamte Erde rekalibriert wird – auch das menschliche Bewusstsein –, dann werden viele in Verzweiflung stürzen. Es ist eine Herausforderung. Die alten Weisen funktionieren nicht mehr. Ihr werdet in allem Splitter sehen, auch im Neuen Zeitalter. Das habe ich euch ja schon gesagt. Diese Botschaft kommt bei denjenigen, die in alten Lehren und Traditionen stecken, nicht gut an. Doch für diejenigen, die sie zulassen, wird es eine Offenbarung sein. Bringt eure Wahrheit auf den neuesten Stand!

Kryon
(Live-Channeling »Seelenkommunikation – Teil II«, durchgegeben in San Antonio/Texas, 23. Februar 2014)

FRAGEN AN KRYON

Ich verstehe, dass die beste Frage lautet: »Lieber Spirit, bitte sag mir, was ich wissen muss!«, und dass wir dann auf die Antworten lauschen müssen. Wie können wir besser zuhören? Wie können wir den Kommunikationsfluss verbessern?

Du hast gerade eine wichtige Frage gestellt: *»Wie kann ich mit dem neuen Paradigma der Menschheit arbeiten?«*

Im Rahmen des alten Paradigmas existiert der Mensch, so gut er eben kann, und erarbeitet sich das Rätsel durch Logik, Gebet, Meditation und gesunden Menschenverstand. Das scheint das Ideal zu sein ..., solange du nicht weißt, was kommt. In Wahrheit funktioniert der »neue Mensch«, indem er die Logik aufgibt, anders betet und meditiert und lernt, diesem schwer greifbaren Ding namens Intuition zu vertrauen.

Der neue Mensch wird Dinge nicht mehr logisch durchdenken, wird auf den ersten intuitiven Gedanken vertrauen und auf das Angeborene des Körpers »hören«, wodurch er Synchronizitäten erzeugen kann. Das ist eine ganz, ganz andere Haltung, die viel mehr Mut erfordert.

Die Menschen sind einfach nicht daran gewöhnt, den Schritt ins Unbekannte zu tun. Sie möchten alles erst einmal abschätzen und wollen vorbereitet sein. Doch die neue Funktionsweise hängt davon ab, zu »wissen«, dass ihr versorgt werdet, und auf das Ungesehene zu vertrauen. Das bedeutet *»Lieber Spirit, bitte sag mir, was ich wissen muss!«*.

Nehmt es als zweigleisige Aussage:

1. Ihr lasst eure Logik und Rätsel los.

2. Ihr klärt euren Geist und seid offen für Lösungen und Weisungen, die (anfangs) nicht ganz so klar sind und oft in mehreren Stücken und nicht alle auf einmal ankommen. Mit nicht vollständigen Informationen zu arbeiten und zu planen, ist für einen Menschen am allerfrustrierendsten. Doch die Realität ist nun einmal so: Sie entfaltet sich nach und nach als multidimensionales Puzzle um euch herum, und das in dem Maße, wie viele Menschen aus freiem Willen Entscheidungen treffen und das Puzzle verändern. Ergibt das keinen Sinn? Die Realität ist keine gedruckte Landkarte.

Während ihr – metaphorisch gesprochen – auf den Fluss zurast, habt ihr keine Vorstellung davon, wo die neue »multidimensionale Brücke« sich befinden wird. In der neuen Realität ist die Brücke unsichtbar bis zum letzten Augenblick und verändert ihre Position auf dem Fluss. Sie könnte rechts oder links liegen und ist in Bewegung, so, wie diejenigen sich verändern, die sich darum herum befinden. Doch ihr rast darauf zu und wisst: Wenn ihr falsch abbiegt, habt ihr ein Problem. Die meisten Menschen möchten anhalten und einen Blick auf eine 3-D-Landkarte werfen, um zu sehen, wo die Brücke ist … Vorausplanung und sorgfältige allgemeine Planung ist eine Voraussetzung für gutes, reifes Denken. Schneller …! Die anderen denken, ihr seid verrückt geworden und verhaltet euch völlig unlogisch.
Ihr kommt um die Ecke und nähert euch dem Fluss, doch die Brücke ist immer noch in Bewegung und verändert sich so ungefähr jede Minute, wie sich eben die Realität drum herum verändert. Plötzlich habt ihr einen intuitiven Geistesblitz, und der besagt: *»Die Brücke ist rechts.«* Ihr steuert darauf zu, bewegt euch direkt darauf zu, während sie sich euch offenbart. Ihr überquert die Brücke und seht gerade noch, wie sie sich hinter euch … wieder woandershin bewegt …

Gesegnet ist der Mensch, der erkannt hat, was das alles bedeutet: Ihr könnt nicht mehr im Voraus planen! Wenn ihr euch in die Ränge derjenigen einordnet, die in der neuen Energie und »näher an der schöpferischen Quelle« sein möchten, müsst ihr im gegenwärtigen Moment sein. Plant, was ihr planen müsst, und seid bereit, den Plan zu ändern, wenn ihr darum gebeten werdet. Dann atmet tief durch und entspannt euch in die Arme des Schöpfers.

Unsere Neigung zur Singularität lässt uns auch glauben, unsere Seele sei von unserem Höheren Selbst, unserer Akasha und unserem Angeborenen getrennt. Sie alle haben unterschiedliche Aufgaben, aber sie arbeiten zusammen. Viele Channel-Medien auf dem Planeten geben Botschaften von unterschiedlichen Wesenheiten durch, aber auch sie arbeiten alle zusammen. Wie sieht der Prozess für die Menschen aus, die ausgewählt wurden, die Botschaften zu übermitteln, und werden durch die Geburt eines neuen Bewusstseins neue Wesenheiten Botschaften zu uns bringen?

Zunächst einmal wollen wir eine neue Vorstellung einführen: Kryon und andere sind keine »Wesenheiten«. Die Menschen trennen gerne und wollen alles aufteilen, und das Gleiche machen sie mit Spirit. Wir sind in der »Gottessuppe«, und für uns ist es unmöglich, uns in Stücke aufzuspalten, die man dann als »Wesenheiten« bezeichnen könnte. Doch die Menschen kennen es eben nicht anders. Deshalb fragen sie: *»Wer bist du?«,* ganz egal, worum es sich handelt. Die Menschen betrachten alles, was eine Persönlichkeit hat, als etwas Getrenntes, so wie sich selbst.

Ich frage euch: Wenn ihr an Gaia oder Mutter Natur denkt, wie viele »Mutter Naturen« gibt es? *»Nur eine«,* würden die meisten von euch antworten, und doch zeigt sie sich in vielen Formen.

Warum sollte es bei uns anders sein? Die Antwort lautet: Ist es nicht; es sieht nur so aus. Engel, Wesenheiten und eure sogenannten »Meisterführer« sind alle aus der gleichen Quelle und eigentlich eine Persönlichkeit mit vielen Seiten. Wir sehen für euch nur deshalb unterschiedlich aus, weil jeder von uns von einem Menschen gechannelt wird. Es ist also der Mensch, der der Energie von unserer Seite des Schleiers eine Persönlichkeit verleiht.

Warum also haben wir unterschiedliche Namen? Und warum kündigen wir uns mit diesen Namen an? Wir verkünden damit unsere Aufgabe bzw. unsere »Gütigkeitsspezialität« – nicht unsere Persönlichkeiten oder Identitäten (*Kryon vom Magnetischen Dienst* ist eine vollständige Beschreibung einer Aufgabe und kein Name). Doch die Menschen wollen eigentlich Persönlichkeiten, als ob sie dann persönliche Freunde hätten. Also verkörpern wir uns mit einer solchen Persönlichkeit, damit es für alle angenehm ist.

Diejenigen, die dazu »auserwählt« wurden, die Botschaften zu überbringen, haben dem zugestimmt. Ganz einfach. Wenn ihr einen Blick auf das große Bild werft, gibt es kein Leben und Tod und wieder Leben und Tod ...; es ist einfach ein ganz normaler Prozess einzelner Seelen, die durch den Übergang die Verjüngung durchlaufen, ein System zum Auffrischen der Biologie. Dabei passiert auf dieser Seite des Schleiers viel Schönes und Liebevolles.

Der Mann, der diese Botschaft gerade channelt, versteht, dass er darum gebeten hat, und er hat viele Jahre als alte Seele hinter sich und auf dem Planeten auch Erfahrungen in anderen Bereichen gemacht. Er erwachte früh zu spirituellem Denken, aber nicht zum Channeln. Doch sein gesunder Menschenverstand und seine Erfahrungen führten ihn schließlich zu dieser Aufgabe, über die er schon vor seiner Geburt Bescheid wusste. Er erkennt inzwischen auch, wie rein das in der Energie nach dem Jahr 2012 sein muss. Viele Menschen, die channeln, erkennen nicht, dass sie dienen, und mischen stattdessen ihre menschliche Persönlichkeit in die Informationen mit hinein, damit sie anderen Menschen attraktiver erscheinen. Das ist kein Problem, und es wird nicht beurteilt. Doch die Informationen sprechen unter Umständen andere, die reineren Herzens sind, nicht an und erscheinen einfacher und eher von den Neigungen als von der wahren Aufgabe des Channelers getrieben.

Mit diesem ganzen Channeling-Prozess wird bald Schluss sein. In seinem nächsten Leben wird mein Partner beispielsweise nicht channeln, sondern mit dazu beitragen, eine neue Regierung mit reiner Intuition zu leiten, und seine Weisheit und seine Ideen werden als tiefgründig gelten. Das ist »das neue Channeln«, welches anderen durch die Resultate seiner Taten, nicht durch die in Trance durchgegebenen Informationen, erkennbar wird. Er macht das einfach durch den neuen Prozess des »Lieber Spirit, bitte sag mir, was ich wissen muss!«. Es wird ihm in einem Bewusstseinsstrom zuteilwerden, so wie auch vielen anderen. Er wird sich in einer Gruppe befinden, bei der das genauso ist.

Manchmal spüren Menschen, die sich zum ersten Mal treffen, sofort eine Verbindung, was auf ein tief gehendes oder gerade erst miteinander verbrachtes früheres Leben hinweist. In anderen Fällen können Menschen eine andere Person einfach gar nicht leiden, obwohl es keinen rationalen Grund dafür gibt, und auch ganz egal, wie sehr sie dagegen angehen; auch das lässt darauf schließen, dass sie ihr letztes Leben miteinander verbracht haben oder in einem früheren Leben tief miteinander verbunden waren. Und wieder andere haben mit Menschen zu tun, die in einem früheren Leben ihre Mutter/ihr Vater/ihre Schwester/ihr Bruder waren, fühlen sich aber überhaupt nicht miteinander in Verbindung. Was macht diese Unterschiede aus? Hat das mit Filtern zu tun, die wir im Planungsprozess auf der anderen Seite des Schleiers mit eingebaut haben?

Das beruht fast vollständig auf Erfahrungen und der Zeit, die ihr auf dem Planeten gemacht bzw. verbracht habt. Das, wovon du sprichst, sind Attribute der alten Seelen. Die neueren Seelen auf dem Planeten haben das nicht und werden das auch für lange Zeit noch nicht haben. Deshalb ist es nicht allen bewusst, manchen dagegen sehr. Das hat mit Erfahrungen auf dem Planeten zu tun.

Schon früh habe ich euch gesagt, dass der Inkarnationsprozess oft in Gruppen erfolgt; das wird auch »Gruppenkarma« genannt, aber das ist ein alter Name; heute wollen wir das lieber »Akasha-Familie« nennen. Ich möchte euch verständlich machen: Wenn es so ist, sind in einer Gruppe mehr alte Seelen konzentriert. Die Mischung von alten Seelen mit neuen ist kein Zufall, sondern sie werden tendenziell durch die Familie (Geburt) oder durch Synchronizitäten zusammengruppiert, was wie Zufall aussieht, aber keiner ist. Unter Umständen werden sie durch Heirat mit jüngeren Seelen zusammengemischt, aber oft funktionieren diese Verträge nicht.

Von Natur aus bringt dieses Gruppieren von alten Seelen auch neuere Seelen mit in eine Gruppe, was den neueren Seelen oft das Leben schwerer macht, weil die älteren oft in einer anderen sozialen Gruppe sind. Das geschieht, um den jüngeren Seelen ein Schnelllernverfahren zu ermöglichen. Durch größere Herausforderungen entsteht oft ein schnellerer Weisheitsfaktor. Wenn du beispielsweise die Schule für deinen Sohn bezahlst, läuft es für ihn vielleicht nicht so gut. Doch wenn er später die Schule selbst bezahlt, geht es viel besser. Solche »Investitionen in sich selbst« treiben das Lernen oft schneller voran.

Sehr oft müssen also diejenigen, die noch nicht so viel Erfahrung haben, mehr durchmachen, um das Ganze zu beschleunigen. Das ist so geplant und wurde so vereinbart. *»Ist das denn fair?«,* fragst du. Das ist Wachstum und Lernen, so, wie du das in der Schule erlebt hast. Den älteren Seelen, die schon mehr gelernt haben, werden reifere Aufgaben übertragen. Die jüngeren Seelen lernen zu überleben und werden langsam das Wissen erwerben, welches die alte Seele hat. Das ist ein gutes System, denn das Zusammenbringen von alten Seelen in einer Gruppe ist ein Katalysator für den Wandel auf dem Planeten.

Die Erwachsenen sind nicht mit dir auf den Spielplatz gegangen und haben aufgepasst, dass du nicht schikaniert wirst. Sie standen nicht da und warnten dich vor dem Druck der Gleichaltrigen, der dir ganz offensichtlich zusetzte. Nein, das musstest du selbst lernen.

Wenn ihr, meine Lieben, also jemanden instinktiv mögt oder nicht mögt, dann ist dieser Prozess am Wirken. Ihr spürt eure Akasha, und sie weist euch unmissverständlich die Richtung. *»Geh nicht dorthin!«,* oder stattdessen: *»Geh dorthin!«* Das ist euer Angeborenes, das euch sagt, was ihr wissen müsst.

Die menschliche
Seele

Kapitel 6

Seelenreisen

Es gibt jede Menge Bücher über Seelenreisen; vielleicht haben Sie einige davon schon gelesen? Und es gibt auch jede Menge Bücher über das Leben nach dem Tod. Dieses Kapitel ist höchstwahrscheinlich komplett anders als alles, was Sie jemals gelesen haben. Auch der Titel »Seelenreisen« entspricht nicht genau den von Kryon vorgestellten Konzepten, trifft es aber immer noch am besten. Der Titel ist irreführend, weil die Seele eigentlich nirgendwohin reist. Sie *ist* einfach, und somit geht es in diesem Kapitel in Wirklichkeit um die Reise des Menschen zum Treffen mit der Seele.

Wie bereits in Kapitel 1 erwähnt, gibt es so etwas wie eine menschliche Seele gar nicht. Die Seele ist etwas, was zum Menschen gehört, einfach nur, weil sie derzeitig menschlich ist. Die Seele ist ein Stück von Gott, Spirit, dem Schöpfer (oder welchen Namen auch immer Sie verwenden möchten) und hat schon existiert, bevor es die Erde überhaupt gab. Sie ist das Gottesteilchen, das »Sie« sind und das genau in diesem Moment bei Ihrem physischen Körper zu Besuch ist. Wenn Sie Ihren letzten Atemzug tun, ist Ihre Seele immer noch da. Wenn Sie das nächste Mal auf der Erde inkarnieren, ist Ihre Seele da. Ihre Seele ist nichts Singuläres und muss nichts lernen. Das ist ein sehr schwer verständliches Konzept.

Im März 2014 übermittelte Kryon vor einem australischen Publikum zwei sehr profunde Channelings über Seelenreisen. Lee, einst als Toningenieur tätig, geht beim Aufnehmen der Live-Channelings mit Kryon, die er später kostenlos auf seiner Website postet, unglaublich sorgfältig und pingelig vor. Ganz selten einmal mischen sich »unsichtbare Kräfte« ein und stoppen die Aufnahme ... Genau das passierte in Australien, doch Kryon wiederholte die Botschaft am darauffolgenden Wochenende in Neuseeland und erweiterte das ursprüngliche Channeling um Informationen. Wie Lee sagt, passiert das manchmal, wenn etwas Neues präsentiert wird, damit er noch eine Chance hat, sein Verständnis zu vertiefen und die Botschaft besser zu übermitteln. Auch mit intuitiven Informationen passiert das manchmal. Sie kommen so schnell bei uns an, dass wir uns fragen, ob es überhaupt passiert ist. Wenn Ihnen das das nächste Mal passiert, bitten Sie darum, dass die Botschaft wiederholt wird! Und wie Lee Carroll verstehen Sie sie das zweite Mal vielleicht besser.

Beim Lesen der gechannelten Botschaften über Seelenreisen werden Sie bemerken, dass die von Kryon durchgegebenen Informationen vielen anderen Informationen zuwiderlaufen. Um eine Antwort auf diese Frage zu finden, müssen wir meiner Meinung nach den Prozess des Channelns neu überdenken, insbesondere im Kontext einer – verglichen mit der neuen – alten Energie. Channeln ist nichts Neues oder Mysteriöses. Wenn Künstler ein Bild malen, Komponisten Musikstücke schreiben und Bildhauer Statuen schaffen, dann channeln sie. Die Heiligen Schriften des Planeten, egal, welcher Religion, wurden alle gechannelt. Channeln wird definiert als die göttlichen, inspirierten Worte (bzw. die Energie) Gottes, wie sie von Menschen an Menschen weitergegeben werden.

In einer älteren Energie war die Kommunikation mit der anderen Seite des Schleiers anders als heute. Es gab Zeremonien, Rituale und bestimmte Vorbereitungen; sie dienten dem Kampf gegen die alte Energie und dem Überleben. Es gab auch Prozesse, Abläufe und Regeln, um den Körper entsprechend auszurichten und um bei der Arbeit in einer alten Energie eine gewisse Balance zu erreichen. Doch diese alte Energie ist nicht mehr da, und die Traditionen der Vergangenheit brauchen wir nicht mehr. Wenn Lee Carroll Kryon channelt, sitzt er einfach auf dem Stuhl, nimmt sich einen Moment Zeit, um seinen Geist zu klären, und dann beginnt er mit der Durchgabe der Botschaft.

Ein weiteres Attribut der alten Energie bestand darin, dass die göttlichen Botschaften, die von der anderen Seite des Schleiers empfangen wurden, (metaphorisch gesprochen) durch eine opake, unklare Linse betrachtet wurden, die manchmal die Sicht verzerrte. Mit einem neuen Bewusstsein und einer neuen Energie auf dem Planeten hat sich diese Linse geklärt, was neue Einsichten und Erkenntnisse ermöglicht. Und sehen Sie auch, wie die Tendenz zur Singularität schwer mit dem Konzept einer multidimensionalen, nicht singulären Seele zu vereinbaren ist?

An dieser Stelle kommt Ihr persönliches Urteilsvermögen ins Spiel. Ergeben die Informationen spirituell einen Sinn? Was sagt Ihre Intuition dazu? Meine Intuition sagt mir, dass die Informationen von Lee Carroll und Kryon, übermittelt in einer neuen Energie durch einen reinen Filter, unser Wissen erweitern und uns neue Vorstellungen und Konzepte an die Hand geben. Die Antwort auf die Frage »Wer hat recht und wer liegt falsch?« könnte man vielleicht ersetzen durch eine Antwort auf die Frage »War unser früheres Verständnis womöglich begrenzt?«. Wenn ja, dann gibt es nicht unbedingt eine falsche Antwort, sondern die Antwort war lediglich unvollständig.

Beim Nachdenken über diese Fragen könnten Sie sich einmal überlegen, was Sie über Seelenreisen, sogenannte »Walk-ins«, über Seelenpartner und Seelenvererbung wissen. Ich selbst wusste und verstand davon nicht viel. Doch eine Suche im Internet erbrachte jede Menge Informationen über diese Themen. Wie ich fasziniert erfuhr, ist das Walk-in ein uraltes Konzept des Hinduismus. Traditionell versteht man darunter eine Person, die von ihrer ursprünglichen Seele verlassen und von einer neuen Seele »besetzt« wird.

Hört sich das für Sie linear an? Wieder einmal zeigt sich hier unsere Neigung zur Singularität. Kryon spricht oft von der »Gottessuppe«, und dieses Konzept gilt auch für unsere Seele. Stellen Sie sich also einmal Ihre Seelensuppe vor – zum Beispiel mit Hühnchengeschmack. Wenn Ihre Hühnersuppen-Seele ein Walk-in von einer Kokosmilchsuppen-Seele erlebt, werden Sie mehr oder weniger zu einer Hühnchen-Kokosmilchsuppen-Seele! Diese Seelen verschmelzen miteinander, weil sie aus derselben Quelle kommen (aber einen unterschiedlichen Geschmack tragen, beispielsweise durch das, was aus der persönlichen Akasha kommt). Klingt das verwirrend? Vielleicht kann Kryon dieses Rätsel so entwirren, dass es verständlich wird:

Einige der neuen Lehren in der neuen Energie handeln von einem erweiterten Bewusstsein, wodurch ihr mehr von dem seht, wer ihr wirklich seid. Dabei geht es nicht nur um das Entdecken einer neuen Biologie oder neuer Erfindungen, sondern vielmehr um ein Erkennen des *Wer* hinsichtlich der Frage, *wer* in euch ist. Der Schöpfer ist jedem DNA-Molekül eingeprägt auf eine Weise, die man nicht in Einzelteile zerlegen und zählen kann. Und so, ihr Lieben, könnt ihr auch nicht die Seelen auf dem Planeten zählen, denn sie sind nichts Singuläres und nicht zählbar.

Die *Suppe* der Energie, die Gott ist, wird zu eurer *Seele,* und das ist der schwierige Teil. Ihr meint, das sei verwirrend? Dann wartet erst einmal, bis ich heute fertig bin. Was ich euch zu enthüllen habe, ist nicht leicht zu begreifen, und ihr seid auch nicht wirklich bereit dafür, es voll und ganz zu verstehen. Doch ich möchte euch die Großartigkeit dessen aufzeigen, worum es hier geht, auch wenn ihr verwirrt seid.

Am großartigsten daran ist, dass ihr Teil der schöpferischen Quelle seid. Wenn die Einschränkungen des Menschseins von euch genommen werden, ihr lieben Menschen, zeigt sich der innere Gott. Ihr seid nicht Teil Gottes, ihr *seid* Gott! Denn die Gottessuppe teilt sich nicht auf und schlüpft in menschliche Körper mit Namen und Persönlichkeiten – und darüber will ich mit euch sprechen.

Seelen sind nichts Singuläres

Das läuft eurem Intellekt zuwider! Die Seelen, die ihr als die »euren« betrachtet, sind nichts Singuläres oder Einzelnes, sondern Teil des Ganzen. Das ist leicht gesagt, aber schwer zu verstehen. Wenn ihr einen anderen Menschen anschaut und *»Namaste«* sagt, ehrt ihr damit den Gott in euch und grüßt den Gott in eurem Gegenüber. Habt ihr euch jemals überlegt, dass der andere dieselbe Seele repräsentiert? Ist er derselbe Gott? Dann muss er auch dieselbe Seele sein! Aber so denkt ihr nicht. Ihr habt *eure* Seele, und diese Person die ihre. So denkt ihr, und ihr könnt auch nicht besser denken, denn wenn ihr das zusammenbringen würdet, hättet ihr ein logisches Problem mit eurem linearen Geist.

Für den linearen Geist ist eure Seele allein die eurige, und schon allein dadurch könnt ihr diese Botschaft nicht verstehen. Ich sage euch: Wenn ihr eure eigene *Brücke des Verstehens* überquert, werdet ihr erkennen, dass sich dadurch euer Blickwinkel erweitert. Die Herrlichkeit eurer Seele wird dadurch in keiner Weise geschmälert.

So etwas wie eine einzelne Seele gibt es nicht, denn sie steht immer mit dem Ganzen in Verbindung. Die Gottessuppe ist immer in einer Suppe. Ihr könntet sie als *Kollektiv* bezeichnen, wenn ihr wollt, denn sie trennt sich nicht vom Ganzen ab. Stücke und Teile davon bewohnen das menschliche Bewusstsein, und ihr identifiziert diese Teile als die eurigen, aber sie sind größer als das. Die Unterweisungen meines Partners in diesem Jahr handeln von den neun Attributen des Menschen; drei davon gehören zur *Seelengruppe,* und er spricht vom *Kern.* Diesen Kern fühlt ihr, wenn ihr euch in einem tiefen meditativen Zustand befindet. Ihr berührt den Kern und denkt, das wärt ihr. Aber das seid nicht ihr! Es sind alle! Deshalb fühlt es sich so großartig an. Ich möchte auch nicht, dass ihr meint, in euch sei eine fremde Wesenheit. Das seid *ihr selbst,* aber eben das größere Selbst. Ihr seid Gott.

Die Seele ist nicht auf Menschen beschränkt – und sie »lernt« nicht

Ich werde mit einigen der Paradigmen brechen, die euch gelehrt wurden. Die »menschliche Seele«, wie ihr sie nennt, gehört nicht zu Menschen; sie ist Teil der Schöpfung in allen Teilen des Universums. Deshalb haben auch andere spirituelle biologische Wesen Seelen wie die eure. Nicht alles intelligente Leben in eurer Galaxie hat Seelen, nur die Lebewesen, denen die »Samen« einer spirituellen Quelle eingepflanzt wurden. Davon soll ein andermal die Rede sein. Ihr sollt an dieser Stelle einfach verstehen, dass die Bezeichnung »menschliche Seele« nicht stimmt.

So etwas wie eine »lernende« Seele gibt es nicht. Seelen lernen nicht, Menschen aber sehr wohl. Doch euch wird gesagt, Seelen würden kommen und gehen, um etwas zu lernen, und manche wären weiser als andere. Mein Partner spricht von »alten Seelen«, was verwirrend sein mag. Ihr seid alle alt, aber manche von euch sind schon länger Menschen als andere. Der Ausdruck »alte Seele« ergibt eigentlich keinen Sinn, denn für eine Seele gibt es so etwas wie *Zeit* nicht. Seelen waren schon immer und werden immer ein Teil von Gott sein. »Alte Seele« ist also eigentlich keine korrekte Bezeichnung, aber die Menschen werden den Ausdruck auch weiterhin verwenden, denn in einer dreidimensionalen Realität bedeutet er etwas anderes; er beschreibt einen Menschen, der schon viele, viele Leben gelebt hat.

Hört gut zu: So etwas wie Seelen, die lernen, um bessere Seelen zu sein, gibt es nicht! Sie gehen nicht irgendwann an einen anderen Ort, wo sie dann höher entwickelte oder aufgestiegene Seelen sind. Das alles entspringt dem einseitigen Geist des Menschen, der der menschlichen Realität verhaftet ist. Menschen lernen, Menschen erwerben einen akademischen Abschluss, Menschen gehen von einer Ebene zur nächsten. Seelen, meine Lieben, tun das nicht. Ihr habt eure Realität einfach einem anderen System übergestülpt und nicht verstanden, dass dieses System nicht so ist wie ihr. Also gewöhnt euch daran und auch an andere Wahrheiten über Seelen. Eine Seele hat keine menschliche Realität. Eine Seele hat Gottesrealität.

Und wenn ich euch sagen würde, dass eure Seele in ihrer Herrlichkeit dieselbe ist wie die jeder Seele auf dem Planeten? Macht euch bereit: Wer ist der schlimmste Mensch, der euch einfällt? In der Geschichte, lebendig oder tot – wer ist der schlimmste? Und stellt euch vor, er oder sie hat dieselbe Seele wie ihr – ein vollkommenes Stück Gottes, welches dieselbe Wahlfreiheit des Erkennens hat ... Das sagt viel über den freien Willen aus; es besagt: Dieser besondere, herrliche Gottesteil steht in voller Kraft jedem Menschen zur Verfügung, der den Wunsch hat hinzuschauen.

In einem früheren Channeling haben wir euch die Regeln von Spirit erklärt. Und die wichtigste davon lautete: Wir können den freien Willen nicht beeinflussen. Wir können zuschauen, wie ihr Fehler macht und eurer inneren Herrlichkeit den Rücken kehrt, aber wir können uns nicht einmischen oder euch wenigstens Signale senden. Wir können zuschauen, wie ihr Böses entwickelt und es nährt. Wir können zuschauen, wie ihr tötet und ganz entsetzliche Dinge tut – manchmal sogar im Namen Gottes –, und wir können nichts dagegen unternehmen. Ihr selbst müsst die Wahl treffen. Diejenigen, die schon viel länger auf dem Planeten sind, treffen viel bessere Entscheidungen. Sie sind sich auf einer bestimmten Ebene des inneren Gottes bewusst. Das ist nur eines der Attribute, die ich entmystifizieren möchte. Seelen haben keinen »Lernstand«.

Seelen haben keine bestimmte Entwicklungsstufe

Dieses Attribut ähnelt dem eben genannten: Seelen entwickeln sich nicht von einer Ebene zur nächsten. Menschen haben die Vorstellung, eine Seele fange womöglich als Tier an und entwickle sich dann höher zum Menschen. Die Seele durchlaufe dabei diverse Inkarnationen als nieder stehender Mensch oder vielleicht als Tier, um sich zu einer weisen, alten Seele zu entwickeln und auf eine höhere Ebene aufzusteigen. Aber so funktioniert es einfach nicht.

Ich sage es noch einmal, ihr Lieben: Die menschliche Realität, eure Logik und eure grundsätzliche menschliche Natur erzeugen für euch Entwicklungsstufen. Und dann stülpt ihr dieses System Gott über und macht daraus sogar eine Lehre.

Wusstet ihr, dass ihr dadurch die schöpferische Quelle herabmindert? *»Kryon, soll das heißen, Tiere haben keine Seele?«* Das habe ich nicht gesagt. Tiere haben eine andere Art von »Seele«, wie ihr das nennen könntet, und manche reinkarnieren auch. Das haben wir euch schon früher gesagt. Aber hört gut zu: Das System überschreitet niemals die Grenze zwischen Tier und Mensch – niemals!

Diese Energie des Schöpfers, die ihr in euch tragt, ist wertvoll und heilig. Sie wird nur Wesenheiten in dieser Galaxie zuteil, die den Samen der Spiritualität empfangen haben und sich aus freiem Willen entscheiden können, sich weiterzuentwickeln und aufzusteigen. Das steckt in euch, ihr Menschen, nicht im Delfin, im Hund oder im Pferd. Es ist Teil eurer spirituellen menschlichen DNA und gehört zu einem großen Plan. Es ging nicht mit einem Tier los.

Manche Leute glauben tatsächlich, je geringer das Tier, desto geringer die Seele. Manche meinen, ihr fangt als Hamster an, werdet dann eines Tages zu einem Delfin und irgendwann zu einem Menschen. An manchen Orten auf der Erde wird das übrigens immer noch gelehrt. Ich möchte euch sagen: So funktioniert es überhaupt nicht; das ist einfach nur mythologisierendes menschliches Denken und Verhalten, und es ehrt und respektiert nicht, wer ihr seid oder was in euch ist.

Es findet also kein Lernen statt, es gibt keine Entwicklungsstufen und auch keine Hierarchie. *»Moment mal, Kryon, und wie steht es mit Erzengeln und normalen Engeln?«* Darüber haben wir schon gesprochen. All diese spirituelle Kategorisierung ist eure menschliche »Rangordnung«; ihr ordnet ihnen *eure* Wertigkeit zu und gebt ihnen *eure* Namen. Das ist ein menschliches Attribut, ihr Lieben, und nicht Gott. Gott verwendet kein Verwaltungssystem oder gar Flussdiagramme, und er hat keine Hierarchie dahingehend, wer denn nun für wen verantwortlich ist. Vielmehr kennen alle auf meiner Seite des Schleiers dieses System; es ist wunderschön, es ist heilig, und es ist vollkommen. Es hat mit »Einssein« zu tun.

Ein paar Wissenschaftler, die sich das Universum angeschaut haben, erkennen allmählich, dass es nicht zufällig entstanden sein kann. Den Menschen wird beigebracht, Evolution finde durch Zufälle statt. Einige Wissenschaftler können das, was sie sehen, nun nicht mehr so leicht einordnen, denn es liegt außerhalb der Realität einer zufällig stattfindenden Evolution des Lebens. Die Wahrscheinlichkeit für das Erkennen eines gütigen planvollen Systems steigt.

Und es stimmt: Eure Galaxie wurde so entworfen. Sie wurde für das Leben erschaffen und so angeordnet, dass das, was gerade geschieht, möglich ist – dass ihr hier auf der Erde sitzen und diese Worte vernehmen könnt. Es geht immer um euch und den freien Willen, um die freie Entscheidung, den Gottesteil, die Seele in euch zu finden.

Wirklich! Alles auf diesem Planeten dreht sich um den Menschen, und viele Tiere wissen das auf einer bestimmten Ebene. Aber *euch* dazu zu bringen, das zu erkennen, hat lange gedauert. Die derzeitige Aufgabe besteht also darin, euer spirituelles Unterstützungssystem besser zu verstehen.

Es geht nicht um »*ihr* gegen den Rest der Welt«

Ihr begehrt nicht gegen das System auf, wenn ihr nach draußen geht und euch das anschaut, was ihr eurer Meinung nach nicht kontrollieren könnt. Euch passiert alles Mögliche; manchmal scheint das Wetter euer Feind zu sein, und manchmal werdet ihr einfach herumgestoßen. Viele Menschen haben das Gefühl, sie stünden gegen den Rest der Welt. Habt ihr auch dieses Gefühl? Wusstet ihr, dass all das euch einlädt, euch zu verändern? Womöglich kennt ihr Leute, die ein sehr unglückliches Leben führten. Ständig widerfuhr ihnen etwas Schlimmes. Ihr lieben Menschen, dieser Mensch hatte in Wirklichkeit eine großartige Chance, von vorne anzufangen und die Hand Gottes zu ergreifen, vielleicht immer wieder! Doch stattdessen ging er in die Opferrolle, und irgendwann hat er diese Rolle für sich eingefordert. Solche Menschen sind Opfer, und deshalb passiert ihnen das immer wieder. Aus ihrem freien Willen heraus haben viele der Vorstellung, sie könnten ihr Leben besser in den Griff bekommen, den Rücken gekehrt, und eine solche Entscheidung führt oft zu mehr willkürlichen Zufällen und einem Verlust der Kontrolle über das Leben. Sie haben diesen Weg freiwillig beschritten. Manche werden sich im Leiden und der Trübsal des Lebens suhlen, andere werden die Hand Gottes ergreifen und voranschreiten.

Solche Entscheidungspunkte geben wir den Menschen immer wieder. Ihr Lieben, Lernen geschieht nicht immer nur durch Kummer! Versteht ihr das? Manchmal lenken wir eure Aufmerksamkeit auch durch Freude und Jubel auf uns. Das hängt davon ab, wer ihr seid, was ihr glaubt und was eure Aufmerksamkeit fesselt.

Wusstet ihr, dass »Zufälle« einfach die Blaupause eures Lebens erstellen? Wusstet ihr, dass »Durchschnittlichkeit« nur als ein Realitätszustand existiert, wenn keine andere Energie mit dazu beiträgt, ihn zu verändern? Denkt bitte einmal gut darüber nach – und vielleicht gehen wir später noch einmal darauf ein.

Eure Seele ist ewig und unveränderlich. Sie ist vollkommen und wunderschön. Wie nennt ihr sie? *Höheres Selbst?* Das ist ein guter Name – das Selbst, welches höher schwingt als ihr – ein Teil Gottes. Und dennoch wollt ihr diesem Selbst euren Namen geben, nicht wahr? Wusstet ihr, dass die Seele keine Persönlichkeit hat? Sie hat keinerlei menschliche Attribute. Oh, wenn ich euch doch nur das umfassendere Bild geben könnte! Wie gerne würde ich euch das sehen lassen. Das Universum verfügt über eine Vollkommenheit, welche ihr mit jedem anderen Menschen auf dem Planeten gemein habt. Sie steckt in euch und wartet darauf, entwickelt zu werden. Wisst ihr, was erweitertes menschliches Bewusstsein wirklich tut? Es baut die Brücke, um euch mit der Seele zu verbinden. Und wenn ihr das wirklich begreift, seid ihr alle gleich und ein und dasselbe.

Wird die Religion auf dem Planeten die neue Energie überleben?

Wir haben ja schon früher über die Weiterentwicklung der spirituellen Systeme [Religionen] auf dem Planeten gesprochen und darüber, was in dieser Hinsicht zu erwarten ist. Wir sagten euch, ihr solltet darauf achten, wie die organisierte Religion sich verändern würde. Und das passiert tatsächlich auch bereits – sehr langsam wächst das Verständnis, dass eure Systeme einfach so etwas wie die Äste desselben Baumes sind und nicht in Opposition zueinander stehen, sondern eben unterschiedlich sind. Wir wollen darauf noch einmal eingehen, denn es zeigt, wie die kollektive Seele eine Rolle bei der Bewusstheit spielt.

Es wurde die Frage gestellt: *»Wird die Religion überleben?«* Die Antwort lautet: Ja. Wie wir euch schon gesagt haben, ist es egal, wie die Menschen zu Gott finden. Es spielt wirklich keine Rolle. Es gibt viele Ebenen menschlicher Bewusstheit und entsprechend viele Möglichkeiten der Gottesverehrung und des Wachstums. Kulturen müssen nicht zu einer einzigen Gruppe verschmelzen, um Erleuchtung zu erlangen. Es ist wichtig, all die verschiedenen Prozesse beizubehalten, damit Menschen, die gerade erst am Anfang stehen, die von ihnen gewünschten spirituellen Prozesse durchlaufen können und genug Zeit haben, ihr eigenes Lerntempo zu respektieren. Die Suche nach Gott ist für jeden Menschen etwas ganz Individuelles.

Und wie sieht es mit organisierter Religion aus? Wie wird sie sich verändern? Sie wird die Verbundenheit erkennen, und genau das lehren wir. Sobald die Religionen auf diesem Planeten sich im Dialog zusammenfinden und schließlich erkennen, dass sie einzigartig sind, aber denselben Sinn haben, nämlich Mitgefühl, wird sich die Lage entspannen. Wenn sie erkennen, dass es okay ist, Gott auf ihre Weise zu verehren, aber gleichzeitig anderen das Recht zugestehen, Gott auf ihre Weise zu verehren, wird sich mehr Weisheit entwickeln, und die spirituelle Bewusstheit dieses Planeten wird sich erhöhen; das geht mit mehr Wissen, Verständnis und Mitgefühl einher. Aber solange sie sich in Gruppen aufspalten, die nicht miteinander reden und von denen jede einzelne den Anspruch erhebt, »recht« zu haben, kann es auch kein Wachstum geben. Aber das habt ihr schon gewusst, nicht wahr?

Religion wird nicht weniger werden oder ganz verschwinden. Sie wird sogar größer werden! Haltet Ausschau nach mehr Verständnis zwischen den einzelnen Glaubenssystemen. Wenn ihr Getrenntsein und Radikalismus seht, ist das für euch alarmierend und beunruhigend – doch das gab es schon die ganze Zeit. In dieser ganz neuen Energie wird sich zeigen, dass das mit einem niedrigeren Bewusstseinsstand und nichts mit Gott zu tun hat. Wandel findet überall statt.

Auf eurem Planeten herrscht die volle Erkenntnis eines monotheistischen Gottes; das ist interessant, nicht wahr? Es gibt nur *einen* Gott – und das wird von den meisten Menschen auf der Erde so zum Ausdruck gebracht. Die meisten Menschen glauben auch an ein Leben nach dem Tod. Und doch habt ihr Tausende von »Einzeldoktrinen« aufgestellt und wollt entscheiden, wer den einen Gott auf die richtige Weise anbetet. Wer es nicht so macht, bleibt irgendwie außen vor. Diese Haltung wird sich verändern. Es geht um Verbundenheit und Mitgefühl mit dem Prozess des anderen.

Walk-ins und gemeinsame Seele

Was ich euch jetzt durchgebe, wird eure Wahrnehmung von Verbundenheit aufs Äußerste infrage stellen. Wir wollen über das Thema »gemeinsame Seele« sprechen. Das wird euch nicht gefallen, ihr Lieben, denn es bricht mit dem Paradigma eures traditionellen Denkens.

Wir wollen zunächst einfach beginnen, danach wird es komplex. Gemeinsame Seele: Habt ihr schon einmal von sogenannten »Walk-ins« gehört? Vielen wird das bekannt sein. Wir wollen darüber reden, was es ist, was ihr meint, was es sei, was euch beigebracht wurde, was das ist, und dann auf die dadurch entstehenden Probleme hinsichtlich Logik und Singularität eingehen. Oft heißt es: Menschen sterben und kommen dann zurück. Aber um schnell zurückzukommen und eine sieben bis fünfzehn Jahre dauernde Zeit des Heranwachsens zu überspringen, werden sie zu Walk-ins. Damit sie spirituelle Ziele schneller erreichen, teilen sie sich mit jemandem eine gemeinsame Seele, und zwar mit der Zustimmung der anderen Person, und »nisten« sich sozusagen im Leben eines anderen lebenden Menschen ein, wenn diese Person so etwa acht bis dreizehn Jahre alt ist. So stellt ihr euch ein Walk-in vor. Jetzt befinden sich also angeblich zwei Seelen in einem Körper. Könnt ihr mir so weit folgen?

Walk-ins haben allerdings ein Attribut, welches bei euch Fragen aufwirft: *»Und was passiert mit der ersten Seele? Hat sie dann eine untergeordnete Stellung? Wenn der erste Mensch zum Beispiel Sally heißt und dann die zweite Seele hereinkommt, die einmal Harry war, wie funktioniert das?«* Verwirrend. *»Und was hält Harry davon, auf einmal mit Sally ein anderes Geschlecht zu haben? Können sie gemeinsam existieren? Wird einer von ihnen in die hintere Reihe verwiesen? Entwickelt sich einer weiter? Gibt einer einfach auf und geht zurück? Wie läuft dieser Prozess ab?«*

Esoterisch gesinnte Menschen wringen die Hände, führen Streitgespräche und sagen: *»Wie kann das sein? Was sollen wir davon halten?«* Und wir sitzen daneben, schauen uns das an und fragen euch: *»Worum geht es überhaupt? Was ist das Problem?«*

Ihr führt eine 3-D-Diskussion, und all eure logischen Spielereien und Überlegungen offenbaren eure Tendenz zur Singularität. Harry und Sally geht es damit gut! Was ihr noch nicht wisst und euch noch nicht zusammengereimt habt, ist die Tatsache, dass in diesem Körper keine zwei Seelen sind, sondern nur eine Seele namens Gott. Nur ihr habt sie in Harry und Sally aufgespalten. Wenn eine Seele sich einer anderen anschließt und eine Seele miteinander geteilt wird, dann ist das wie Gott mit Gott, du mit dir. Ihr werdet einfach größer. Eine Suppe schließt sich mit der anderen zusammen, und das ergibt eine größere Suppe.

Da werdet ihr dagegenhalten mit Argumenten wie: *»Aber welche Akasha-Attribute gehören denn dann zu Sally und welche zu Harry?«* Und wenn die Attribute zusammengeführt würden? Wenn durch das Walk-in alles einfach größer würde? Wäre das in Ordnung? Wenn der Sinn und Zweck des Walk-ins dieses Zusam-

menführen der Akashas wäre? So können die Erfahrungen vieler Leben sich mit einem anderen Menschen als eins verbinden. Das ist verwirrend, denn ihr hättet gern, dass es nur *eines* gibt. Ihr seht, das ist größer, als ihr meint.

Wenn es um die Herrlichkeit Gottes geht, gibt es keine Rätsel zu lösen. Walk-ins passieren sehr oft, vor allem, wenn eine alte Seele verstirbt und schnell wieder zurückkommt in einen Menschen, der biologisch bereits herangewachsen ist. Das ist ein gütiges System und ein Schnellverfahren, wodurch es besser laufen kann als andersherum und das auch schneller geht. Das war einfach. Aber falls ihr bereits verwirrt seid, dann wisst: Diese Erklärungen werden noch verwirrender ...

Seelenverwandtschaft und gemeinsame Seele

Als Nächstes wollen wir auf das Thema »Seelenverwandtschaft« oder »Seelenpartner« eingehen. Das ist nicht immer das, was ihr meint. Hier ein Beispiel: Eine Person trifft eine andere Person, und sie fühlen sich verbunden. Es ist egal, ob das nun romantische Liebe ist oder nicht; auch das gibt es, um es so richtig schön verwirrend zu machen. Manchmal geht das auf ein früheres Leben als Bruder, Schwester, Mutter oder Vater zurück, aber die beiden kennen sich einfach. Sie denken wie ein einziger Mensch. Sie können sich unterhalten, indem sie sich einfach in die Augen schauen, und sie wundern sich. Sie müssen viele Leben miteinander verbracht haben, um so ähnliche Denkweisen und Gedanken, Vorstellungen und Leidenschaften zu haben. Sie fühlen sich zueinander hingezogen, wollen mit der anderen Person zusammen sein, weil sie etwas so Besonderes darstellt – ihr nennt das *Seelenverwandtschaft*.

Und wenn ich euch sagen würde, ihr hättet einfach nur einen Teil von euch selbst kennengelernt? Ich habe euch ja gesagt, ihr Lieben, es wird ein bisschen unheimlich. Wenn dieses »Ein Herz und eine Seele sein« einfach bedeutet, dass ihr in einem anderen Menschen ein Stück von euch selbst getroffen habt?

An dieser Stelle werden viele die Informationen einfach weglegen, den Raum verlassen und sagen: *»Das ist nichts für mich. Das kann nicht für mich gelten.«* Ihr lieben Menschen, nutzt doch bitte euer Unterscheidungsvermögen und eure spirituelle Logik! Wenn Gott nichts Singuläres ist und ihr ein Teil des Ganzen seid, wenn jeder in euch ist und ihr in jedem seid, warum ist das denn dann so unheimlich? Warum sollte es so ungewöhnlich sein, ein Stück von sich selbst in einem anderen Menschen zu sehen? So funktioniert einfach die gemeinsame Seele. Anstatt Gott in dieser Person zu sehen, seht ihr *euch selbst* in ihr! So fühlt es sich an, nicht wahr? Vielleicht wart ihr früher schon einmal als Walk-in gemeinsam in einem menschlichen Körper? Jetzt seid ihr wieder in zwei Körpern. Das sind Seelengefährten. Kein Wunder, dass ihr euch zu dieser Person hingezogen fühlt und sie sich zu euch.

Die gemeinsame Seele kann einem 3-D-Menschen nicht zufriedenstellend erklärt werden, und alles, was ich jetzt mache, wird das Ganze noch um ein Vielfaches verkomplizieren.

Reinkarnation und gemeinsame Seele

Jetzt möchte ich euch gerne das sagen, was am kompliziertesten ist, und danach führe ich ein Beispiel an. Wie ich euch erzählt habe, gibt es ein System der Reinkarnation, welches die Familie ehrt und respektiert, und im Rahmen dieses Systems wird immer mindestens eine Generation innerhalb der Familie übersprungen, meistens sogar zwei, aber oft wird eben alle zwei Generationen inkarniert. Dadurch können neue Seelen auf die Erde kommen und lernen, und alte Seelen können deren Kinder und Eltern sein. Es vermischt sich, was für beide hilfreich ist. Eure Kinder, ihr alten Seelen, sind zum Beispiel wahrscheinlich keine alten Seelen, aber eure Enkel vielleicht sehr wohl. Das Überspringen einer Generation oder von zwei Generationen kommt am häufigsten vor. Sehr oft könnt ihr in den Augen dieser Kinder eure Eltern sehen.

Manche von euch wissen, was ich meine, denn normalerweise sagt ihr ja, ihr würdet eure Kinder am besten kennen, doch als dann eure Enkel ankamen, habt ihr in ihnen etwas Ungewöhnliches erkannt.

Ich möchte an dieser Stelle sehr klar und deutlich sein, aber das ist nicht einfach für mich. All dieses Gerede über Reinkarnation und das Überspringen von Generationen ist für euch sehr leicht verständlich und für euch in Ordnung, solange die Großeltern schon gegangen sind. Doch wenn sie noch leben, gibt es da ein Problem. Wie können eure noch lebenden Eltern eure Enkel sein, wenn sie doch noch am Leben sind? Was haltet ihr davon? Ihr schaut diesen Kleinen in die Augen und wisst, wer sie sind, aber das können sie doch nicht sein ..., oder doch?

Die Antwort lautet: Das kann sehr wohl sein, und das ist das Teilen der Seele bzw. die gemeinsame Seele. Wenn eure Eltern bereits gestorben sind, ist das nicht weiter kompliziert, aber wenn sie noch auf der Erde leben, dann ist es sehr kompliziert. Das ist ein Rätsel für die menschliche Linearität, versteht ihr das? Aber für Gott ist es überhaupt nicht rätselhaft.

Habt ihr schon einmal davon gehört, dass, quantenphysikalisch betrachtet, Licht an zwei Orten gleichzeitig sein kann? Willkommen in einer neuen Realität! Wenn ihr das Ganze aus eurer 3-D-Schublade herausnehmt, ist es gar nicht so kompliziert.

Dazu gibt es noch mehr zu sagen, und morgen werde ich von Vererbung sprechen, die auf der Akasha- und der chemischen Ebene jeweils unterschiedlich ist. Wir werden alles durcheinanderbringen. Jetzt habe ich also in das, was euch gesagt wurde, einen Löffel gesteckt und herumgerührt.

Wer seid ihr also? Seht ihr womöglich – je besser ihr euch kennenlernt – immer mehr auch denselben Gott in euch allen? Die Verbundenheit löst die Probleme der menschlichen Vielfalt, ja der Menschheit, die jahrhundertelang nicht miteinander auskam.

Ihr Lieben, eines Tages werdet ihr, wenn ihr dieselben Fortschritte macht wie andere vor euch auf anderen Planeten, zunächst den ähnlichen Gott in allen Menschen anerkennen, und die Persönlichkeitsunterschiede kommen dann an zweiter Stelle. Das ist das Geheimnis für den Frieden auf Erden.

Andere Menschen anschauen und erkennen, dass sie dieselben Wünsche haben wie ihr, ist eine Form des Mitgefühls. Dadurch entsteht schließlich Großzügigkeit, die an die Stelle von Schikane und Eroberung tritt. Ihr schaut euch an, was euch allen gemein ist, anstatt auf die Unterschiede zu schauen. Viele werden euch beobachten und eure Liebenswürdigkeit und Reife in eurem alltäglichen Leben sehen. Das ist das einzige euch zur Verfügung stehende Vehikel, um anderen Menschen etwas über Gott beizubringen. Lasst sie die Attribute Gottes in euch sehen!

Die Geschichte von Evelyn, dem ewigen Baum

Zum Abschluss möchte ich eine kleine Geschichte erzählen über Evelyn, den ewigen Baum. Parabeln ergeben ja oft nicht so viel Sinn, denn es sind allegorische Erzählungen; ihr müsst eure 3-D-Logik dabei teilweise außen vor lassen und einfach zuhören. Evelyn existiert nicht wirklich in der Natur, aber die Geschichte beschreibt doch in etwa, was die Natur so macht, sodass ihr verstehen könnt.

Evelyn verfügte über die Essenz eines Baumes, die Essenz von Gaia, und sie wusste, sie war Evelyn, der Baum, und sie war sich der großartigen Pflanze bewusst, die sie war. Ihr alleiniger Sinn und Zweck bestand darin, so viel wie möglich zu wachsen und so groß wie möglich zu werden, um ihren Teil zum Sauerstoff auf dem Planeten für die Menschheit beizutragen.

Wie Bäume das nun mal machen, ließ auch Evelyn Wurzeln wachsen, und sie spürte, wie tief sie hinunterreichten. Diese Wurzeln nahmen die Nährstoffe für ihr Wachstum auf, die Rohstoffe aus dem Erdboden. Sie wurde noch größer, und dabei dehnten sich ihre Wurzeln immer weiter aus, um ihrer Größe Halt zu geben und der Majestät, die sie in ihrem Wald darstellte, Ausdruck zu verleihen.

Evelyn war sich ihrer Wurzeln nicht *mehr* bewusst, als ihr euch eurer einzelnen Haare bewusst seid. Es gab so viele davon. Doch eine bestimmte, weit entfernte Wurzel, gelangte zurück

an die Oberfläche und wuchs nach oben, spross und wuchs weiter, und aus dem Sprössling entwickelte sich ein weiterer Baum. Auch er wurde sich Gaias bewusst und wuchs und wuchs, so wie Evelyn. Dieser Baum hieß Martha.

Evelyn ist sich inzwischen des Nachbarbaums bewusst, denn er ist groß geworden. Evelyn schaut zu, wie Martha erwachsen wird. Doch Martha ist Evelyns Wurzel; sie hängen nach wie vor zusammen. Nach und nach wuchsen auch Martha ein paar Wurzeln, und ihr ging es so wie Evelyn. Gleichzeitig wuchsen Evelyn in die andere Richtung weitere Wurzeln nach oben zur Oberfläche. Es waren alles Evelyns Wurzeln, die mit ihr zusammenhingen, aber aus ihnen sprossen andere Bäume mit anderen Namen hervor. Seht ihr, worauf ich hinauswill?

Schließlich wurde daraus ein Wald, und alle Wurzeln standen miteinander in Verbindung, alles war miteinander verbunden. Die Lebenskraft der Nährstoffe des Planeten durchströmt sie alle. Keine der Wurzeln hat einen Anfang oder ein Ende, denn sie sind alle miteinander verbunden, und alle haben ihren eigenen Namen und ein »Baumbewusstsein«.

Jetzt wollen wir ein Interview mit Evelyn führen. *»Evelyn, wer bist du? Wenn du dich einmal so im Wald umschaust, bist du dann Evelyn oder auch Martha und George und Sally? Wer bist du?«* Evelyn würde sich aufrichten und sagen: *»Ich bin sie alle, und sie sind alle ich, denn unsere Wurzeln sind miteinander verbunden und kommen aus derselben Quelle.«*

Schaut euch diese Geschichte an und versteht, dass sie eine Metapher dafür ist, wer ihr seid. In der Natur sagt ihr zu solchen Dingen: *»Wie einmalig und einzigartig!«* Ihr seht das nicht so, wie ihr euch selbst seht (nämlich als individuelle Persönlichkeiten und als Leben von menschlichen Individuen). Doch die Geschichte von Evelyn betrifft euch Menschen stärker, als ihr meint. Verbundenheit und die Erkenntnis um das *Einssein* von allem – das wird die Menschheit erlösen und retten. Doch als Erstes müsst ihr verstehen, dass die Seele in euch größer ist als alles, was ihr euch je vorgestellt habt. Das ist der Ausgangspunkt.

Gerade eben habe ich gesagt, die Seele habe keine Persönlichkeit, nicht so, wie ihr meint. Sie hat allerdings durchaus

Attribute. Sie ist vollkommen, liebevoll und gütig. Das spürt ihr, wenn ihr mit dem Kern in Kontakt seid. Die Hand der Seele, die Gott ist, ist euch immer offen entgegengestreckt, immer. Vom Augenblick eurer Geburt an seid ihr eingeladen, zu entdecken, wer ihr seid, diese Hand zu ergreifen und eure Realität zu verändern. Gelangt an einen Punkt, von dem aus ihr den Planeten verändern könnt, indem ihr eine heilige Realität der Bewusstheit lebt. Ihr wisst, dass ich recht habe, sonst würdet ihr diese Botschaft gar nicht lesen.

Zum Abschluss noch eine Empfehlung: Diese Entscheidungen müssen aus eurem freien Willen heraus getroffen werden, mit eurer Intention und eurem vollen Verständnis. *»Genau das will ich!«,* hört ihr euch da sagen. Tut nichts, weil ihr es tun solltet oder weil ihr auf ein Treffen kamt und ein Channeling vernommen habt, das euch dazu genötigt hat, etwas zu tun. Macht das nicht. Ich möchte, dass ihr für euch alleine auf dem Stuhl sitzt und euren Körper fragt: *»Ist da mehr?«* Seid ehrlich und lauscht auf eine Antwort. Der Körper wird darauf mit einem Schauer [Frösteln] reagieren und als Erstes zu euch sagen: *»Warum hast du mit dieser Frage so lange gewartet? Ja, da ist mehr!«* Und damit fängt das Entdecken an.

Ihr Lieben, das ist tatsächlich die unausgesprochene Einladung an jeden einzelnen Menschen auf dem Planeten. Wenn ihr euch entspannt, mit dem Angeborenen eures Körpers sprecht und euch von dieser angeborenen Intelligenz führen lasst, dann werdet ihr die Wahrheit finden. Hört nicht auf mich oder einen anderen Menschen, um sie zu finden. Ich möchte, dass ihr auf *euch selbst* hört. Ist dieses Channeling real oder nicht? Nutzt euer Urteilsvermögen und erkennt die Energie dieser Botschaft durch den Gott in euch.

Meine Zeit heute Abend, um euch eine Botschaft der Liebe aus dieser Quelle zu übermitteln, die ihr alle in euch tragt, ist vorüber. Ihr solltet eine kleine Stimme erkennen, nicht die menschliche Stimme, sondern die andere, die die ganze Zeit in der Dritten Sprache zu euch gesprochen und euch zugeflüstert hat: *»Hör gut zu, lausche, hör zu; das ist es, wofür du gekommen bist!«* So ist es wirklich!

Ihr lieben alten Seelen, ihr seid die Hoffnung des Planeten. Wer immer diese Worte hört und ihre Wahrheit erkennt, wird verstehen, dass dies eure Zeit ist. Macht weiter damit!

Kryon
(Live-Channeling »Seelenreisen – Teil I«,
durchgegeben in Auckland/Neuseeland, 22. März 2014)

Ich mache mit der Unterweisung von gestern Abend über die Seele weiter. Dazu habe ich nur noch ein paar Dinge zu sagen; manches davon habt ihr vielleicht schon gehört. Mein Partner spricht davon, wenn er Unterweisungen gibt, aber ich möchte, dass ihr es von mir hört. Das ist der zweite Teil der Unterweisung über *Seelenreisen*.

Um das einmal klarzustellen: Die Seele reist nirgendwohin. Bei diesem Thema geht es um euch, die ihr euch auf die Reise macht, um die Seele zu treffen. Es geht um euer Erkennen, was die Seele ist. Grundsätzlich reist ihr dabei zu euch selbst. Wir haben das aus einem bestimmten Grund so genannt. Es ist etwas Nichtlineares. Um das in seiner ganzen Tiefe zu verstehen, müsst ihr einen Blick zurückwerfen ...

Was ist die menschliche Seele?

Ich möchte noch einmal auf eure Reise zum Kennenlernen der menschlichen Seele eingehen. Zunächst einmal, und das ist am widersprüchlichsten, ist es keine »menschliche« Seele. Wir nennen sie »menschliche Seele«, weil wir hier bei euch auf der Erde sind und weil ihr es so nennt. Die Seele *ist* der Schöpfer, wie wir euch ja schon früher gesagt haben. Die Seele existierte, lange bevor die Erde überhaupt so abgekühlt war, dass man auf ihr gehen konnte. Irgendwann wurde sie zu einem Teil von euch. Sie ist ewig in beide Richtungen [Vergangenheit und Zukunft]. Überlegt einmal: Bevor es überhaupt Menschen in irgendeiner Form gab, hattet ihr bereits eine Seele. Könnt ihr mit eurer

3-D-Logik verstehen, warum man sie nicht als »menschliche« Seele bezeichnen kann? Ich möchte euch auf eine Reise mitnehmen. Wir fragen: Wo wart ihr – euer Kern-Selbst – die Seele? Wer seid ihr?

Wo wart ihr, bevor die Plejadier das taten, was sie für den Planeten getan haben? Hattet ihr irgendetwas mit dem zu tun, was war, bevor Leben auf diesen Planeten kam? Viele spirituelle Führer – die Experten für spirituelle Angelegenheiten auf eurer Erde – werden euch sagen, alles hätte seinen Anfang genommen, als ihr ankamt. Wirklich? Das ist echt lustig! Ich frage euch: Kam Gott an, als die Menschheit ankam, oder war Gott bereits hier? Wenn eure Seele ein Teil Gottes ist, dann wart ihr während der Schöpfung dabei!

Ich möchte euch Informationen durchgeben, die das Ganze viel größer machen als alles, was man euch je gesagt hat. Bevor es eure Welt gab, haben schon viele Welten das durchlaufen, was ihr jetzt durchlauft. Die Plejadier stehen mit euch in direktester Verbindung und sind eure spirituellen Eltern. Sie haben die Arbeit erledigt und wachen weiterhin über euch, wie Eltern über ein Kind wachen würden, welches hinsichtlich seines Tuns einen vollständig freien Willen hätte und nichts von seinen Eltern wüsste. Das hat mit Güte, Liebe und Fürsorge zu tun. Dieser Planet erwacht, und ihr habt die Schwelle der Präzession der Äquinoktien überschritten, des spirituellen Zeitplans, der für diese Prüfung festgelegt wurde. Ihr befindet euch derzeit in einer Energie, die ich vorausgesehen und von der ich euch vor etwa 23 Jahren erzählt habe, und jetzt befinden wir uns tatsächlich darin.

Bestimmte Teile der Galaxie feiern die Geschehnisse auf dem Planeten Erde. Ist das zu groß für euch? Oh, schaut heute lieber keine aktuellen Nachrichten, denn hier ist nicht die Rede von eurem Kampf mit der alten Energie während der Zeit des Übergangs. Ich spreche von Weltgeschehnissen, aber nicht im Sinne von *Welt* wie in euren Nachrichten, sondern von *Welt* in Bezug auf die Erde von ihrer Erschaffung bis jetzt – eine Welt, die all das repräsentiert, was in eurer Geschichte stattgefunden hat und was ihr damit gemacht habt. Ihr befindet euch direkt am

Abgrund massiver Veränderungen. Ihr habt einen freien Willen, und den habt ihr immer gehabt und werdet ihn immer haben, aber wir haben das schon früher erlebt. Ihr Lieben, wir haben das schon erlebt! Und das möchte ich euch mitteilen: Auch ihr habt das schon erlebt. War euch das klar?

Eure Seele war überall!

Eure Seele war schon an anderen Orten, auf anderen Planeten und in anderen Konstellationen mit dabei. Sie hat in dieser Galaxie Leben mitgemacht, ihr Lieben, die, verglichen mit dem Leben auf der Erde, uralt sind. So alt! Leben kann innerhalb von wenigen Millionen Jahren seinen Anfang nehmen und eine Struktur aufbauen, wenn ein Planet reif und bereit dafür ist, wenn er richtig beginnt und richtig beschleunigt ... Das ist gar nicht ungewöhnlich oder besonders schwierig. Hört gut zu, ihr Wissenschaftler, dies ist eine Prophezeiung: Wenn ihr schließlich eines Tages irgendwelche andere Formen von Leben an anderen Orten entdecken werdet, die nichts mit diesem Planeten zu tun haben, werdet ihr auf dieselbe Art biologischer DNA-Struktur stoßen wie die euch vertraute. Diese DNA-Strukturen sind in der Galaxie üblich; so entwickelt sich das Leben. Natürlich gibt es ein paar Abweichungen, aber ihr werdet eine strukturelle Gemeinsamkeit entdecken, die eine größere Frage aufwirft: *»Gibt es ein galaktisches biologisches System?«* Ja! Und das wird euch etwas sagen: Was ihr auf dem Planeten habt, ist nichts Einmaliges. Wohl kaum!

Ihr betrachtet die Sterne und fragt euch: *»Gibt es da draußen Leben?«* Das ist so, als würdet ihr an einem schönen Strand auf dem Planeten stehen und euch fragen, ob es woanders auch schöne Strände gibt. Nur, weil ihr es nicht sehen könnt, heißt es nicht, dass es das nicht gibt. Die Prozesse, die auf eurem Planeten viele Strände entstehen ließen, sind dieselben, die viele Planeten mit Leben erschufen.

Ihr wart also an vielen dieser Orte – nicht euer körperliches Selbst, sondern das Seelen-Selbst, der kollektive Teil, welcher die Seele ist. Das schreit geradezu nach der Frage: *»Wer seid ihr?«* Die beste und profundeste Antwort ergibt sich durch die Zirbeldrüse. Ihr könnt durch eure Zellstruktur eine Kommunikation beginnen, die ihr zunächst nicht spürt. Aber dadurch öffnet sich eine Tür, und sie bleibt offen. Dann sickert ganz, ganz langsam die Energie herein, und ihr erkennt, dass ihr euch auf gütige und süße Art und Weise verändert. Das überrascht euch nicht, schockt euch nicht und macht euch keine Angst; vielmehr wacht ihr eines Tages auf und erkennt, dass ihr nicht alleine seid. Ihr erkennt, dass es Hilfe gibt und dass ihr friedvoller und gesünder seid. Und dann erkennt ihr auch, dass es funktioniert. Und was entdeckt ihr? Dass eure Seele keine menschliche Seele ist; sie ist der Gottesteil von euch und ist seit Ewigkeiten an der Entwicklung von Leben in dieser Galaxie beteiligt. Das ist eine wirklich *alte Seele!*

Und damit wir euch nicht ängstigen und erschrecken, gehen wir langsam vor. Die Menschen erkennen das, was sie nie zuvor gesehen oder sich noch nie vorgestellt haben, nur langsam, und deshalb machen auch wir langsam. Es gibt nichts Schöneres, als dabei zuzusehen, wie erwachende Menschen das finden, was in ihrem Leben gefehlt hat, was aber eigentlich die ganze Zeit schon da war. Wie wir euch gesagt haben, seid ihr »ewig in beide Richtungen«, und das heißt, ihr wart schon immer und werdet immer sein.

Und gibt euch das einen Hinweis darauf, wo sich eure Seele in der Vergangenheit befunden hat, bevor sie auf der Erde war?

Eure Saat-Großeltern

Ihr wart die ganze Zeit Teil eines größeren Plans und wart auch eine Plejadier-Seele. Schockiert euch das? Die Plejadier lebten schon so etwa eine Million Jahre auf ihren Welten, als das Leben auf der Erde gerade am Anfang stand. Und auch auf ihrem Planeten wurde von einem anderen Planeten die Saat ausgebracht (von einem viel ältereren Planeten in einer anderen Konstella-

tion dieser Galaxie). Diese ältere Gruppe wäre somit eure »Saat-Großeltern«, und das waren die Arkturianer. Und davor gab es schon Orion. Wenn ihr mit diesen Gruppen arbeitet, ihr Lieben, dann wisst ihr bereits, dass sie hier sind, um euch zu helfen – so, wie Großeltern helfen. Aber auch ihr wart dort dabei! Ihr seid wirklich und wahrhaftig »Sternenkinder« im wahrsten Sinne des Wortes!

Der Schleier lüftet sich nicht von alleine

Ich möchte euch nun wissen lassen, dass sich der Schleier in dieser neuen Energie ein bisschen lüftet, denn ihr habt daran gezogen. Das passiert aufgrund einer sehr starken Bewusstseinskraft und als Folge eures spirituellen Erwachens; dadurch wird am Schleier gezogen, der uns trennt. Er wird nicht von alleine dünner. Er wartet einfach darauf, dass ihr mit eurem Bewusstsein daran zieht. Das ist die momentane Abmachung.

Ich will es besser formulieren: Wenn ihr erwacht und erkennt, wer um euch herum ist und wer multidimensional ist, geschieht dies zu euren Bedingungen, nicht zu unseren. So war es schon immer, ihr Lieben. Der Mensch ist gefordert, sich auf die Suche zu machen, wenn er Gott finden will. Gott wird euch keine Situation an die Hand geben, die euch den positiven Beweis erbringt, wer ihr seid oder was auf der anderen Seite des Schleiers ist. Das ist das große Rätsel, das ihr entschlüsseln müsst. So muss es sein, und so ist es gerecht, und der freie Wille wird respektiert. Jeder einzelne Planet, der das mitgemacht hat, hat es auf seine Weise herausgefunden. Und somit möchte ich euch in Bezug auf die heutige Unterweisung Folgendes sagen: Ihr wart dort. Ihr wart dort! Erneut seid ihr selbst eure Ahnen, und ihr selbst seid eure Saat! Ich frage euch: Meint ihr, ein Teil der Informationen, die ihr in eurer Akasha tragt, erwacht eines Tages, wenn er benötigt wird?

Überträgt sich diese galaktische Abstammung in eure Akasha? Manches davon ja, aber nicht so viel, wie es mit euren Erfahrungen auf der Erde der Fall ist. Darüber wollen wir gleich noch etwas sagen, aber zunächst einmal möchte ich euch an zwei Dinge erinnern. Wir haben das bereits früher durchgegeben, aber jetzt geht es um Seelen im Allgemeinen, das ist sogar noch tiefgründiger.

Um eine höhere Stufe zu erreichen, müssen zwei Dinge erarbeitet werden. Erstens: Auch wenn wir euch gestern [im ersten Channeling] gesagt haben, ihr könntet Gott nicht mit menschlichen Attributen ausstatten und es sei ein Fehler, zu meinen, der Schöpfer des Universums würde sich menschlich verhalten, gibt es doch etwas, was ihr anscheinend immer von ganz alleine entwickelt, und zwar ein Konzept der alten Energie, welches verschwinden muss, bevor irgendetwas wirklich Bedeutsames auf diesem Planeten passiert. Das ist das *Konzept des Urteilens.*

Be- und Verurteilen ist eine Eigenschaft des Menschen und noch dazu eine alte Energie. Dieses Attribut führt zu Spaltung und Trennung; ein Mensch oder eine Zivilisation betrachtet eine andere Person bzw. eine andere Zivilisation und entscheidet, ob die andere etwas richtig macht oder irgendwie den Status quo stört. Das ist ein Überlebensattribut und nicht ein Attribut der Balance. Überall wird geurteilt, auf dem ganzen Planeten, und das war schon immer so. Habt ihr schon einmal beobachtet, wie eure Kinder die Phasen des Reifwerdens durchlaufen? In einer dieser Phasen sagen sie: *»Du machst das falsch!«* Und dann spalten sie sich von dem anderen Kind, das »falsch« ist, ab und hängen sich an diejenigen Kinder an, die es »richtig« machen. Es hat mit Wachstum zu tun.

Verurteilen erzeugt Kriege und verstärkt das Getrenntsein. Und als ihr eure religiösen Strukturen aufgebaut habt, habt ihr beschlossen, sie seien auch etwas Göttliches. Doch das sind sie nicht. Es ist etwas vollständig Menschliches, ist jedoch so tief in eurem Bewusstsein verwurzelt, dass ihr es ganz natürlich auch der höchsten Macht zuordnet. Ihr brauchtet Gott, um abzuspalten und zu trennen – Menschen in solche aufzuteilen, die es schaffen, und in solche, die es nicht schaffen. Gott beurteilt nicht Teile seiner selbst und trennt sie ab!

Zweitens: Ihr lauft herum und fühlt euch klein. Warum denn? Warum erniedrigt und demütigt ihr euch vor Gott?

Jetzt kriege ich Ärger, stimmt's? Man sagt euch, vor Gott demütig zu sein, sei etwas Gutes. Doch wenn ihr ein Stück Gottes seid, warum demütigt ihr euch dann vor euch selbst? Ergibt das für euch einen Sinn? Es ist an der Zeit für euch, den sich entwickelnden gesunden spirituellen Verstand zu nutzen. Wenn ihr ein Teil der Schöpfung seid, dann müsst ihr euch nicht vor euch selbst verbeugen.

Und wenn ihr stattdessen sagen würdet: *»Höchste Zeit, mich aus meiner Demutshaltung aufzurichten und die Macht, die mir gebührt, für mich in Anspruch zu nehmen! Ich nehme meine Macht mit Güte, Höflichkeit, Großzügigkeit und Integrität an – nicht in Demut!«*? Was sollte Katzbuckeln vor Gott denn schon Gutes bewirken? Wie hilft das dem Planeten?

Euch diese Botschaft zu überbringen, ist schwierig für mich, denn die »Katzbuckel-Botschaft« wird euch schon seit dem allerersten Tag erzählt. Wisst ihr noch? *»Gott ist groß und du nicht. Deshalb solltest du dich vor dem Allmächtigen verbeugen!«* Doch an diesem Bild stimmt etwas nicht. Die Meister haben euch von eurer Herrlichkeit erzählt, nicht von eurer Unwürdigkeit! Wenn ihr meine Unterweisungen von gestern und heute anwendet, werdet ihr erkennen, dass ihr ein Stück von eben der Majestät seid, die Gott ist! Der »Allmächtige« ist in euch – in jedem einzelnen der Billionen DNA-Moleküle. Das stellt das Höhere Selbst eines jeden Menschen dar, und dieses Höhere Selbst hat ein sehr friedvolles und geduldiges Bewusstsein und wartet darauf, dass ihr herausfindet, was da wirklich ist. Meint ihr wirklich, euer Höheres Selbst möchte verehrt und angebetet werden? Das möchte es nicht.

Bitte denkt um, wenn es um Gott geht, um die Seele und das, was ihr in euch tragt. Ihr habt es verdient, zu erwachen und eure Herrlichkeit zu erkennen. Was haltet ihr davon? Und ihr solltet auch wissen: Die menschliche Herrlichkeit zeigt sich nicht in Form von Egoismus. Ihr stellt euch nicht hin und klopft euch auf die Brust und erzählt jedem, wie toll ihr seid. Das hat kein Meister je getan. Vielmehr erwacht ihr und öffnet euch eurer inneren Weisheit und der Reife der Meisterschaft. Die Leute werden das in euch erkennen!

Was ist eines der Hauptmerkmale der Meisterschaft? Stille! Das habt ihr schon gewusst. Wir haben euch gelehrt: *»Seid still und wisset, dass ihr Gott seid.«* Es geht um Stille. Wenn ihr in Stille verweilt, dann ist da ein inneres Wissen. Eure Weisheit lässt sich nicht in Worte fassen, denn in der Geschichte wart ihr hier und da und habt dies und jenes gemacht. Ihr kennt vielleicht nicht die Einzelheiten, aber setzt euch einfach einen Moment hin und seid still. Spürt ihr nicht, wer ihr seid? Ist das allzu weit vom Streben eures menschlichen Intellekts entfernt? Ist der Gedanke, dass das Leben mehr war, als man euch gesagt hat, gar zu weit weg von eurer 3-D-Logik?

Hört auf, Gott zu vermenschlichen! Hört auf, Situationen mit menschlichen Attributen zu versehen und sie dann auf Gott zu übertragen. Wie oft habt ihr gehört, es gäbe Orte, an denen Seelen eingesperrt wären, unter Umständen zwischen zwei Orten festsitzen würden? Und dann entscheiden Menschen, was das für Orte sind. Das ist alles menschengemacht. Ihr wisst das, oder nicht? Wie können Teile des Schöpfers des Universums in der Falle sitzen? Es gibt keine individuelle Seelenenergie. Die Seele ist nichts Dreidimensionales und nichts Singuläres. Sie ist Teil des Ganzen. Sie ist ein Kollektiv, welches Teil von euch ist.

Wie könntet ihr denn einen Teil Gottes zwischen zwei menschengemachten Ebenen einsperren? Das könnt ihr nicht. Das ist Mythologie vom Feinsten, ihr Lieben. Wenn jemand also das nächste Mal was auch immer anschaut und sagt: *»Das kommt daher, dass eine Seele festsitzt«*, dann solltet ihr es bitte besser wissen. Ihr müsst niemanden korrigieren, ihr Lieben. Es reicht, wenn *ihr* es besser *wisst*. Ich möchte euch das wahre System erkennen lassen, und dieses System ist wunderschön. Hört gut zu: Seelen haben keine irdischen Probleme und müssen auch nicht ins Fegefeuer. All das ist menschliche Struktur, die Gott übergestülpt wird. Keine Seele geht irgendwohin, um sich auf irgendetwas vorzubereiten; das haben wir euch ja gestern gesagt. Es gibt keine verschiedenen Seelenebenen. Eure Seele ist ein Teil Gottes, und Gott ist der Schöpfer dieses Universums. Die Ehrfurcht gebietende Energie Gottes ist nicht aufgeteilt oder eingesperrt – niemals! Sie steht weit über diesen Dingen. Sie stellt eine Energie von etwas dar, was ich euch nicht einmal beschreiben kann. Im Moment müsst ihr einfach Folgendes wissen: Diese Energie Gottes liebt euch über alle Maßen, und alles, was für euch da ist, ist voller Güte und Wohlwollen. Ihr müsst kein Hürdenspringen veranstalten, ihr Lieben. Ihr müsst euch nicht beweisen. Lasst einfach die Essenz Gottes in euch klar zum Vorschein kommen.

Gemeinsame Seele

Wenn ihr auf der körperlichen Ebene erlischt [im Tod] und weiterschreitet zur nächsten Energie, wird die Seele aus dem Körper aufgesammelt und wieder Teil des Ganzen. Wenn ihr nun die Anwesenheit von jemandem, der gestorben ist und ein Individuum war, spürt [womöglich kennt ihr seinen Namen], dann ist das etwas Reales und sehr Singuläres. *»Joe ist gestorben, und ich spüre, dass er da ist.«*

Wisst ihr aber noch, was wir euch gesagt haben? Stücke und Teile eurer Angehörigen, die verstorben sind, werden zu einem Teil von euch [eurer Seele], und zwar ein Leben lang. Das ist die *gemeinsame Seele,* ihr Lieben. Es ist wichtig, dass ihr versteht, wie das funktioniert. Wenn eure Seele nichts Singuläres ist, dann kann man mit gutem Grund annehmen, dass sie eine vielschichtige Existenz hat. Wie kann eure Seele auch all eure vergangenen Leben sein? Seht ihr, was ich da sage? Ihr seid ein herrliches menschliches System und nichts Singuläres. *»Joes Körper ist gestorben, und der herrliche Teil, der größer war als Joes Zellen, lebt weiter. Ich spüre seine zeitlose Ewigkeit.«* Fangt an, euch selbst als eine Ansammlung von dem zu betrachten, was an Gott das Beste ist.

Gottesverehrung

Wir sagen es erneut: Wenn ihr, um Gott zu ehren, die Knie beugen möchtet – wenn ihr betet oder meditiert –, dann sind wir da. Eigentlich solltet ihr eurem Höheren Selbst nur eine einzige Frage stellen: *»Lieber Gott, bitte sag mir, was ich wissen muss!«* Das ist die beste Frage. Und noch einmal sage ich euch, warum: Alles andere, was ihr womöglich fragen könntet, ist dieser einen Frage untergeordnet. *»Bitte sag mir, was ich wissen muss, lieber Spirit, um das Problem zu lösen, wie ich von A nach B komme.«*

Ihr wisst, wer ihr seid. Ihr seid nicht hierhergekommen, um zu leiden, ihr Lieben. Es ist auch an der Zeit, diese Vorstellung aufzugeben. Jemand musste das hören. Leiden stand nicht auf dem Plan. Was auch immer geschehen ist, ist jetzt Schnee von gestern. Ihr habt die volle Kontrolle über eure Zellstruktur, und sie will von euch hören.

Seelenvererbung

Nun möchte ich auf das letzte Thema eingehen, und das ist ein schwieriges Thema. Wir sparen uns das Beste immer bis zum Schluss auf – das, was schwerer verständlich ist, und Konzepte und Vorstellungen, über die ihr bislang nicht so viel nachgedacht habt. Aber jetzt werdet ihr euch damit befassen ...

Dieses Attribut hat damit zu tun, was wir *Seelenvererbung* nennen werden. Vererbung, wie ihr sie wahrnehmt, findet hauptsächlich auf der Zellebene und in drei Dimensionen [eurer Realität] statt. Das würden wir *chemische Vererbung* nennen; verwirrend daran ist jedoch, dass ihr als Menschen, die sich ihres spirituellen Anteils bewusst sind, euch mit einem Widerspruch herumschlagen müsst – zwei Arten der Vererbung gleichzeitig.

All das geschieht in einem *einzigen Körper.* Chemische Vererbung wird euch in der Schule beigebracht. Dabei wird ein Großteil der Anlagen eurer Eltern und Großeltern übertragen [Genealogie]. Ihr seht aus wie sie, habt in eurer Zellstruktur dieselben Attribute, und in eurer DNA werden euch durch die Geburt bestimmte Anlagen weitergegeben – bestimmte Talente, Instinkte, Allergien, gesundheitliche Veranlagungen und Anfälligkeiten für bestimmte Krankheiten. Manche Menschen sehen in ihren Händen die Hände ihres Vaters oder ihrer Mutter. Das ist chemische Vererbung, und sie ist etwas sehr Mächtiges.

Der Widerspruch: Der Mann, der da vor euch auf dem Stuhl sitzt [Lee], hat chemische Erbanlagen. Seine Chemie ist irisch, und wenn er seine Abstammung zurückverfolgt, wird er schon nach wenigen Generationen auf seine Verwandten in Irland stoßen und seinen Namen [Carroll], der sehr irisch ist, direkt bis zu einer Familie zurückverfolgen können, die heute noch dort lebt. Vielleicht besucht er sie eines Tages sogar. Das ist seine chemische Vererbung.

Doch wie wir ihm kürzlich offenbart haben, hat er das unmittelbar vorausgehende Leben nicht als Ire verbracht, sondern auf der anderen Seite des Grabens in Australien [ein in Neuseeland verwendeter Ausdruck]. Was sagt man dazu? Wie soll das denn funktionieren? Wer ist er? Ist er nun Ire oder Australier? Die Antwort lautet: Er hat einen Akasha-Weg und einen chemischen Weg. Er ist also eine Mischung – ein einzigartiger Mensch, der, wenn man seine Akasha-Familie betrachtet, eine ganz andere Vergangenheit hat, als wenn man seine chemische Abstammung betrachtet. Und beides stimmt. Verwirrt euch das etwa? Aber ihr habt doch fast alle genau dasselbe Attribut!

Und es muss nicht verwirrend sein; werft noch einmal einen Blick auf die Parabel von Evelyn, dem ewigen Baum, die wir euch zuvor erzählt haben. Ich erzähle euch hier Dinge, die denjenigen, die gestern Abend hier waren, etwas sagen. Ihr Menschen, ihr steht im Wald, und ihr habt alle dasselbe Wurzelwerk von dem einen Baum in der Mitte. Geht eure Abstammung – also wer ihr zu sein meint – nun auf die Bäume um euch herum zurück oder auf den Meisterbaum? Ihr habt beide Abstammungen in euch!

Eure chemischen Erbanlagen könnt ihr zurückverfolgen, um etwas über eure 3-D-Abstammung zu erfahren. Das ist eure körperliche Abstammungslinie, und sie kann ganz problemlos neben einer anderen Akasha-Abstammungslinie existieren. Doch die mächtigste Abstammungslinie kommt aus dem unmittelbaren Vorleben und hat mit der Akasha zu tun; sie stellt euch vor die größten Schwierigkeiten, winkt aber auch mit den größten Belohnungen. Verwirrend daran ist Folgendes: Wie kann es denn zwei Wege geben, die so unterschiedlich sind? Ihr, als linear Denkende, wollt sie im Kopf auseinanderklamüsern und fragt: *»Welcher ist denn nun der richtige?«* Es sind aber beide richtig.

Betrachtet es einmal so: Stellt euch vor, ihr seid ein Auto. Eure Auto-Seele entstammt einer Autoreihe, die für Linksverkehr gebaut wird. Das ist eure karmische Auto-Abstammung. Doch wenn ihr inkarniert, seid ihr ein Ford. Das ändert überhaupt nichts daran, ob ihr nun Links- oder Rechtsverkehr gewohnt wart oder an welche Seite ihr euch jetzt gewöhnen müsst. Jetzt fahrt ihr eben als Ford durch die Gegend. Eure chemische Veranlagung ist der Ford, eure Akasha-Abstammung ist in diesem Fall der Linksverkehr.

Nehmt beispielsweise meinen Partner: Wie er weiß, steckt in ihm die Chemie seiner Eltern, seiner Großeltern und Urgroßeltern. All deren chemische Anlagen wurden ihm vererbt. Er weiß aber auch, dass der Teil von ihm, der Gott ist, die Leben kennt, die er mit anderen chemischen Anlagen verbracht hat, die aber von anderen Eltern und Großeltern stammten.

Wir geben euch folgende Anweisungen, ihr Lieben: Analysiert das nicht zu sehr! Betrachtet euch lieber selbst und freut euch, wie das alles zusammengekommen ist, um euch zu erschaffen. Jeder von euch ist ein einzigartiges Menschenwesen – ganz und gar einzigartig und einmalig. Die körperlichen Verwicklungen und das damit verbundene Rätsel sind jenseits eurer Vorstellungskraft. Ich habe gerade ein Rätsel entwirrt, und manche von euch werden darauf hören und erkennen, dass das Rätsel schon immer da war. In jedem von euch wird dadurch etwas enträtselt, was ihr nicht verstanden habt, zum Beispiel, wie jemand, der in der Akasha lesen kann, euch auf einen komplett anderen Weg als den Weg eurer Eltern führen kann.

Versucht gar nicht erst, das zu verstehen! Erkennt lieber, auf welche wunderschöne Weise *ihr* dadurch erschaffen wurdet. Reicht das aus? Das ist alles, was ihr euch anschauen müsst. Ihr seid auf jede nur erdenkliche Art und Weise einzigartig. Und vielleicht habt ihr auf der chemischen Ebene die erforderliche Stärke und die Akasha-Leben, die erforderlich sind, um eine alte Seele aufzubauen, die heute diesen Planeten verändern kann?

Habt ihr daran gedacht? Alles, was ihr durchgemacht habt, hatte einen Sinn und Zweck. Aber jetzt ist eure Schulzeit zu Ende, und es geht nicht mehr um das bloße Überleben. Jetzt ist für euch die Zeit gekommen, eure Höhle zu verlassen, zu erkennen, wer ihr seid, all die Herrlichkeit um euch herum zu erkunden, aufrecht zu stehen und das Licht eines gütigen Gottes zu spüren. Fordert eure Meisterschaft ein!

Ist das einfach? Oh nein! Aber ihr werdet immer mit kleinen Schritten beginnen, die zu immer größeren Schritten werden. Die Zeit ist reif, damit anzufangen. Das ist die Botschaft des heutigen Tages. Und es wird noch komplizierter, das verspreche ich euch. [Kryon lacht.]

Kryon
(Live-Channeling »Seelenreisen – Teil II«,
durchgegeben in Auckland/Neuseeland, 23. März 2014)

Was halten Sie von dem, was Sie gerade gelesen haben? Sind Sie vor lauter Informationen ganz benommen im Kopf? Haben Sie zusätzlich zu den Antworten aus den obigen Botschaften weitere Fragen? Ich schätze mal, sogar jede Menge. Ich auch! Auf der Website von Lee Carroll ist eine Seite allen möglichen Fragen gewidmet, die von Lee oder Kryon beantwortet wurden. Eventuell sind auch die kostenpflichtigen »Fragen & Antworten«-Videos von Lee interessant; sie sind auf seiner Website *www.kryon.com* für eine angemessene Gebühr verfügbar. In der Zwischenzeit finden Sie nachfolgend vier Fragen von Lees Website sowie einige meiner eigenen Fragen. Sie beziehen sich direkt auf die Reise des Menschen zum Kennenlernen der Seele.

Lieber Kryon, erzähle mir bitte etwas über Walk-ins. Ich glaube, ich bin ein Walk-in, und wenn das stimmt, gehe ich dann nach Hause?

Ein echtes Walk-in ist schwer zu verstehen, denn dazu musst du zunächst einmal etwas anderes verstehen, was wir gesagt haben, nämlich dass *du* nichts Singuläres bist. Dein spiritueller Körper besteht aus vielen Teilen und Stücken, und manchmal gehört dazu auch das Verschmelzen mit einer anderen Energie. Auf dieser Seite des Schleiers bist du »singulär«. Deshalb ergibt das keinen Sinn. Auf der »Zu-Hause-Seite« des Schleiers bist du mannigfach, und das ist dein natürlicher Zustand. Das hat mit viel mehr Dimensionen zu tun, als du derzeit sehen oder verstehen kannst.

Manchmal kommt aus Gründen, die du nicht begreifen kannst, ein Teil von dir auf die irdische Ebene und wächst heran. Später schließt sich dir dann – meist aufgrund einer traumatischen Erfahrung – der andere Teil an. Manche betrachten das als zwei verschiedene Wesenheiten, wobei die eine sozusagen den Platz schon mal für die andere vorwärmt und dann geht. [Lächeln.]

Eigentlich gibt es zwei verschiedene Arten von Walk-in-Erfahrungen. Zum einen das, was ich gerade erwähnt habe, wobei sich zwei tatsächliche Wesenheiten durch Vereinbarung miteinander zusammentun, und die eine kommt und fängt damit an, dann kommt die zweite dazu und übernimmt, wenn der richtige Zeitpunkt gekommen ist. Die erste rückt in den Hintergrund, verschmilzt und wird ein Teil der gesamten Lebenserfahrung. So haben wir euch Walk-ins erklärt. Es gibt aber noch mehr darüber zu wissen, denn jetzt seid ihr so weit, dass erweiterte Informationen möglich sind.

Bei der zweiten Art »erweitert« sich das erste menschliche Bewusstsein so sehr, dass scheinbar ein anderer Mensch dazugekommen ist. Doch eigentlich ist das nur der andere Teil. Dabei geht es um den richtigen Zeitpunkt und auch um die Lebensaufgabe. Oft erkennt ein solcher Mensch plötzlich nach dieser Erfahrung seine Lebensaufgabe. Das stimmt auch, aber die Lebensaufgabe ergibt sich aufgrund der Tatsache, dass jetzt alle Teile zusammengekommen sind und sich dessen bewusst sind, was zu tun ist. Manchmal ist das so dramatisch, dass sogar für die Walk-in-Person ihre eigene Vergangenheit wie die eines anderen Menschen aussieht. Manchmal ändert dieser Mensch dann sogar seinen Namen. Nach welchen »Regeln« und welcher Logik das abläuft, kann man nicht aufzählen, denn da gibt es unendlich viele Varianten. Manchmal kommt der andere Teil nie an, wenn der Zeitpunkt nicht passt. Manchmal dagegen ist diese Ankunft eine so starke Erfahrung, dass sie beängstigend und unheimlich ist.

Was die Frage »Gehe ich nach Hause?« betrifft ... Da missverstehst du vielleicht etwas. Ein echtes Walk-in ist nach dieser Erfahrung zu Hause! Der einzige Grund für eine Walk-in-Erfahrung ist eine Zeiterweiterung. Es gibt keine Wesenheit, die für jemand anderen »einen Platz freihält«; es ist eine menschliche Wesenheit, die jetzt womöglich »multipel« ist und den Rest der Geschichte erlebt. Jedes Walk-in hat eine große Aufgabe für die Erde zu erledigen und wird in seiner Gesamtheit gebraucht (alle Teile, die dazugehören, auch der Teil, der mit der Geburt den Prozess in Gang setzte).

Lieber Kryon, hat die Walk-in-Theorie etwas mit dissoziativen Identitätsstörungen (multiple Persönlichkeiten) zu tun?

Nein, Walk-ins haben mit anderen einen Vertrag geschlossen, den Raum, den ihr »eine Seele« nennen würdet, miteinander zu teilen, und zwar auf ausgewogene Weise, die sich niemandem zeigt. Einer verbringt die Zeit des Heranwachsens, und der andere kommt dann schnell dazu, wenn der richtige Zeitpunkt gekommen ist. Durch dieses System kann eine Seele sehr schnell zurückkehren, viel schneller als durch Reinkarnation. Ein Walk-in ist eine extrem effiziente Möglichkeit, auf die Erde zurückzukehren – ohne die Zeit, die eine Seele, wenn sie reinkarniert, für das Heranwachsen benötigt. Walk-ins haben normalerweise eine bestimmte Aufgabe oder Arbeit, mit der sie weitermachen müssen. Dieses System ist für euch alle sehr vorteilhaft.

Lieber Kryon, kannst du bitte den Unterschied zwischen den Begriffen »Seelenverwandte/Seelenpartner« und »Zwillingsflammen« erklären?

Sie stellen unterschiedliche Energien dar, aber mit ähnlichen Attributen. Beide weisen auf eine Partnerschaft hin. Ein Seelenverwandter ist ein lebenslanger Partner; das muss keine romantische Beziehung sein, es kann auch eine Mutter-Tochter-Beziehung sein, oder zwei nicht miteinander verwandte Menschen tun sich aus irgendeinem Grund zusammen. Und ja, es kann auch eine romantische Liebesbeziehung sein. Deshalb ist es eine Energie der Partnerschaft.

Die Energie einer Zwillingsflamme ist die Energie eures Spiegelbildes. Eine Zwillingsflamme findet die »andere Hälfte« dessen, wonach sie absichtlich auf der Suche ist. Diese Energie hat nicht unbedingt etwas mit Partnerschaft wie bei einem Seelenverwandten zu tun; es geht mehr darum, zusammenzufinden, um zu einer Ganzheit zu kommen, welche einem Potenzial oder einer Aufgabe fehlt.

Eine Seelenpartnerschaft kann das ganze Leben anhalten, aber unter Umständen, ohne weitere Resultate zu erzeugen. Hinter einer Zwillingsflamme steckt ein Zweck bzw. eine Aufgabe, um ein Ziel zu erreichen. Ich will euch ein paar Beispiele aus der wirklichen Welt nennen: Einer eurer früheren Führer, Ronald Reagan, hatte eine Seelenpartnerin namens Nancy; die Entdecker der DNA-Struktur, James Watson und Francis Crick, dagegen waren Zwillingsflammen.

Manchmal sind auch Zwillingsflammen in Liebe miteinander verbunden, aber selbst dann ist das für das umfassendere Bild auf einen praktischen Zweck ausgelegt: Es geht um etwas, das man gemeinsam erreichen muss. Seelenverwandte sind dazu da, um gemeinsam Freude zu erleben und das Leben zu verlängern. Zwillingsflammen sind dazu da, um gemeinsam etwas zu erreichen, was keine der beiden beteiligten Personen hätte alleine erreichen können. Und man kann auch seelenverwandt und eine Zwillingsflamme sein! In diesem Fall ist es etwas ganz Offensichtliches.

(Anmerkung von Lee: Vergleiche hierzu auch Kryon-Buch 4, »Gemeinsam mit Gott«, in dem ein ähnliches Thema diskutiert wird. Kryon verweist hinsichtlich der Zwillingsflammen-Energie auch auf die Arbeit von St. Germain.)

Lieber Kryon, ich und meine beiden Schwestern sind Drillinge. Wie uns erzählt wurde, sind wir eine Seele in drei Körpern. Ich hatte allerdings geglaubt, dass jeder Körper eine getrennte Seele beherberge. Ich glaube, mein Ego ist ein bisschen beunruhigt darüber, dass ich (wenn das stimmt) kein »Individuum« bin. Kannst du mich darüber aufklären?

Einem Menschen die Vorstellung zu erklären, etwas dem Aussehen nach Singuläres könne in Wirklichkeit vieles sein, ist das Schwierigste überhaupt. Du scheinst eine Seele zu haben, weil du einen Körper hast. Wenn ihr in euren Büchern und Gemälden Engel zeichnet, dann verleiht ihr ihnen Haut und Flügel und einen Namen, obwohl sie doch multidimensionale Wesen sind!

Also glaubt ihr auch weiterhin an »Ein Körper – eine Seele«. In Wirklichkeit ist jeder lebende Mensch multidimensional und an vielen Orten gleichzeitig. Auch wenn ihr gerade diese Zeilen lest, befinden sich Teile und Stücke von euch an anderen Orten und machen etwas anderes. Ist also eine einzige Seele an vielen Orten, oder sind das viele Seelen? Die Antwort lautet: Beides. Eure Dreidimensionalität schränkt eure Vorstellung davon ein, denn alles in eurer Wirklichkeit ist singulär.

Also kann auf die Prämisse, auf der deine Frage beruht, keine Antwort gegeben werden, denn niemand auf der Erde hat *eine* Seele. Die Frage sollte besser lauten: *»Haben du und deine Schwestern gemeinsam eine einzelne, bestimmte Aufgabe?«* Wie dir deine Intuition ja schon gesagt hat, lautet die Antwort: Nein! Ihr habt vielleicht dieselben astrologischen Aspekte, aber jeder Mensch ist ein separates Stück von Gott, multidimensional und deshalb nicht singulär. Jeder ist ein anderes Stück von Gott, das auf der Erde lernt, unabhängig zu sein.

Verwirrend daran ist, was du mit deinen Schwestern teilst bzw. was ihr gemein habt. Ihr teilt einen gemeinsamen »roten Faden« der Göttlichkeit, der für jemanden mit übersinnlichen Fähigkeiten (in 4-D) tatsächlich wie »eine einzige Seele« aussehen könnte. Dieser Faden ist eure karmische Verbindung und der Grund, warum ihr alle auf diese Weise zusammengekommen seid, wie es der Fall ist. Das hat mit Potenzialen, Energien der

Vergangenheit und dem zu tun, wie das, was ihr lernen müsst, derzeit zum Ausdruck kommt. Aber es ist nicht »dieselbe Seele«.

Wir vergleichen das wieder einmal mit einer Schüssel Suppe. Sie sieht wie etwas Singuläres aus, aber in der Schüssel ist etwas Flüssiges. Ihr könnt nicht fragen, wie viele Suppen denn da in der Schüssel sind. Sie ist für alle anders, aber jede Schüssel ist etwas Singuläres. Die Suppe ist die Göttlichkeit. Lasst euch ja nicht vom Behälter zum Narren halten! Er hat vielleicht dieselbe Größe und Farbe, aber die Suppe in jeder Schüssel ist unterschiedlich und schmeckt unterschiedlich. Sie besteht aus vielen Zutaten, die eben diese Suppe ergeben. Sie kann nähren oder giftig sein. Nur die Suppe kann entscheiden, wie ihre Schwingung sein soll.

Feiere das mit mir! Bist du nicht in einer wunderbaren Situation? Die Verbindung mit deinen Schwestern ist in der Menschheit einzigartig. Nur Zwillinge und andere Mehrlinge haben das. Deshalb werdet ihr euer Leben lang miteinander »verbunden« sein. Und wenn irgendwann eine von euch geht, dann achte darauf, was passiert. Ihr werdet nach wie vor verbunden sein! Bei multidimensionalen Dingen ist das so.

FRAGEN AN KRYON

Auf eine der vorigen Fragen hast du geantwortet, ein Walk-in habe nichts mit dissoziativen Identitätsstörungen (multiplen Persönlichkeiten) zu tun. Kannst du uns etwas über Menschen sagen, die unter bipolaren und dissoziativen Persönlichkeitsstörungen oder Schizophrenie leiden? Woher kommt dieses Ungleichgewicht, und werden solche Störungen in dem Maße, wie der Planet das Männliche und das Weibliche ins Gleichgewicht bringt, abnehmen?

In Wahrheit werden die genannten Störungen sogar zunehmen. Derzeit werden sie eigentlich vom Zusammenprall der alten und neuen Energie verursacht, während sich die Menschheit im Übergang befindet. Die Dualität wird noch intensiver und stärker.

Hast du bemerkt, wie sehr der Autismus zugenommen hat? Das hat nichts mit den Medikamenten oder dem Wasser oder nicht natürlich belassenen Lebensmitteln zu tun, ihr Lieben. Es ist ganz einfach. Es hat mit einer Rekalibrierung zu tun und damit, in welche Richtung der Mensch auf der Erde geht. Bei allen großen Umbrüchen gibt es sowohl Vorreiter der neuen Energie als auch Menschen, in denen »alt« und »neu« sich vermischen und die noch nicht so weit entwickelt sind. Das sind einerseits Savants, mit denen »normale« Menschen nicht umgehen können, und andererseits Menschen mit Funktionsstörungen.

Bei jeder Evolution ist das so, und eure Biologen können das in der Sozialstruktur von Tieren sehen, deren Umfeld sich unerwartet verändert. Bei den Menschen in ihrer neuen energetischen Umgebung ist es dasselbe. Bei manchen erzeugt das Verwirrung, für andere ist es ein Segen.

Mit der Zeit wird das ins Gleichgewicht kommen, und es werden nicht mehr so viele Menschen unter diesen Symptomen leiden, die fast komplett auf den energetischen Umbruch auf dem Planeten zurückzuführen sind; stellt euch deshalb zunächst auf noch mehr davon ein.

Nun zu etwas Neuem: Ihr habt die Neigung, andere als Menschen zu sehen, die »dies oder jenes haben«, die mit »diesem oder jenem« geboren wurden, und dieses »Etikett« tragen sie dann das ganze Leben mit sich herum. Das wird sich verändern. Je mehr die neue Energie Normalität wird, desto mehr werden diejenigen, denen es in der alten Energie nicht so gut ging, sich erholen und besser fühlen! Sie sind nicht mehr »ihr ganzes Leben damit geschlagen«. Ein Autist findet sich plötzlich in einer Welt wieder, die wirklich und wahrhaftig freundlicher und weniger störend erscheint. Ihr meint dann, es »gehe ihnen einfach besser«. Für die Betroffenen ergibt jedoch nun vieles einfach mehr Sinn, und sie können endlich kommunizieren.

Bipolare Störungen und sogar Schizophrenie dürften auch weniger werden. Ihr Lieben, betrachtet das als geistige Verwirrung von »alt« und »neu«. Ein bipolarer Mensch lebt in beiden Energien, und ein schizophrener Mensch ist mit Persönlichkeiten aus der Vergangenheit und der Zukunft auf die Welt gekommen.

All das wurde von der Rekalibrierung der Energie auf dem Planeten verursacht.

Die menschliche Neigung zur Singularität aufzugeben, ist schwierig, insbesondere im Zusammenhang mit Konzepten wie der Vorstellung von einer gemeinsamen Seele. Um bei der Parabel von Evelyn, dem ewigen Baum, zu bleiben, ist meine Seele, die für mich einzigartig ist, auch ein Stück mehrerer anderer Menschen, die gerade auf der Erde leben. Das würde auch bedeuten, dass ich die Seele von anderen Menschen in mir trage, beispielweise die Seele meiner Großmutter. Jeder von uns ist somit eine Mischung aus vielen Seelen in einem physischen Körper. Doch die Akasha-Attribute, wie zum Beispiel die Persönlichkeit, Ängste, Phobien oder Talente, sind etwas für jeden Menschen Einmaliges und Einzigartiges. Unsere Akasha ist mit unserer Seele verbunden, doch wenn wir eine Mischung aus mehreren Seelen sind, wie funktioniert das denn hinsichtlich des Ausdruckes unseres Lebens, unseres Karmas und unserer Lebenslektionen?

Ihr könnt es euch so vorstellen: Eure Seele verfügt über eine *universelle* Akasha und eure Zellstruktur über eine *persönliche planetare* Akasha. Auf einer wunderschönen esoterischen Ebene, auf der die Familie an erster Stelle steht, seid ihr alle miteinander verbunden und habt eine gemeinsame Aufgabe, wozu ihr auf der Erde seid, und auch um der Galaxie zu helfen. Das »Einssein« deiner Seele ist eine wunderbare Vorstellung, doch die persönliche Akasha treibt euch zu euren Erfahrungen auf dem Planeten.

Evelyn, der ewigen Baum, hat die Wurzeln vieler Bäume und ist Teil dieser vielen Bäume. Deshalb verfügt Evelyn über die Attribute ihrer Baumart, ebenso wie die anderen. Sie hat ein bestimmtes Aussehen, wächst und vermehrt sich auf eine bestimmte Art und Weise, ebenso wie ihre ganze Familie, mit der sie verbunden ist. Sie ist tatsächlich »eins« mit all den anderen, und sie alle haben gemeinsam dieselben Attribute.

Doch Evelyn ist vielleicht von Schädlingen befallen, unter denen nur sie leidet, und vielleicht steht sie neben einem Fluss,

mit dem sie sich herumschlagen muss, weil er ihr starkes Wurzelwerk untergräbt. Außerdem will ein Mann sie fällen, um Platz für eine Hütte zu schaffen. Seht ihr, wie das funktioniert? Sie ist »eins« mit den anderen, aber getrennt in ihrem eigenen Raum.

Bei den Menschen ist es dasselbe, nur mit mehr Zweckgerichtetheit und einer komplexeren energetischen Interaktion. Ihr alle seid »eins« mit Spirit und teilt das miteinander über eure Seele, aber im Rahmen eures freien Willens und eurer Akasha-Erfahrungen seid ihr etwas Einzigartiges und Einmaliges.

Ich möchte die vorherige Frage weiterführen: Meine Seele ist potenziell auch auf der Erde in mehreren anderen physischen Körpern. Sich diese Möglichkeit vorzustellen, ist unglaublich schwierig, eben wegen unserer Neigung zur Singularität. Würde das erklären, warum ich über meine Akasha Gefühle und Emotionen verspüre, die nahelegen, dass ich gleichzeitig an unterschiedlichen Orten und unter verschiedenen Umständen gelebt habe?

Ich möchte hier eines klarstellen: Deine »Einheitsseele« könntest du mit vielen anderen gemeinsam haben, aber das Individuum, das du bist, das bist einfach nur *du*. Auch die anderen haben ihre eigenen individuellen Akasha-Erfahrungen, ihr Alter und ihre Lebensaufgabe. Jawohl, es besteht die Neigung zur Vorstellung, eine Seele miteinander zu teilen, bis ihr versteht, was das bedeutet.

Ihr könnt euch vorstellen, ihr teilt euren »Gottesteil« mit vielen anderen, die sich ebenfalls der wunderschönen Verbindung zu Spirit bewusst sind – so wie ihr. Deshalb teilt ihr miteinander die »Energie der schöpferischen Güte«, die euer Kern ist, und die »Einheit« in allem. Aber ihr teilt *nicht* eure Persönlichkeit, und von eurem einzigartigen Selbst gibt es wirklich nur *eins*.

Der *Ozean* ist Mutter Natur, aber auch die *Berge* sind Mutter Natur. Sie sind völlig verschieden, und doch kann man sie betrachten und sagen: *»Ist Gaia nicht wunderschön?«* Genauso könnte man eine Gruppe von euch anschauen und sagen: *»Ist Spirit nicht wunderbar?«* Das ist dasselbe. Ihr habt dieselbe »Seelengruppe« gemein, aber ihr habt auch ganz individuelle Attribute für euer ganz individuelles und einzigartiges Leben.

Lasst euch davon nicht verwirren, denn es ist kein solch großes Rätsel, wie ihr meint.

Während eines Channelings auf einer Veranstaltung der Lemurischen Schwesternschaft mit Dr. Amber Wolf wurde enthüllt, dass die Plejadier Kinder ohne Schmerzen gebären konnten. Sie entschieden sich jedoch dafür, das gesamte Spektrum an Energie während der Geburt zu erfahren (auch die Schmerzen), weil das eine einzigartige Erfahrung war, durch die die Mutterschaft noch vertieft wurde. Menschen sterben an vielen verschiedenen Todesursachen; manche sterben friedlich im Bett, andere erleiden einen langsamen, qualvollen Tod aufgrund einer tödlichen Krankheit, und wieder andere durchleben ein fürchterliches Trauma und schreckliche Gewalt. Werden sich mit dem Aufstieg unseres Planeten diese Vielfalt und dieses Attribut verändern? Wie war das für die Plejadier?

Die Evolution des Menschen wird schließlich zu großer Weisheit führen, sogar zu einer größeren als die der Meister. Ihr werdet euch nicht nur auf der biologischen Ebene weiterentwickeln, denn die durch diese neue Energie erlangte DNA-Effizienz wird sich hauptsächlich in eurem Handeln und Denken und weniger in körperlichen Veränderungen zeigen.

Mit zunehmenden Fortschritten werdet ihr sehr viel mehr Kontrolle über eure Zellen haben. Wer den Wunsch hat, schnell zu gehen, kann sich willentlich einen friedlichen Tod bescheren. Ihr könnt euch viel besser heilen, und das Angeborene wird euer Freund sein. Ihr werdet »wissen«, was in euch vorgeht, und in der Lage sein, damit zu arbeiten.

Die Plejadier waren irgendwann in der Lage, die Physik mit ihrem Geist zu kontrollieren. Das ist nichts anderes als das, was manche Meister der Erde euch gezeigt haben. Das ist keine Zauberei, sondern die Weiterentwicklung des gesunden Menschenverstandes; damit ging gesunde Weisheit einher, ebenso wie das,

wovon du in Bezug auf die Geburt gesprochen hast. Aber ich möchte diesen Kreis des Wissens für euch schließen:

Wenn die DNA mit einer Wirkungskraft von mehr als 80 Prozent arbeitet, dann lebt ihr sehr lange, so lange, dass viele gar nicht mehr an den Tod denken. Der Tod kommt eben, wenn er kommt, aber das dauert manchmal mehr als tausend eurer Jahre, und zwar hauptsächlich deshalb, weil das zelluläre Verjüngungssystem viel besser funktioniert, als das derzeit bei euch der Fall ist. Ein Körper, der sich mit einer Wirkkraft von 80 Prozent verjüngt, kann sehr, sehr lange leben. Manche werden sogar in der Lage sein, sich in einen nicht körperlichen Zustand zu versetzen (in dem Wissen, dass das nicht rückgängig zu machen ist), um ewig zu leben. Das ist wirklich und wahrhaftig eine ganz andere Kultur; der Reinkarnationsprozess wird dann nicht mehr benötigt, und ihr alle seid dann alte Seelen, von denen manche sogar den Tod aufheben und außer Kraft setzen.

Also versetzt euch an diesen einzigartigen Ort, wenn ihr das könnt. Geburt ist nicht mehr vonnöten, und die Rasse muss auch keine Kinder mehr bekommen, um auf der chemischen Ebene zu überleben. Es werden natürlich nach wie vor Kinder geboren werden, aber lange nicht so viele. Die Rasse muss die Blutlinie wieder auffüllen, wenn manche dann doch sterben. Vor langer Zeit schufen sie mit ihrer kollektiven Weisheit ein Bevölkerungswachstum von unter null Prozent. Es gibt keine »Regeln«, wer Kinder bekommen darf, und auch keine »Regeln«, wie viele jemand bekommen sollte. Vielmehr weiß die kollektive Weisheit der vielen intuitiv, was zu tun ist. Es gibt keine chemische Geburtenkontrolle. Die Frauen bringen ihre Zellen mit ihrem »Willen« dazu, nur dann fruchtbare Eier zu produzieren, wenn sie Kinder bekommen wollen. Der hoch entwickelte Körper hat sich selbst unter Kontrolle und verfügt über die vollständige Kommunikation mit dem Angeborenen. Und noch eine Anmerkung: Die Frauen entscheiden, ob die Bevölkerung wachsen soll oder nicht.

Kinder werden auf natürliche Weise geboren, um den natürlichen Prozess zu respektieren. Die Schmerzen der Geburt werden als Ehrenabzeichen betrachtet, sie sind erwünscht und werden gefeiert. Und das Gebären steht nur Frauen zu, und die Männer können etwas feiern, was sie nicht können, selbst wenn sie es wollten. Den Unterschied zu beschreiben zwischen dem, wie es für euch ist, und dem, wie es für eine vollkommen entwickelte Rasse ist, ist schwierig.

So ist Weisheit. Wenn man eine höher entwickelte Weisheit von einem Platz aus betrachtet, der diese Weisheit nicht hat, ist das oft wie der Blick auf das Meer. Hinter der Schranke der Oberfläche sind ungeheure Prozesse am Laufen, es gibt eine überwältigende Fülle an Leben; Systeme, von denen ihr nichts wisst; eine Tiefe, die ihr mit den Augen nicht ermessen könnt. Und doch sieht es nur wie eine ruhige Wasseroberfläche aus ..., und ihr könnt nun einmal nicht sehen, was ihr nicht sehen könnt.

Zum Abschluss

Vielen Dank, dass Sie sich mit auf diese Reise begeben haben, um die Geheimnisse zu enträtseln, die uns von der anderen Seite über unsere Seele offenbart wurden. Hoffentlich hat das Ihre Wahrnehmung verändert und Sie sind sich nun der Ewigkeit Ihrer Existenz bewusst. Während ich mir überlegte, wie ich die ganzen Informationen über unsere Seele abschließend zusammenfassen könnte, erhielt ich einen Anruf von Lee. Er bereitete gerade das letzte Treffen des Jahres 2014 in San Rafael/Kalifornien vor und wollte wissen, ob Kryon vielleicht noch etwas Hilfreiches zum Buch beitragen könnte. »Machst du Witze?«, fragte ich ihn, aber er beteuerte, er meine es durchaus ernst. Und so wünschte ich mir von Kryon eine Erklärung, wie die neun Attribute des Menschen, Seelenkommunikation und Seelenreisen zusammenpassen. Ich denke, die Eleganz und Schönheit von Kryons abschließenden Worten zu diesem Buch wird Sie begeistern.

Wir wollen die Informationen über die menschliche Seele noch einmal durchgehen: Die Seele gehört nicht zum physisch-körperlichen Teil, hat aber ihren Wohnsitz in eurem Körper. Das hat nichts mit Chemie zu tun und auch nichts mit Synapsen (des Gehirns), ebenso wenig mit Intuition und mit nichts von dem, was ihr studiert und erforscht habt. Ihr könnt das noch nicht verstehen, denn es passt in keine eurer dreidimensionalen »Wissenschaftsschubladen«. Die Seele ist ein Stück des Schöpfers – der schöpferischen Quelle, die verantwortlich ist für »alles, was ist«.

Vor langer Zeit erschuf die schöpferische Quelle ein wunderschönes System der Güte und des Wohlwollens, und dazu brauchte sie ein Universum. Und so gibt es jetzt Galaxien und Planeten und Leben. Mit der Zeit wurde all dies zusammengefügt, und zwar so, wie es richtig war, und nicht einfach zufällig. Die schöpferische Quelle, die den Planeten erschaffen hat, umgibt euch nach wie vor. Die Galaxie, in der ihr lebt, befindet sich auf bestimmte

Art und Weise auch in eurem Inneren und verbirgt sich, denn es gehört zu eurer Prüfung auf dem Planeten, aus freiem Willen herauszufinden, was da ist. Um sie noch besser zu verbergen, könnt ihr nur mit einem gewissen Prozentsatz an Informationen wirklich etwas anfangen und wisst nicht einmal, dass ihr nicht alles wisst. Ihr seid euch ihrer Größe und Großartigkeit nicht wirklich bewusst, sondern nur auf intuitiver Ebene, denn intuitiv »spürt« jeder Mensch, dass da noch mehr ist.

Ihr lieben Menschen, soweit ihr eure Geschichte zurückverfolgen könnt, kamt ihr auf den Planeten und begabt euch aus einer inneren Intuition heraus auf die Suche nach dem Schöpfer, und zwar, weil die Plejadier kamen und euch veränderte DNA einpflanzten sowie das Wissen von Licht und Dunkelheit eingaben. Das ist die Schöpfungsgeschichte, und diese Bewusstheit lässt euch nach der Quelle von allem suchen.

Die menschliche Seele durchdringt alles von euch. Sie ist *nicht lokalisierbar* und *reine multidimensionale Energie* – eine über alle Maßen heilige Energie, unermesslich und mit euren Maßstäben nicht messbar. Ihr habt kein Wort dafür und auch keine Farben, denn sie steht viel zu weit über jeglicher Sinneswahrnehmung, die ein Mensch je haben kann. Doch ihr fühlt und spürt die Liebe, die darin steckt. Ihr könnt es überhaupt nicht erklären, es liegt außerhalb eures Denk- und Vorstellungsvermögens. Ihr könnt eure Seele einfach nicht erklären, ebenso wenig wie den Schöpfer. Aber ihr wisst, sie ist da.

Eure Seele hat kein Geschlecht. Sie ist generisch, wunderschön und voller Glanz und Herrlichkeit – und sie ist in jedem. Ihr Lieben, sie ist in mir. Ich bin kein Mensch, und doch ist sie in mir! Ich spreche zu euch voller Respekt und Dankbarkeit. Ich war niemals ein Mensch, und manchmal kann ich gar nicht glauben, was ihr alles durchmacht. Und was mich erstaunt, ist, dass ihr euch dazu bereit erklärt und den »Vertrag« unterschrieben habt! Doch die Seele ist größer als alles, was ihr euch vorstellen könnt. Sie ist der Motor des Mitgefühls für das Universum.

Die DNA-Verbindung

Ist die Seele Teil eurer DNA? Ja, natürlich. Eure DNA ermöglicht, dass jeder Mensch auf bestimmte Art und Weise Träger von Seelenenergie ist. Ich habe euch die Schichten genannt, in denen sie sitzt, aber das ist nicht alles. Sie steckt in jeder chemischen Substanz in eurem Körper. Sie steckt auf euch unbekannte Weise in der Energie eures Bewusstseins. Man kann dazu auf euch unbekannte Weise Zugang haben, und sie liebt euch über alle Maßen. Ich kann euch nicht sagen, was sie ist, denn – noch einmal – ihr könnt euch das nicht vorstellen und es nicht begreifen. Aber stellt euch einmal die wunderschönsten Farben vor, die ihr jemals gesehen habt – das wäre die »Verpackung«, in der sie zu euch kommt. Die allergütigste Kraft, die ihr jemals gespürt habt, wäre das Tor zur Seele. Die stärkste Liebe, die ihr jemals jemandem entgegengebracht habt bzw. die euch jemals geschenkt wurde, das wären ihre Begrüßungsworte für euch. Sie übersteigt alles, was ihr jemals auf dem Planeten erfahren habt, und die Plejadier wussten und verstanden das. Mit Zustimmung der schöpferischen Quelle haben sie euch vor langer Zeit dieses Geschenk gemacht. Eure DNA wurde verändert und deshalb habt ihr jetzt 23 Chromosomenpaare.

Ihr Lieben, was ich euch heute durchgebe, wird sich für viele haarsträubend und über die Maßen seltsam und eigenartig anhören. Darauf sind wir vorbereitet, aber viele von euch müssen es hören. Ich spreche hier zu alten Seelen, die persönlich anwesend sind oder später diesen Worten lauschen. Nicht alle werden damit etwas anfangen können, aber viele können die Wahrheit meiner Worte spüren. Ich möchte euch sagen, wer ihr seid; ich habe euch diese Informationen bislang so noch nicht übermittelt, doch jetzt müsst ihr sie hören.

Der Anfang

Als die Menschheit so weit war, die Saat von den Plejadiern zu empfangen, gehörtet ihr einfach zu den Tieren auf dem Planeten und befandet euch auf der vorgesehenen und geplanten Stufe der Evolution. Ihr standet tatsächlich ganz oben auf der Entwicklungsleiter, wart viel weiter als die Höhlenmenschen, und ihr wart so weit. Ihr saht aus wie heute und habt euch auch so verhalten wie heute. Doch gemäß dem Plan wart ihr bereit. Im Zeitplan der Evolution ist das noch gar nicht so lange her. Ihr wart Menschen, die bereit waren, etwas zu empfangen, was nur wenige Planeten bekommen haben, und ihr hattet 24 Chromosomenpaare (wie die Affen, die auf der Evolutionsleiter direkt unter euch stehen).

Dieser Prozess nahm vor 200.000 Jahren seinen Anfang. 100.000 Jahre hat es gedauert, den Prozess überhaupt erst einmal vorzubereiten, bis es nur *eine Art* von Menschen gab (anstatt viele wie bei den anderen Tieren). Selbst eure Wissenschaftler fragen sich, warum es beim Menschen keine Varietät gibt, wie das in der Natur bei allem anderen der Fall ist. Doch hier ist die esoterische Frage: Als der Zeitpunkt gekommen war, Lemurien zu errichten, und der Samen ausgebracht wurde, wie es geschah – wer war eurer Meinung nach wohl da, um die Saat zu empfangen? Meint ihr, es waren einfach nur normale Menschen, die sich durch den biologischen Evolutionsprozess auf der Erde entwickelt hatten? War es einfach ein anderes Tier, welches zufällig zu Adam und Eva des Planeten wurde? Die Antwort lautet: Nein. *Ihr* wart es, und ihr habt euch von den Plejaden in genau diesem Moment inkarniert!

Ich will euch etwas sagen: Reinkarnation ist nicht auf diesen Planeten beschränkt. Das war euch klar, nicht wahr? Ihr musstet ja schließlich von irgendwoher kommen. Woher kommen die Seelen angesichts eures exponentiellen Bevölkerungswachstums? Die Antwort muss lauten: Von woanders. Spirituelles Leben entsteht nicht aus dem Nirgendwo. Seelen warten und sind bereit dafür, Teil dieses Planeten zu werden.

Reinkarnation gibt es auf anderen Planeten schon seit Jahrmillionen, schon viel länger als 200.000 Jahre. Ihr kamt von

den Plejaden! Ihr habt zugestimmt, das, was ihr bereits entwickelt hattet, wieder aufzugeben und erneut in einer einfachen Form zurückzukommen und die Samen zu empfangen, und zwar, weil ihr chemisch für die sogenannten *Seelenerinnerungen* bereit wart. All das, wovon ihr noch nie etwas gehört habt, musste seine Richtigkeit haben, damit die Saat ausgebracht werden konnte. Denn das Verschmelzen der DNA in die 23 Chromosomenpaare musste bei euch funktionieren und der biologische Körper musste so weit sein, dass das nicht zu viel für ihn war.

Die Schöpfungsgeschichte

Das ist sozusagen eure Schöpfungsgeschichte. Wir wollen es einfach machen, damit ihr das mit der Mythologie zusammenbringen könnt.

Adam und Eva waren etwas Besonderes; *ihr* wart das! Sie waren gerade von einem anderen Ort gekommen (hatten inkarniert) und waren bereit, das Wissen von Licht und Dunkelheit zu empfangen. Das war kein willkürlicher oder zufälliger Prozess, und auch in euren Heiligen Schriften steht das so geschrieben. Das wart *ihr*. Ihr seid nicht einfach nur alte Seelen, sondern ganz besondere alte Seelen. Ihr kamt von den Plejaden, einem Sternensystem, wie ihr es nicht glauben würdet. Ihr kamt von allem zu fast nichts, und zwar, weil ihr das Potenzial erkannt hattet, wie es sich heute darstellt. Wie viele Leben habt ihr im Laufe der letzten 100.000 Jahre gelebt? Was habt ihr alles durchgemacht, um an den Punkt zu kommen, an dem ihr heute steht? Ganz ungeheuer vieles!

Ich möchte euch sagen, wohin das geht und wohin es gehen könnte. Dann möchte ich euch ein paar Zeitrahmen aufzeigen; ich will euch nicht erschrecken damit, wie überaus lange es dauern wird. Doch ich möchte euch aufzeigen, was potenziell geschehen kann, und an dem Punkt wird es seltsam.

Leben in der Galaxie

Glaubt ihr, dass es in eurer Galaxie noch anderes Leben gibt? Wenn ihr auf einen Beweis dafür wartet, dann solltet ihr mit dem Lesen am besten gleich aufhören, denn es wird noch eine ganze Weile dauern, bis der benötigte Beweis erbracht wird. Einiges ist allerdings offensichtlich und liegt auf der Hand.

Als ihr noch jung wart und an den Strand gegangen seid, habt ihr da einen Beweis dafür gefordert, dass es auch noch andere Strände auf dem Planeten gibt? Und wenn ja, habt ihr dann gesagt: *»Es gibt keine, bis ich es beweisen und sie alle sehen kann!«*? Oh nein, ihr habt euch einfach zusammengereimt, dass es mit dem Meer eben so ist – überall. Es gibt Zehntausende von Stränden, auch wenn ihr nur einen seht; das sagt euch euer gesunder Menschenverstand. Genauso ist es mit dem Leben in der Galaxie – überall. Es ging überall wie auf der Erde vor sich, es ist derselbe Prozess. Die Vorstellung, ihr wärt die einzigen Lebewesen, ist wider jeden gesunden Menschenverstand. Und dennoch sagt ihr vielleicht: *»Mit dieser Vorstellung habe ich echt so meine Probleme …«* Wenn dem so ist, dann gehört ihr zu den Menschen, die darauf programmiert worden sind, eher die Schöpfungsmythologie zu akzeptieren als wissenschaftliche Wahrscheinlichkeiten. Das soll kein Urteil sein, aber eventuell schiebt ihr damit eure Selbsterkenntnis in ihrer ganzen Größe noch weiter in die Zukunft.

Wenn ich von Plejadiern spreche – wen stellt ihr euch dann vor? Vielleicht ein Geschöpf in humanoider Gestalt, nur ein bisschen größer und sehr weise? Womöglich kommen sie in Fahrzeugen hier an oder (schluck) von einem Moment auf den anderen ohne irgendwelche Beförderungsmittel? Und wenn Letzteres der Fall sein sollte (und tatsächlich ist es so), woran könnt ihr erkennen, was sie haben und ihr nicht?

Die Sieben Schwestern

Ich möchte euch ein Bild von euren Samen-Eltern zeichnen: Das Sternbild der Plejaden, die Sieben Schwestern, besteht eigentlich aus neun Sonnen, davon sind drei bewohnbar (und wurden irgendwann auch von den Plejadiern besiedelt). Seit zwei Millionen Jahren ist dies eine Gesellschaft, die aus erleuchteten Humanoiden besteht. Überlegt einmal einen Moment: Ihr habt gerade einmal 200.000 Jahre hinter euch, und 100.000 davon gingen damit herum, euch den Samen richtig einzupflanzen. Eigentlich begann für euch alles erst vor 50.000 Jahren – in Lemurien und anderen damit verbundenen Orten. Und die Plejadier sind, wie ich euch gerade erzählt habe, schon seit zwei Millionen Jahren dabei.

Diese Gesellschaft ist demnach achtmal so alt wie ihr – achtmal! Sie durchliefen dasselbe wie ihr, fast bis aufs i-Tüpfelchen! Sie wuchsen heran und entwickelten sich weiter so wie ihr, und auch für sie gab es einen Zeitrahmen. Sie erreichten den aufgestiegenen Status, wie ihr das gerade tut, und alles veränderte sich für sie. Es gibt sie seit zwei Millionen Jahren, und eine geraume Zeit davon (ungefähr 10.000 Jahre) verbrachten sie damit, sich gegenseitig umzubringen.

Kommt euch das bekannt vor? Sich gegenseitig umbringen! Oh ja, sie spielten auf dem Spielplatz des Bewusstseins, bewarfen sich mit Steinen und beschimpften sich – keine elegante Reife weit und breit, während sie in der Dunkelheit waren ... Das sind genau dieselben Probleme, die ihr mitgemacht habt. Sie überschritten die Schwelle und begannen, Informationen zu empfangen, genau wie ihr.

Die Attribute der Plejadier

Ihr Lieben, ihre DNA hat dieselbe Struktur wie die eure; nur die chemische Anzahl ist unterschiedlich. Das habt ihr wahrscheinlich schon gewusst. Das ist überall in der Galaxie anzutreffen, denn die Grundlagen, wodurch das hier entstanden ist, haben es überall entstehen lassen. Es ist der galaktische Grundbaustein des Lebens, der auch in eurem Sonnensystem existiert, und eines Tages, wenn ihr in der Lage seid, an all die von euch beobachteten Orte zu reisen, werdet ihr das sehen. Ihr werdet DNA finden! Und dann habt ihr das »Aha-Erlebnis« und beginnt zu verstehen, dass dieser natürlich auftretende Lebensprozess überall zu finden ist.

Mit zunehmender Reife und zunehmendem Wachstum wurde die plejadische DNA lebensfähiger, ihr Wirkungsgrad nahm zu: 44%, 54%, 55%, 66%, 77%, 88%. Ich sage euch, was bei 88 Prozent passiert: An diesem Punkt beginnt ihr, mit der Seele zu verschmelzen. Ihr seid auf Göttlichkeit ausgelegt! Wusstet ihr das? Ich sage euch noch etwas: Ihr seid auf ewiges Leben angelegt, auf eine sich erneuernde Biologie. Jede Zelle macht immer weiter und weiter, insbesondere eure innere Göttlichkeit. Wenn die DNA ihren Wirkungsgrad erhöht, entstehen durch Zellverjüngung neue Zellen aus den ursprünglichen Stammblaupausen und nicht, wie derzeit, aus Kopien. Diese Zellstruktur wird eigentlich niemals alt. Ihr werdet niemals alt!

»Kryon, das hört sich echt gut an, aber was ist mit der Überbevölkerung, wenn eine Zivilisation überhaupt nicht älter wird?« Ich will euch einen Hinweis geben: Die Plejadier haben drei Planeten. Sagt euch das was? Ihr lernt, euch herumzubewegen, und ihr lernt etwas über das Universum. Es ist kein Thema und überhaupt kein Problem, sondern wird zu einer wunderschönen, ganz einfachen Wahl und Entscheidung. Außerdem könnt ihr euch mit göttlicher Weisheit entscheiden, euch nicht fortzupflanzen – die höchste Entscheidungsfreiheit im Hinblick auf die Geburtenkontrolle und mit kollektiver Weisheit.

Plejadier kommen in eurem Leben einem Engel am nächsten. Sie funktionieren mit einem DNA-Wirkungsgrad von 88 Prozent. Sie kontrollieren die Physik, und zwar auf natürliche Weise und nicht mit irgendwelchen Gerätschaften. Sie haben sich mit allem verschränkt, womit sie sich verschränken wollen [Verschränkung im physikalischen Sinne]. Die menschliche Seele ist göttlich, und Physik ist in ihrem Kern – mit weiser Kontrolle über alles. Der Schöpfer ist die Seele. Die schöpferische Quelle ist der Meisterphysiker des Universums. Wenn ihr davon 88 Prozent nutzen könnt, habt ihr über alles die Kontrolle. Diese Saat tragt ihr in euch. Klingt das vertraut? Was haben manche der Meister des Planeten an Außergewöhnlichem so alles vollbracht? Nutzt euren gesunden Menschenverstand: Sie hatten Kontrolle über die Physik. Ein Wunder? Meisterähnliche Fähigkeiten sind vielleicht nur das, wozu eine DNA mit einem 88-prozentigen Wirkungsgrad fähig ist.

Die Plejadier empfingen die Saat von anderen. Wir haben schon von Orion und Arkturus gesprochen. Das sind die Namen eurer »Saat-Großeltern«. Und es gibt einen, der diesem Namen noch vorausgeht und von dem ihr noch nie etwas gehört habt. Denkt einmal über den zeitlichen Rahmen nach, dann sollte das einen Sinn ergeben. Euer Planet ist über vier Milliarden Jahre alt. Wo wart ihr? Ihr seid sozusagen das neue Kind im Viertel! Ihr seid echt neu! Überlegt einmal, was in eurer Galaxie vor sich ging, während die Erde abkühlte. Wisst ihr, wie lang eine Million Jahre sind? Stellt euch vor, was da alles passierte ..., dieses Leben, das seine eigenen Zyklen durchlief. Das ist gesunder Menschenverstand und erfordert gutes Wahrscheinlichkeitsdenken der sogenannten Wissenschaftler.

Ihr Lieben, dies ist im Moment der einzige Planet mit einem freien Willen in dieser Galaxie, und jeder ausgewählte Planet hat dieses Attribut – immer nur einer auf einmal. Ihr habt gerade eine wichtige Schwelle überschritten, und sämtliches Leben in dieser Galaxie mit göttlicher DNA weiß über euch Bescheid. Das Signal wurde im Dezember 2012 ausgesandt. Ich sage euch, was dadurch bewirkt wird: Es bringt Jubel, Hoffnung, Besucher und Hilfe. Das wahre System der Reife beginnt. Das war in eurer Wahrscheinlichkeit nichts Selbstverständliches, ja, ihr habt es sozusagen im letzten Moment geschafft!

Spirituelle Evolution

Mein Partner hat den ganzen Tag zu euch über spirituelle Evolution in der Zellstruktur des Körpers gesprochen. Diese Evolution baut nach und nach eine symbiotische Beziehung zwischen eurer

DNA, eurer Akasha und eurer Intuition auf. Über all das hat er gesprochen, aber von der Seele war dabei nie wirklich die Rede, und zwar, weil wir ihm das noch nicht durchgegeben haben. Das System der spirituellen Evolution wirkt durch die Seele. Punkt. Es wirkt nicht durch die Zirbeldrüse oder das Gehirn. Die Zirbeldrüse spürt das Höhere Selbst. Die Intuition spürt das Höhere Selbst. Doch die Seele ist die Energie, die die Informationen liefert. Die Seele ist mit den Gitternetzen verbunden.

Eure menschliche Seele ist und war schon immer der Katalysator für die Aufstiegsenergie, für die ihr nun bereit seid. Ihr empfangt sie nicht durch den menschlichen Anteil der Zellstruktur; das geht nicht.

Viele Planeten schaffen es nicht und zerstören sich, weil das »Erwachsenwerden« und Heranreifen einer ganzen Zivilisation ein Prozess des freien Willens durch nicht zelluläre Systeme ist.

Unterschiedliche Arten von »Erinnerungen«

Die sich öffnenden Zeitkapseln [vgl. hierzu das Kryon-Channeling vom 9. Februar 2013, einsehbar unter: *http://www.kryon.com/CHAN%202013/k_channel13_saltlake.html*], die von den Plejadiern aktiviert wurden, werden von mehreren Teilen eurer selbst »gesehen« – ein Teil davon über die Gitter, und ein Teil über euren Seelenteil. Dieser Seelenteil kann nur dann involviert werden, wenn ihr auf die 44 Prozent (Wirkkraft der DNA) zusteuert; das ist für ihn das Signal, sich voll zu entfalten. Durch spirituelle Evolution wird etwas verstärkt, worüber wir bislang nie gesprochen haben, was ihr aber zunehmend spürt. Wir wollen es »Seelenerinnerungen« nennen. Ihr beginnt, euch an Dinge zu erinnern, die über das Irdische hinausgehen!

Der Hauptteil eurer Akasha umfasst nur Erinnerungen von der Erde. Dazu möchte ich euch etwas sagen. Vor langer Zeit haben wir euch erzählt, was mit euren Akasha-Erinnerungen geschieht, wenn ihr den Schleier durchschreitet. Sie verbleiben hier auf der Erde, in der Höhle der Schöpfung, einer kristallinen Substanz, die alles erinnert bzw. abspeichert; ihr habt sozusagen euren eigenen Kristall, der auf dem Planeten bleibt. Wenn eure Seele zurückkommt, holt sie die Informationen ab, steckt sie in eure DNA, und schon geht's los mit einem neuen Reinkarnationsabenteuer. Anders ausgedrückt: Eure Akasha verbleibt hier auf dem Planeten.

Ich frage euch also: Wenn das so ist, warum erinnern sich manche von euch daran, wer sie auf einem anderen Planeten waren? Die Antwort: Manche von euch erinnern sich an die plejadische Energie und daran, dass sie das alles schon einmal mitgemacht haben! Manchen gibt das Hoffnung, denn sie wissen, was passiert ist. Vor langer Zeit habt ihr eine zu 88 Prozent aktive DNA gekannt, und deshalb seid ihr hier. Dieses Erinnern ist Voraussetzung dafür, dass all das hier geschehen kann, und ihr werdet es nicht verpassen! Wer weiß, wie lange das noch dauert? Es ist egal, denn ihr werdet die ganze Zeit hier sein. Das ist Seelenerinnerung, nicht das Erinnern der Zellen auf DNA- und Akasha-Ebene. Seelenerinnerungen haben mit allem Leben zu tun, überall. Und irgendwann erinnert ihr euch vielleicht sogar daran, dass ihr ewig seid.

Wer wart ihr vor fünf Millionen Jahren? Auch das wird euch wieder einfallen. Wollt ihr wirklich wissen, wo eure Seelen herkommen? Die Antwort lautet: Von allen Planeten mit einem freien Willen, die aufgestiegen sind. Sie kommen nicht vom Himmel aus irgendeinem Seelenbrunnen der schöpferischen Quelle. Sie kommen von anderen Orten, die dasselbe durchgemacht haben, ihr Lieben. Das seid ihr. Doch diejenigen hier im Raum und diejenigen, die diesen Worten lauschen oder sie lesen, wären nicht hier, wenn sie nicht ein bestimmtes Attribut der Seelenerinnerung hätten, welches bereits am Wirken ist.

Die Anziehungskraft der Zukunft

Dieses Attribut spiritueller Reife ist so anziehend, ihr Lieben, dass ihr es nicht einfach lassen könnt. Ihr *wisst,* wie es sich anfühlt, an einen Ort zu gelangen, wo ihr eins seid mit Gott.

Ihr wart bereits dort und habt das gemacht, und ihr habt als Erste auf dem Planeten die Saat empfangen. Jetzt beginnt ihr, zu erwachen und euch ein bisschen daran zu erinnern, wie das war – nur ein bisschen.

Ihr habt damit zu kämpfen, ein Mensch zu sein, doch gleichzeitig wisst ihr, was da womöglich vor euch liegt und was ihr tun könnt. Manchmal seid ihr darüber verzweifelt und frustriert, und manchmal kommt es auf der chemischen Ebene zu Unausgewogenheiten. In den letzten zwei Jahren sind viele sogar verstorben; vielleicht auch Freunde von euch? Ihr wart nicht dafür bereit. Vielleicht eure Partner? Für den Fall, dass ihr das noch nicht gehört habt, möchte ich euch etwas sagen: Sie sind wieder da! Sie sind gegangen, um jetzt mit der neuen, frischen Energie ein unbeschriebenes Blatt zu sein. Sie mussten gehen, um für eure Rückkehr den Weg zu ebnen, ihr Lieben, aufgrund der Ereignisse des Jahres 2012. Ihr früher Abschied war geplant, um den Weg für eure Rückkehr zu ebnen.

Hier ist ein großartiges System am Wirken, das weit mehr ist als Güte und Wohlwollen, ein System, welches den Duft der höchsten Liebe der schöpferischen Quelle mit sich bringt; ihr könnt euch das gar nicht vorstellen. Es quillt über vor lauter Respekt und Ehrerbietung euch gegenüber und wartet darauf, dass ihr eins werdet mit Gott.

Und es geht sogar noch darüber hinaus: Mit zunehmender Wirkkraft eurer DNA bringt eure Seele noch mehr Schöpfer-Energie von der Zentralen Quelle mit sich. Das ist die Weiterentwicklung des menschlichen Spirit und geht weit über die Biologie und das Bewusstsein hinaus: Ihr schüttelt die Hand der schöpferischen Quelle des Universums.

Der richtige Zeitpunkt: immer das Problem

Damit möchte ich diese einfache Geschichte über die Seele abschließen. Ihr wisst nun, was geschieht. Womöglich möchtet ihr gerne noch einmal hören, »wie lange es dauern wird«.

Zu lange. [Lächeln.] Ihr Lieben, das ist erst der Anfang. Ihr befindet euch im Jahr zwei [2013 war das Jahr der Rekalibrierung, 2014 das Jahr eins].

Nach und nach werdet ihr sehen, wie die Menschen spirituell heranreifen. Das haben wir immer wieder gesagt. Das, was heute an der Menschheit so aus dem Gleichgewicht ist, wird ins Gleichgewicht kommen und im Laufe der Zeit heranreifen. Und schließlich werden sich die Veränderungen in allen Aspekten zeigen – sogar in der Politik.

Ausgewogenheit, Mitgefühl und Weisheit werden zum Vorschein kommen. Wenn ihr das nächste Mal reinkarniert, werdet ihr euch daran erinnern, wer ihr seid, das verspreche ich euch. Ihr werdet euch vielleicht nicht an euren Namen erinnern oder an den Menschen, der ihr wart, aber daran, dass ihr hier wart und zurückgekommen seid. Und ihr macht an dem Punkt weiter, an dem ihr aufgehört habt. Ihr werdet ein weises »altes« Kind sein, viel weiter entwickelt als alle Kinder, die ihr heute kennt, und ihr werdet nicht mehr die gleichen Fehler machen wie dieses Mal – keinen davon.

Das ist neue Weisheit, und sie kommt mit euch auf den Planeten. Die Erinnerungen der Seelen werden viel mehr als die normalen Akasha-Erinnerungen für eure Sicherheit sorgen, und eure Kinder werden das in sich tragen, was ihr in euch tragt.

So wird es funktionieren. Die Erinnerungen der Seele werden nicht nur Frieden auf Erden bringen, sondern auch den Aufstieg der Erde!

Ist euch das zu esoterisch? Das ist in Ordnung. Ich habe viel Zeit und kann warten, bis ihr es verstanden habt. Wir können darauf zurückkommen – in ungefähr einer Million Jahren.

Und so ist es.

Kryon
(Live-Channeling »Offenbarungen über die menschliche Seele«, durchgegeben in San Rafael/Kalifornien, 13. Dezember 2014; http://www.kryon.com/CHAN%202013/k_channel13_saltlake.html)

Im obigen Channeling wird noch einmal klargemacht, dass die Menschheit trotz ihrer langen Geschichte nichts gelernt hatte außer Krieg, Töten und Erobern. Entweder es musste sich etwas verändern oder das oft prophezeite Armageddon würde den Untergang der Menschheit herbeiführen. Und es geschah tatsächlich etwas: Wir haben uns verändert und die Schwelle des Jahres 2012 überschritten. Und so nimmt die Seele nun die Last spiritueller Entwicklung auf sich und treibt uns dazu an, mehr darüber zu lernen, was die Seele wirklich ist. Das wird uns Frieden auf der Erde und darüber hinaus bringen.

Laut Kryon wird die menschliche Seele in der nächsten Phase der spirituellen Evolution die Hauptrolle spielen – was bislang nicht der Fall war. Wie die Geschichte zeigt, hatten wir bislang keine Weisheit entwickelt. Der Kreislauf des Eroberns und Tötens hat sich immer wieder von Neuem gedreht. Jetzt sind wir in der Lage, die Seele mit unserem Bewusstsein zu integrieren – wir verfügen über Seelenreife. Und uns stehen eine neue Gabe und ein neues Werkzeug zur Verfügung: die Fähigkeit, die Seele so zu integrieren, wie es vor dem Überschreiten der Schwelle nie möglich war.

Herzlichen Glückwunsch, alte Seelen, zu eurer Herrlichkeit und Größe und der Rolle, die ihr jetzt spielt in einer Geschichte, wie es sie auf der Erde noch nie gab! Wir alle sind dabei, zu erwachen, und die Seele steht bereit, diese neue Reise mit uns anzutreten.

Namaste!

Danksagung

Dies ist der dritte Band der Kryon-Trilogie, in der über Lee Carroll durchgegebene Kryon-Botschaften themenbezogen zusammenstellt und behandelt werden. Mein eigenes Leben wie das von Tausenden anderen Menschen wurde durch die Partnerschaft zwischen Lee und Kryon tief gehend bereichert und transformiert.

Vielen Dank, Lee, für dein Ja zu Kryon vor 25 Jahren und für deine Bereitschaft, es dir zur Lebensaufgabe zu machen, diese tiefgründigen Botschaften der Welt mitzuteilen! Lee stand mir beim Zusammenstellen der Kryon-Trilogie als Führer und Mentor zur Seite und half mir dabei, auch aus der menschlichen Perspektive heraus Einsichten in Kryons Botschaften zu gewinnen. Ich habe unsere im Laufe der Jahre geführten esoterischen und anregenden Gespräche sehr genossen. Auch dafür einen ganz besonderen Dank!

Bei meiner außergewöhnlichen Lektorin Lourana Howard bedanke ich mich ganz herzlich für ihre Leidenschaft für Kryon, die ihrer Leidenschaft für Grammatik und Lektorat in nichts nachsteht. Ohne sie wäre ich verloren.

Ein weiteres Dankeschön geht an meinen Verlag Ariane Éditions. Es ist für mich ein großes Glück, von einem Unternehmen mit einem so hohen Bewusstseinsstand vertreten zu werden, das den Wunsch verspürt, den auf der Erde stattfindenden großen Umbruch zu beschleunigen.

Meine Wertschätzung und Dankbarkeit gelten auch den vielen Leserinnen und Lesern meiner beiden vorherigen Bücher, die zu meiner Arbeit Stellung nahmen und ihren Dank zum Ausdruck brachten. Zu hören, wie sich diese Bücher und die darin enthaltenen Kryon-Lehren positiv auf ihr Leben auswirkten, hat mich tief berührt.

Jeder Mensch geht auf ganz individuelle Weise in Resonanz und beeinflusst damit andere Menschen, unseren Planeten und das Universum. Ihre persönlichen Veränderungen, Ihr selbstbestimmtes Mitwirken und Ihr Weg hin zur Erleuchtung werden auf eine Weise geehrt und gefeiert, die über Ihre Vorstellungskraft hinausgeht!

Eine warme, liebevolle Umarmung geht an Sie, liebe Leserinnen und Leser: Sie haben sich aus der Vielzahl an Büchern genau für dieses Buch entschieden. Das sagt viel darüber aus, wer Sie sind, und ich möchte mich an dieser Stelle bei Ihnen bedanken und Ihnen für Ihr Leben unendlich viele Segenswünsche schicken!

Die Autorin

Monika Muranyi hatte schon immer eine tiefe Affinität und Verbindung zu unserem Planeten Erde. Sie hat einen Abschluss als Bachelor (Honors) of Applied Science der Southern Cross University, New South Wales/Australien. Mehr als fünfzehn Jahre arbeitete sie in verschiedenen australischen und neuseeländischen Nationalparks. Sie ist anerkannter EMF (Electro Magnetic Field) Balancing Technique TM Practitioner (Phasen I–XIII) und interessiert sich daneben leidenschaftlich für Fotografie. Viele ihrer Fotografien sind sowohl auf ihrer eigenen als auch auf Lee Carrolls Website zu finden: *www.kryon.com* und *www.monikamuranyi.com*.

Monika hat die in diesem Buch zusammengetragenen Informationen sorgfältig recherchiert und viele Orte bereist, auch um ihre persönliche Akasha zu erforschen und zu verstehen – unter anderem Australien, Neuseeland, USA inklusive Hawaii, Chile, Argentinien, Brasilien, Uruguay, Bolivien, Peru, Ecuador, Kolumbien, Venezuela, Mexiko, Russland, Ukraine, Polen, Bulgarien, Ungarn, Schweiz, Spanien und Portugal. Die Inspiration zum Schreiben und Produzieren dieses Buches geht auf Monikas Wunsch zurück, die Weisheit und die Lehren von Kryon auch anderen Menschen zugänglich zu machen, damit sie verstehen, welche großartigen Wesen sie sind, und sich mit ihrer Seelenessenz verbinden, diesem goldenen Engel, der in uns allen lebt.